Monographien zur Erdkunde

Ostpreußen
nebst dem Memelgebiet und der freien Stadt Danzig
von
Fritz Mielert

Mit 115 Abbildungen, darunter 12 vierfarbige und 8 Duplexbilder, nach photographischen Aufnahmen, und zwei Karten

1926

Bielefeld und Leipzig

Verlag von Velhagen & Klasing

Dem Nachdruck liegt das Original
der Staatlichen Bibliothek Passau
mit der Signatur 2° Sd 51 zugrunde.

Unveränderter Nachdruck der Ausgabe von 1926
im Verlag von Velhagen & Klasing, Bielefeld und Leipzig,
durch Weltbild Verlag GmbH, Augsburg 1998
Gesamtherstellung: Westermann Druck Zwickau GmbH
Printed in Germany
ISBN 3-8289-0272-3

Einleitung

Es sollte in das Bereich des Sonderbaren eingereiht werden, daß wir Deutsche unser Vaterland recht mangelhaft kennen, obwohl es doch, im Verhältnis zu der Größe der gesamten festen Erdoberfläche betrachtet, ein so winziges Stück Land ist. Vor allem jedoch ist es deswegen sonderlich, weil wir ganz unstreitig ein Volk der Wissenschaft sind. Man könnte glauben, daß eben deshalb die Kenntnis von allem Wichtigen in unserm Vaterlande sich längst in die Kanäle ergossen hat, die zum Wissen des einzelnen Deutschen führen. Aber statt dessen ist es leider so, daß das länder- und völkerkundliche wie geschichtliche Wissen vom Vaterlande bei den meisten Menschen, wenn nicht günstige Umstände eine Ausnahme herbeiführen, nicht wesentlich über das von der Heimatprovinz hinausgeht. Daß von dieser allgemeinen Unwissenheit, die sich durchaus nicht auf die breiten Massen beschränkt, die deutschen Grenzlande am stärksten betroffen werden, ist naturgemäß.

Was weiß man von Ostpreußen? Kaum, daß sich der Sturm der Entrüstung gelegt hatte, welcher der Entreißung des westpreußischen Landes durch Polen, des Memellandes durch Litauen folgte, kaum, daß die Flut der Zeitungen die Nummern mit den aktuellen Bildern in die Öffentlichkeit gesandt hatte, sank das wie ein Strohfeuer entfachte Interesse in sich zusammen und machte der früheren, geradezu schlafähnlichen Gleichgültigkeit Platz. Als Entschuldigung führt man die kaleidoskopische Mannigfaltigkeit des heutigen Lebens an, die durch die Zeitungen und Zeitschriften dadurch betont wird, daß man sich in der Hauptsache nur auf das „Aktuelle" einstellt und für anderes wenig oder gar keine Zeit hat. Das deutsche Volk ist aber trotzdem nicht entschuldbar, denn zu seinem eigenen Schaden ist die Kenntnis des eigenen Landes, der eigenen Volksstämme, aber auch der nachbarlichen Länder und Völker eine geradezu klägliche zu nennen. Viel mehr weiß man von einzelnen bestimmten Gebieten fremder Erdteile (welches Wissen an sich natürlich nicht zu bemängeln ist), ja selbst von der Arktis und Antarktis, als von Ostpreußen, Schlesien, Elsaß-Lothringen, Schleswig-Holstein. Und doch sollte schon das Solidaritätsgefühl uns dazu drängen, vor allem aber den Lehrerstand, letzteren hier im umfassenden Sinne gemeint, weit eindringlicher als bisher sich mit dem Studium des Vaterlandes zu befassen. Kaum irgendeine andere Provinz des Preußischen Staates ist so stiefmütterlich in der Anteilnahme des deutschen Volkes bedacht wie Ostpreußen. Nichts ist natürlicher als dies: Ostpreußen besitzt weder Alpengebirge noch Alpenseen, nicht einmal einen Schwarzwald oder Harz, und dann liegt es doch so „entsetzlich weit ab"! Zudem ist es durch den polnischen Korridor vom Mutterlande getrennt, so daß die Reise dorthin lästig behindert ist. Und außerdem, was findet man denn da oben? Waldlose, große Ackergebreite, Gutshöfe ostmärkischer Junker, Volk, das kaum deutsch versteht und an Kunst — nichts. Was lohnt es sich da, seine kostbare Zeit mit dem Studium eines so reizlosen Landes zu verbringen oder gar es zum Reiseziel zu wählen! Ach Gott, ja, es ist richtig, „da oben" haben sich 1914/15 die großen Hindenburgschlachten abgespielt, aber deswegen allein kann man doch nicht Zeit, Mühe und Geld für eine Ostpreußenreise opfern.

Nun, meine verehrten Nichtostpreußen, sie haben vollkommen recht. Es ist ein Land, in dem kein Watzmann und keine Zugspitze in die Wolken ragen, kein Königs- und kein Eibsee mit funkelnden grünen Fluten uns entgegenglänzen.

Mielert, Ostpreußen.

Es stimmt, daß da oben nicht einmal bis zu lumpigen 1000 Metern sich Höhen vorfinden. Die höchste „Erhebung", es ist ja lächerlich, geht nicht viel über 300 Meter hinaus. Weithin dehnen sich Ackergefilde, und mitten drin, wie die Spinne im Netz, sitzt im umbuschten Herrenhaus der Gutsherr. Die Leute haben eine geradezu seltsame, harte Aussprache des Deutschen, und an Kunst gibt es weder eine Kasseler Gemäldegalerie noch eine Münchener Glyptothek, auch keine Dresdener Grüne Schatzkammer, kein Wilhelmshöhe, keinen Kölner Dom und kein Nürnberg zu bewundern. Und Schlachten —, nun, die sind ja anderwärts auch geschlagen worden. Also!

Aber sage, mein lieber Nichtostpreuße, der du heute diese Zeilen liest, du hast ganz gewiß in den Tagen, als es um die Abstimmung in Ostpreußen ging, als ganz Deutschland in Fieberstimmung lebte, doch auch etwas gebangt, ob die Ostpreußen deine frühere Teilnahmslosigkeit an ihnen und ihrem Lande nicht jetzt mit gleicher Münze heimzahlen oder ob sie trotzdem standhalten würden! Deine Besorgnis war gar nicht nötig. Die Ostpreußen zeigten sich deutsch bis auf die Knochen, und auch du warst froh, zu sehen, mit welcher Begeisterung die selbst in den westlichsten Teilen des Reiches wohnenden die beschwerliche Reise nach ihrer Heimat zurücklegten. Sie mußten in vollgepferchten Schiffen von Stettin und anderen Hafenorten nach Königsberg oder Pillau fahren, und man war erstaunt darüber, wie selbst die „polnischen" Masuren sich „bewährten" und deutsch stimmten. Mancher der Leser wird da auch die freudigen Gesichter der zur Abstimmung heimreisenden Ostmärker dankbar betrachtet und sich verwundert haben, daß die Ostpreußen es für ganz „salbstvarständlich" hielten, wie sie in ihrem breiten Dialekt zu sagen pflegten, deutsch zu wählen und die Unbequemlichkeiten der Reise auf sich zu nehmen.

Und ein solches Land sollte ganz ohne Reiz auch für Nichtostpreußen sein? Lohnt es sich wirklich nicht, ein Volk mit so treudeutschem Herzen aufzusuchen, und sollte der Anblick eines fruchtbaren, wohlbestellten Geländes voller reifender oder in der Aberntung begriffener Felder nicht auch eine gewisse Befriedigung, ja, einen ästhetischen Anreiz gewähren? Aber es ist trotzdem noch mehr als nur dies vorhanden. Ostpreußen kann mit „tatsächlichen" Sehenswürdigkeiten aufwarten: mit mannigfach gestalteten Meeresküsten, prachtvollen Wäldern, waldumschlossenen Seengruppen, ganz überraschend schroff gelegenen Städtlein und sogar Kunst, diese in Form von Burgen, Schlössern, Kirchen samt reichem und malerischem Inventar in letzteren und, was alles das verklärt und eigenartig macht: es ist überall eine Großzügigkeit in der Landschaft, ein gewaltiges Auseinander= gebreitetsein (dies Wortungeheuer gibt so recht das Hügelwellige der weiten Landschaft wieder). Und überall sind klare und sehr weitreichende Fernsichten, dazu wundervolle, nirgend auf anderem deutschen Boden so wiederzufindende Morgen= und besonders Abendstimmungen (Abb. 113). Und mitten in allem das Volk mit den echtdeutsch schlagenden Herzen! Wie ein großes, starkes Reich der Land= ruhe ist Ostpreußen, über das von Zeit zu Zeit die Bora des Krieges saust und die schwer zu fassende Pest der Habgier nachbarlicher Völker schleicht: sengend, vergiftend, Wunden schlagend und Trümmer schaffend. Aber aus verkohlten Häusern richtet sich immer aufs neue das treue, deutsche Herz auf und schafft sein verstörtes Land wieder zu einem blühenden Garten des Friedens um. So war es schon vor vielen hundert Jahren und so zuletzt im Jahre 1914 und später. Was diese jüngste Zeit an schlimmen Tagen, an Brand und Wehe brachte, es ist ausgetilgt. Neu und schöner denn vorher sind die nieder= kartätschten Dörfer und Städte erstanden, und restlos blühn die Fluren wie vordem. Aber schwer, recht schwer liegt auf diesem Lande und Volk die Ungunst der Zeit. Was Deutschland an seinem Leibe fühlt, auf Ostpreußen lastet es doppelt so schwer, denn es ist vom Mutterland getrennt und muß die Nachteile der Ent= fernung in Handel und Verkehr tragen oder zu überwinden versuchen. Dazu

2

Abb. 2. Generaloberst von Hindenburg im Garten des Schlosses Steinort am Mauersee
(Gräfl. Lehndorffscher Besitz)

kommt die natürliche Abgelegenheit des Landes von den großen Verkehrsstraßen Zentraleuropas und des weiteren das gänzliche Fehlen von Kohle und Erzen in seinem Boden. Die östlichen Nachbarländer, welche an sich ein gutes Absatzgebiet für ostpreußischen Handel, für Gewerbe und Industrie des Landes bilden, leiden selbst auch unter der Ungunst der Zeit und sind daher wenig aufnahmefähig. So bleibt nur die Hoffnung auf einen Wandel der Zeit zum Besseren und der Wunsch, daß Ostpreußen Anerkennung und Freude bei seinen mannigfachen regen Bestrebungen ernten möge, besonders aber, daß seine deutschen Landsleute sich mehr als bisher des natürlichen Gemeinschaftsgefühls mit dem Volk zwischen Weichsel und Memel bewußt werden und sich mit der Eigenart und dem Wert des ostpreußischen Landes und Volkes vertraut machen. Zur Erfüllung dieses Wunsches gibt das vorliegende Buch eine Handhabe. Mögen die einzelnen Kapitel in allen Winkeln des deutschen Vaterlandes und überhaupt überall dort, wo die deutsche Zunge klingt, aufmerksame Beachtung finden. Den Ostpreußen selbst aber möge das Buch eine Gabe der Hochachtung ihres treudeutschen Volkstums sein, und ihnen recht viel Freude bereiten.

I. Die geologische Eigenart des Landes

„Gegrüßt du Land, wo Wodans Wälder rauschen!
Um Holm und Haff weht noch Walkürenhauch.
Goldlock'ge Freia, laß uns Liebe tauschen:
Schönheit um Kraft — so will's Germanenbrauch!"

Mit diesen Worten schwärmt Felix Dahn, selbst ein Ostpreuße, von seiner Heimat. Ach, wenig mehr ist von „Germanenbrauch" zu spüren, seit die Stelle des reckenstolzen Glaubens an die alten Naturgötter das nichts von Trutz und Fehde wissende, das friedliebende Christentum einnahm. Verschwunden sind die Horden wilder Pferde von den sumpfdurchnäßten Kamps, und aus dem Dunkel der Urwälder alter Preußenstämme tönt nicht mehr dumpf das Horn der Jäger, schwirrt nicht mehr die Wurfaxt und der Gêr. Ein verlassen unverstandenes Dasein leben die alten Opfersteine Perkunos, und selbst das Gesipp der Bären und Wölfe wich weit nach Osten und Norden zurück.

Doch, wer im Winter und sogar noch Anfang April das ostmärkische Land durchreist und aus den milden Gebreiten des westlichen Deutschland kommt, der spürt, daß hier eine viel rauhere Natur herrscht als am Rhein oder an der Mosel. Ich erinnere mich lebhaft eines 17. März, an dem ich eine Fahrt nach Königsberg unternahm. Im Land der Ruhr, von dem ich kam, lindes, frühlingshaftes Regenwetter, hier aber die Scheiben der Bahnwagen von Eisblumen überfroren, und das Frische Haff bei Braunsberg und Frauenburg noch völlig vereist. Wild durcheinander und starr aufgerichtet waren am Ufer milchweiße, überschneite Eisschollen mit grünen Bruchkanten, und Schneewehen umhüllten Bäume und Hütten. Wie geduckt unter des Sturmes Eishauch hockten die niedrigen, schilfgedeckten Fischerhäuser am Strande, und Schnee und Eisgegraupel mit scharfen Körnchen wehten mir stechend entgegen, als ich in Königsberg den Zug verließ. In solchen Monaten ist's, als wehe der Eiszeit letzter Hauch noch über das Land hin, und selbst im heißen Hochsommer wird man als Fremdling das Gefühl nicht los, daß diese Wärme nur eine Ausnahme, ein kurzes, leidenschaftliches Werben des Südens ist, die Frische und Kühle der Luft, die auch in den Sommernächten herrscht, jedoch immer noch das eigentlich Wesentliche dieses Landes bildet. Des gewaltigen Polareises Atem ist bis hierher fühlbar, trotzdem es nunmehr mit seinen äußersten Pranken 2000 km und dem dahinter sich bergenden ungeheuren Leib 5000 km weit entfernt auf

Abb. 3. Am Spirdingsee (Zu Seite 7 u. 17)

Abb. 4. In der Johannisburger Heide (Zu Seite 17 u. 22)

Nowaja Semlja, Spitzbergen, Grönland und der Polarmasse in träger Lauer liegt. Ostpreußen ist die ausgeräumte Kammer dreier ungemein kraftvoll zu Werke gegangener Eiszeiten. Kaum, daß jemals Feuergluten den ostpreußischen Boden durchbrachen, kaum auch, daß jemals hier alpine Aufschichtungen des Bodens erfolgten. Sollten derartige Vorgänge sich doch ereignet haben, so liegen sie ungezählte Jahrmillionen zurück und ihre Auswirkungen sind verschüttet und eingeebnet von späteren Überlagerungen. Aber was hier nicht weniger heftig sich auswirkte, das ist die mit ungeheurem Druck und Schub arbeitende Eiszeit des Quartärs, die den alten Kreideboden mit Geschiebemassen aus Finnland und dem nördlichen und südlichen Skandinavien restlos überlagerte, schon vorhandene Vertiefungen ausfüllte oder noch mehr aushobelte und durch den Vorstoß der Gletschermassen und der mitgeführten Gesteinsschichten neue Mulden schuf. So überaus leidenschaftlich gestaltete diese Zeit den Boden, daß das gesamte Land hiervon sein Gepräge erhielt, das seitdem, obwohl Zehntausende von Jahren vergangen sind, noch nicht merklich verändert wurde.

Man hat viele Hypothesen über die Gestaltung Norddeutschlands in der Eiszeit aufgestellt, unter denen sich die folgende als zumeist anerkannte behauptet hat: Ganz Nordeuropa unterlag während der Eiszeit einer Vergletscherung, die die höchsten Gebirge Skandinaviens bis zu den obersten Gipfeln in Eis- und Schneemäntel von gigantischer Mächtigkeit hüllte. Die Gletscher, die sich von Skandinavien wie dem nördlichen Finnland nach dem Süden bewegten und gegen welche die heutigen Alpengletscher winzig kleine Erscheinungen sind, nahmen in ihren unteren Lagen eingefrorenen Gebirgsboden mit. Das Ostseebecken war anstatt mit Wasser restlos mit den Gletschermassen gefüllt, die sich am südlichen Rande des Beckens emporarbeiten mußten, sich stauten und unter der gewaltigen überwindung des Landgegendrucks durch die stetig nachschiebenden Gletschermassen den mitgeführten Schutt in großen Mengen ablagerten. Die Landschwellen an der Küste der Ostsee wie die weiter landein gelegenen Höhen des Baltischen Landrückens sind die Ergebnisse dieses ungeheuren Kampfes der vordringenden Gletscher, die hier die Höhen fast restlos aus den von ihnen aufgehäuften Schutt= massen als Seiten= und Endmoränen aufbauten. Diese Seiten= und Endmoränen, zwischen denen sich beim Abschmelzen der Eismassen bei Beendigung der Eiszeit große Wassermassen sammelten, bilden heute das Gehügel und die Seen im südlichen Ostpreußen, die unter dem Namen masurische und oberländische Seen bekannt sind. Was außerdem hier und auf dem Wege bis dort an mitgeführtem zerkleinerten und gleichfalls mitgeführten oder aus dem Schutt entstandenen Sand liegen blieb, bildet die heutige Oberfläche des Bodens, die von einer meist nur dünnen alluvialen Schicht überdeckt ist.

Um sich einen Begriff von der Gewalt jener Eismassen zu machen und die überlagerung des ostpreußischen Bodens mit Geschiebemergel als möglich zu verstehen, sei erwähnt, daß die südwärts sich schiebenden Eismassen eine Dicke von 1000—1200 m besaßen, also eine ganz unwiderstehlich hobelnde und aus= muldende Wucht besaßen, so daß sie auf ihrer weiten, natürlich unmerklich lang= samen Wanderung von Skandinavien bis Ostpreußen eine Bodenschicht nach der anderen abschrubbten und unterwegs, in der Hauptsache aber am Ziel ihrer Reise, in Ostpreußen, abluden. Da sich die Vergletscherung in der Weichsel= und Memelgegend südlich nicht wesentlich weiter als bis zur Gegend der masurischen Seen erstreckte, so erfolgten die Hauptablagerungen erst dort. Man kann die Möglichkeit solcher Vorgänge in allen vergletscherten Teilen unserer Erdoberfläche nachprüfen. Im Kleinen schon bei unseren Alpengletschern, die sich aber wegen ihrer meist viel zu steilen und kurzen Bahn nicht mit den für Ostpreußen in Betracht kommenden Eiszeitgletschern vergleichen lassen, dagegen desto treffender bei den grönländischen Inlandeismassen, bei denen die langsame Vorwärtsbewegung, die unbeschreibliche Mächtigkeit und Breite und die Wirkung der Aushobelung des Bodens, der Mitführung von Gestein und Schutt ausnahmslos in ihren untersten Lagen eine gute Vorstellung von den Eiszeitgletschern der baltischen Länder und mithin auch Ostpreußens vermitteln.

Der Baltische Landrücken scheint eine Aufwölbung älterer Erdschichten zu sein, die aber durch die Schuttmassen der Eiszeitgletscher wesentlich überhöht wurden. Wie stark gerade die Eiszeit an der Gestaltung dieser Hügelketten mitgewirkt hat, erkennt man daran, daß die meisten der Erhebungen fast ganz oder durchweg aus Moränenschutt bestehen. Viele Hügelketten sind nichts anderes als die Endmoränen der vorzeitlichen Riesengletscher, meist aus mehreren hinter= einander gelegenen Hügelketten bestehend. Da Ostpreußen von drei Eiszeiten heimgesucht worden ist, zwischen denen Perioden mit milderem Klima lagen, während welchen die Gletscher teilweise abschmolzen, teils auch das Land völlig zutage trat, so finden sich unter den Moränen echte Geschiebemoränen und solche, die aus Ablagerungen bestehen, welche in der eisfreien Zwischenzeit stattfanden. Außerdem finden sich auch ältere aufgepreßte Ablagerungen im Kern der Mo= ränenwälle vor. So ist es ein recht kaleidoskopisches Durcheinander von Stoffen der verschiedensten Zeiten des Quartärs und überdecktem jüngsten Tertiär, das man im südlichen Ostpreußen feststellen kann. Eine besonders großartige Grund= moränenlandschaft mit lebhaft gestalteten Oberflächenformen erschließt sich nord= östlich vom Löwentiner See (Abb. 8), während ein gewaltiger Endmoränenzug westlich von Gr. Stürlack beginnend sich am Westufer des Verschmintsees bis zur Nordwestecke des Deiguhnsees erstreckt und mächtige Geschiebepackungen und Kies= einlagerungen enthält. Eine andere deutlich erkennbare Endmoränenkette zieht sich von Bischofsburg weit über Passenheim hinaus. Ebenso findet sich eine markante Endmoräne bei Engelstein und Drengfurt, wie auch das nordwestliche

Samland eine Endmoräne darstellt, deren bedeutendste Anhäufung der 110 m hohe Galtgarben bildet. Es wäre noch eine große Zahl von Endmoränen zu nennen; ich will nur noch folgende anführen: die Hügelkette, die sich von Rudolphen aus in einem nach Norden hin offenen Bogen hinschwingt, den Lötzenschen Kissainsee im Süden umschließend und zwischen Gr. Wronnen und Lötzen sich als

Abb. 5. Kriegerfriedhof in Masuren

wuchtiger Wall aufwerfend. Die Hügelkette, welche sich von Gr. Thurwangen über Glubenstein, Jankendorf, Steinhof bis zum Dobenschen See erstreckt. Die Hügelkette östlich vom Goldapgarsee einschließlich der großartigen Pillacker Berge bis südlich von Angerburg, wo sich eine sehr hügelige Grundmoränenlandschaft anschließt. Die Hügelkette, welche nordwestlich vom Mauersee bei Thiergarten beginnt und hier über Engelstein, Fuchsberg, Jungfrauenberg bis Rosengarten zu verfolgen ist, wo sie scharf nach Westen umbiegt und über Rastenburg bis in die Gegend von Prangenau sich erstreckt. „Östlich vom Spirdingsee (Abb. 3) ist längs der Bahnlinie Lötzen—Arys—Johannisburg die Endmoräne von Stotzken auf Grund sehr günstiger Aufschlüsse beobachtet worden. Am großartigsten entwickelt ist der südliche Teil, die stark bewegte, etwa einen Kilometer breite Fläche zwischen dem Ublicker Wald und der Pianker Geschiebemergelplatte. Sie hebt sich scharf von der südlich davor liegenden Grundmoräne ab und zeichnet sich durch besonders steil geböschte Kuppen und Rücken aus, zwischen denen zahlreiche tiefe, steilwandige Rinnen und Kessel liegen." (Wahnschaffe.)

Diese Endmoränen sind wohl ausschließlich das Produkt des Rückzugs der letzten Vereisung. Als das mildere Klima von Süden her vorrückte, war die Kälte in den skandinavischen und finnländischen Breiten immer noch so bedeutend, daß ein unaufhörliches Vorrücken weiterer Gletschermassen vor sich ging. Dies fand aber im südlichen Ostpreußen sein Ende, weil hier die Stirn der Gletscher fortwährend taute und so das Vorrücken aufgehalten wurde. In diesem Zustand des Vorrückens der Gletscher und des fortdauernden Abtauens der Gletscherfront entstanden die gewaltigen Moränenwälle, weil immer neue Schuttmassen zur ungefähr gleichen Stelle geschafft und abgelagert wurden.

Diese unaufhörlich vorrückenden Eismassen, die erst nach und nach sich zurückzogen, hatten ihren Urantrieb im nördlichen Skandinavien und Finnland. Von Finnland aus bewegte sich der eine Gletscherstrom durch das Bottnische Seebecken nach Süden und traf südlich der heutigen Aalandsinseln auf den breiten, aus Skandinavien kommenden Gletscherstrom. Die hier sich pressenden Massen drängten nun radial auseinander, und der verschmolzene finnisch-skandinavische Strom drückte mit seinem östlichen Teil auf die ostpreußische Landplatte hin.

Das von den Gletschern mitgeführte Geschiebe bestand aus Trümmern der verschiedensten Mineralien, welche die Gletscher auf ihrem langen Wege antrafen und wie eine langsam aber sicher wirkende Walze zerkleinerten oder, mehr oder minder wohlbehalten in Eis- und gefrorenen Schneemassen eingehüllt, mitführten, bis sie sie unterwegs an verschiedenen Orten, sehr reichlich jedoch noch in Ostpreußen selbst, als wenig versehrte Blöcke in der Abschmelzperiode liegen ließen. Der größte dieser heute unter dem Namen eratische oder Findlingsblöcke bekannten Steine, die meist aus Urgestein bestehen, ist der Griffstein bei Bischofsburg, der einen Umfang von 20—25 m besitzt und mehr als 3 m über den heutigen Boden aufragt. Der ostpreußische Geschiebemergel besteht aus einem unentwirrbaren Gemenge von zerkleinertem Urgestein, grobem und feinem Sand und Ton. Reich ist der Gehalt des Bodens an kohlensaurem Kalk, der namentlich den Juraschichten Estlands entstammt oder den anstoßenden Kreidefelsen der westlichen Ostseeküste. Am meisten trifft man diesen transportierten Kalk im heutigen Masuren an, wo er in Kalkbrennereien verarbeitet wird. Ungeheuer ist der Reichtum an zerkleinertem Urgestein und Resten eratischer Blöcke. Manche Gegenden, besonders Masurens, können sich eines geradezu unerschöpflichen „Steinreichtums" rühmen. Jede Beackerung der Felder fördert neue Unmassen an Steinen zutage, die nach der Volksmeinung „aus der Erde wachsen". Überall sieht man auf dem Feldgelände diese Steine zu Haufen aufgeschichtet. Sie eignen sich gut zu Pflaster- und Baumaterial, und schon der deutsche Ritterorden hat sie in ausgiebiger Weise hierzu benutzt. Viele dieser Steine tragen noch die Spuren des Gletscherschliffs, d. h. abgeschliffene Stellen mit gleichlaufenden Rillen, die von darüberhingegangenen scharfen Eiskanten oder härteren Gesteinen herrühren. Die Zahl der großen Blöcke muß einst Legion gewesen sein. Viele sind im Laufe der Jahrhunderte zur Gewinnung von Baumaterial zerkleinert worden, doch ist die heute vorhandene Menge noch sehr beträchtlich. Im ganzen Norddeutschland knüpfen sich an diese auffallenden Steine Teufelssagen, die darin übereinstimmen, daß aus irgendeinem Grunde, meist einer Wette, der Teufel mit einem großen Sack voller Steine über das Land fliegt, der Sack ein Loch bekommt und der Inhalt über das Land kollert. Eine schöne Abwechslung im Landschaftsbilde gewährt der Anblick dieser vereinsamten Felsblöcke, mögen sie auf einem Hügel im Ackergelände sich düster vom glühenden Westhimmel abheben oder im Walde und in der braunvioletten Heide überraschen. In der grauen Verwitterungsschicht ihrer Oberfläche haften fleckenartig Flechten und Moose, die nachgewiesenermaßen aus dem hohen Norden stammen. Sie wanderten wahrscheinlich mit den Blöcken aus ihrer Urheimat hier ein, oder die Zwischeneiszeit gab ihnen das Leben.

An der Oberfläche ist der Boden längst entkalkt und zu Lehm geworden. Die bis 4 m dicke Lehmschicht eignet sich im allgemeinen für den Ackerbau und auch als Material für den Ziegelbrand, der, wenn er auch nicht exportfähig ist, so doch im Inlande als Bau- und Dachstein sich als gut verwendbar zeigt. Wichtiger für die Tonwarenindustrie ist der meist tiefer gelagerte Tonmergel. Vielfach zutage liegend findet sich der Sand, wie der Geschiebemergel gleichfalls ein diluviales Schlammgebilde. Er ist naturgemäß kein günstiger Ackerboden. Daß sich gerade im südlichen Masuren soviel von diesem hinderlichen Sandboden vorfindet, liegt daran, daß die Schmelzwasser der vorzeitlichen Gletscher die leichten, guten Bodenbestandteile ausschlemmten und fortführten, während der schwerere Sand zurückblieb. An einzelnen Stellen hat sich der Sand zu Sandstein verkittet, wie am linken Memelufer bei Ragnit, an den Steilufern der Rominte, am Frischen Haff bei Brandenburg und an der nördlichen Samlandküste. Doch ist seine Bindung so gering, daß er als Bau- oder Pflasterstein nicht in Frage kommt.

Die Stärke der Ablagerungen der Eiszeiten und der Bildungen der Zwischeneiszeit ist sehr verschieden. Man hat in den Landschaften nördlich des Pregel Schichten von nur 20—30 m Mächtigkeit festgestellt, während im süd-

Abb. 6. Das Schlachtfeld zu Tannenberg. Auf diesem fand schon 1410 eine Entscheidungsschlacht statt, damals zwischen dem Deutschen Ritterorden und Polen, woran der auf dem Bilde ersichtliche Gedenkstein erinnert, der aus den überall im Lande sich vorfindenden Granitfindlingen (erratische Blöcke) besteht (siehe Seite 8) (Zu S. 124)

Abb. 7. Damwild an der Fütterung im Mauerwald bei Steinort (Zu S. 152)

lichen Ostpreußen die Dicke der diluvialen Schicht bis 150 m beträgt, an einzelnen Stellen noch beträchtlicher ist, bei der Stadt Lyck die bedeutende Mächtigkeit von 163 m, beim Bahnhof Lötzen jedoch gar von 178 m erreicht. Eigenartig ist es, daß sich in den Schichten der Zwischeneiszeit Meermuscheln vorfinden, so daß die Annahme berechtigt ist, daß in einer Zwischeneiszeit ein Teil Ostpreußens vom Meer bedeckt gewesen ist. Nach den bisherigen Fundorten der Meermuscheln muß sich dies interglaziale Meer bis in die Gegend von Gerdauen, Bartenstein, Zinten, Dirschau, Mewe und Marienwerder erstreckt haben. Bei der ungeheuren Ausdehnung der Zeiträume ist diese Annahme gut denkbar. Als das Meer sich zurückzog, belebte sich der eisfreie Boden mit einer dichten nordländischen Pflanzendecke, deren Eigenart man aus der Untersuchung des sogenannten Diluvialtorfs feststellen kann. Danach muß der damalige Boden von Wäldern bestanden gewesen sein, die den unsrigen ähnelten. Auch eine Art Diluvialkohle hat sich an verschiedenen Stellen gebildet. Sie ist ein Mittelding zwischen Torf und Braunkohle, die eine recht lange Entwicklungsdauer voraussetzt. Solche Torfkohle wurde im Dangetal bei Gwilden und nördlich von Memel bei Purmellen gefunden. Diejenige im Dangetal besitzt eine Mächtigkeit von 0,6—1 m, und ist von nordischen Sanden unter- und überlagert, sowie von einem gelbbraunen Geschiebemergel von 2 m Dicke, der seinerseits wieder von 1 m alluvialem Sand überdeckt ist. Es scheint sich hier also um eine Zwischeneiszeitkohle zu handeln, ähnlich einem Diluvialkohlenflöz, das bei einer Tiefbohrung in der Nähe der Stadt Memel aufgedeckt worden ist und gleicherweise den verschiedentlich festgestellten diluvialen Kohlenflözen Kurlands gleicht.

Tiefbohrungen, die an verschiedenen Stellen Ostpreußens vorgenommen worden sind, haben interessante Feststellungen über die Art und Beschaffenheit der unter dem Diluvialboden befindlichen Erdschichten ergeben. Danach ist man durchweg zuerst auf Kreide gestoßen, wobei aber festgestellt wurde, daß es sich an verschiedenen Stellen nicht um einheimische sondern um Geschiebekreide handelt, die in mächtigen Schollen lagert. Zutage tritt die Kreide nur in einem Hügel bei Kalwe unweit Marienburgs und zwar hier in Form roter Quarzsande und östlich in der Nähe als weiße Kreide. Im übrigen ist sie überall nur in Tiefbohrungen ermittelt worden. Aus der großen Einförmigkeit dieses Kreidegrundes, der dem Senon angehört und sich von der lebhaften Mannigfaltigkeit der Kreideschichten westlich der Weichsel unterscheidet, schließt man, daß Ostpreußen zur sogenannten russischen Platte oder dem baltischen Schild zu rechnen ist. Bei der Tiefbohrung von Purmellen bei Memel sind in einer Tiefe von 50—70 m unter dem Meeresspiegel dem braunen Jura angehörende Schichten erbohrt worden. Unter diesen lagert Zechstein und Devon. Bei der bis 900 m Tiefe gekommenen Bohrung bei Heilsberg wurde der Jura erst bei 562,5 m erreicht und bei 900 m noch nicht durchsunken. Bei den verschiedenen Bohrungen in der Nähe Königsbergs wurde das Quartär in einer Mächtigkeit von 144 m ermittelt, wovon 22 m auf das Alluvium, 122 m auf das Diluvium entfallen. Dann folgte eine Tertiärschicht von 42 m Mächtigkeit (Miozän 14 m, Oligozän 28 m) und bei der als tiefstgelegenen Schicht beobachteten Kreide 277 m. Diese fünf Formationen trifft man aber nirgends lückenlos an. Verschiedentlich fehlen einzelne, wie das Alluvium oder eine der Tertiärschichten, jedoch niemals Diluvium und Kreide. Ihren tiefsten Punkt erreicht die Kreideoberfläche im Königsberger Gebiet mit 129 m. Die Oberfläche der Kreide ist durch Mulden und Sättel reliefiert, die von Nordwesten nach Südwesten streichen. Die oligozäne Oberfläche zeigt Höhenunterschiede bis zu 86 m. Die Höhe der Unterfläche des Diluviums schwankt bis zu 170 m Unterschied.

Die Zeit des Tertiärs war bekanntlich eine warme Zeit für Nordeuropa, während welcher sogar in dem heute völlig vereisten Nordgrönland immergrüne

Abb. 8. Entenjagd auf dem Löwentinsee. Die mit den Jägern besetzten Kähne werden von einem Dampfer zur Jagdstelle befördert (Zu Seite 6 u. 28)

Wälder gediehen und in Norddeutschland eine Temperatur herrschte, wie sie heute Ägypten besitzt. Damals hing wahrscheinlich Skandinavien mit Norddeutschland zusammen. Das ganze Gebiet war bedeckt mit einer üppigen subtropischen Urwaldvegetation, in der außer mächtigen immergrünen Eichen und Buchen auch Palmen, Lorbeer, Lebensbäume, Sumpfzypressen und mehrere Arten von Kiefern, sowie eine Fichtenart gedieh, welch letztere die Bernsteinwälder bildeten. Diese Fichtenwälder mischten sich nicht mit anderen Baumarten und sonderten Unmengen von Harz ab. Es waren nach einwandfreien Feststellungen keine heute bei uns gedeihenden Kiefern- und Fichtenarten, vielmehr gleichen sie am ehesten denen, die heute im Amurgebiet und Nordjapan vorkommen. Wunden am Stamm und an den Ästen, die durch Unwetter oder natürlichen Verfall erzeugt wurden, oder Verletzungen, welche Tiere jeglicher Art verursachten, sonderten einen dünnflüssigen Harz in Form von Tropfen, schichtenweisem Überlauf, Zapfengebilden usw. ab. Dabei wurden vielfach Pflanzenteile und kleine Tiere, namentlich Insekten, eingeschlossen und mit einer Lebenstreue konserviert, die ohne Beispiel ist. Bei der Schnelligkeit der dünnflüssigen Masse sind Pflanzen und Tiere unzerdrückt umschlossen, so daß sogar intime Lebensvorgänge aus der Welt der Insekten mit geradezu überraschender Treue erhalten wurden. Allerdings trat eine nachträgliche Verwesung der eingeschlossenen Pflanzen und Tiere ein, deren Produkte zum Teil in gasförmigem Zustand entwichen. Die verbliebenen Abdrücke der Einschlüsse sind aber derart genau, daß sie selbst mikroskopische Untersuchung ermöglichen. Wie lange diese Bernsteinwälder bestanden, deren Produkt, der Bernstein, das ostpreußische Gold, die größte Eigenart Ostpreußens bedeutet und seinen Ruhm bereits in der antiken Zeit über alle Kulturländer verbreitete, als von anderen Gegenden Deutschlands noch nichts bekannt war, wissen wir nicht. Sie gingen zugrunde, als der Boden sich senkte und das Meer Besitz vom Lande nahm. Die ein unbeschreibliches Gewirr bildenden Bernsteinwälder gerieten allmählich unter Wasser, starben ab und wurden später, gemeinsam mit den Resten der Meerestiere, in die feinen Sandmassen der sogenannten Blauen Erde abgelagert, die aus der Zertrümmerung

Abb. 9. Elch im Ibenhorster Forst (Zu Seite 26)

Abb 10. Masurische Idylle. Ein Junggeselle, der in seinem Heim selbstgefangene Fische für das Mahl schuppt, wobei ihm sein Freund, ein Förster, hilft (Zu Seite 54)

des einstigen Untergrundes der Bernsteinwälder sich bildete. (Weiteres über den Bernstein siehe im Kapitel XIII, Seite 129.)

Das jüngere Tertiär enthält verschiedentlich auch Braunkohlenflöze, die aus den damaligen subtropischen Wäldern entstanden. Erschlossen ist solche tertiäre Braunkohle im Samland, wo sie hier und da am Strande offen zutage liegt, ferner an den Höhen von Heilsberg. Jedoch ist nirgends ein Lager so bedeutend, daß sich eine Ausbeute lohnen würde. Man denkt sich diese Braunkohlenflöze als die Ablagerung eines Meeres der mittleren Tertiärzeit, das sich allmählich in nordwestlicher Richtung zurückzog. Die von ihm begrabenen Pflanzenbestände hatte es mit Schlamm überdeckt, auf den sich die späteren Ablagerungen legten.

Als bei der Beendigung der Eiszeit die Gletscher sich zurückzogen, d. h. abschmolzen, entwickelten diese schmelzenden Eismassen schier unerschöpfliche Wassermengen, die eine außerordentlich erodierende Kraft entfalteten. Diesen ausnagenden, bohrenden, trichternden, schleifenden Wassermengen der Nacheiszeit verdanken wir das heutige hydrographische Bild des ostpreußischen Landes, die Entstehung der geradezu unzähligen Seen des südlichen Ostpreußen und die Ausgestaltung der Flußtäler, über die das folgende Kapitel näheren Aufschluß gibt.

II. Bodengestaltung, Bewässerung, Klima

In großen Linien gegeben, stellt sich das Kartenbild Ostpreußens folgenderweise dar: Die Seefront Ostpreußens wendet sich nach Nordwesten, wobei die beiden Nehrungen je einen schwach landein gedrückten Bogen darstellen. Außerordentlich bestimmt, fast trotzig zu nennen, schiebt sich zwischen beiden Nehrungen der vierkantige Festlandblock des Samlandes in die Ostsee hinein, wie ein Stier,

13

Abb. 11. Ostpreußischer Kätner, die Sense dengelnd (Zu Seite 50)

der dem Feinde die harte Stirn zum Kampfe bietet. Das Hinterland Ostpreußens breitet sich als Halbkreis nach Südosten, durchzogen von radial sich anordnenden Flüssen, die ausnahmslos ihre Richtung nach einem im Meer gelegenen Zentrum zu nehmen scheinen. Im Süden beginnt die Reihe dieser Flüsse die Weichsel, die mit einer kräftigen Mündungsgabel teils in die Ostsee, teils ins Frische Haff sticht und schwach nordnordöstlich gerichtet ist. Dann folgt an größeren Flußläufen die Passarge, die bereits etwas nordwestlich gerichtet ist und ins Frische Haff mündet. Der ganz entschieden eine ostwestliche Richtung einschlagende Pregel, gleichfalls im Frischen Haff mündend, stemmt sich nach rückwärts mit drei Quellarmen, wie ein Baum breit im Boden des Landes wurzelnd. Denn von den Quellflüssen sind die von Norden kommende Inster und die von Süden kommende Angerapp, letztere merkwürdig durch ihre schier unzähligen, kurzläufigen Windungen, auf deutschem Boden geboren, und die Pissa, der dritte Quellarm, kommt aus dem Wyßtyter See, der einen Teil der Ostgrenze bildet, dessen Westufer also deutsch ist. Alsdann folgt nördlich die Memel, nebst der Weichsel Ostpreußens bedeutendster Fluß. Ihre Richtung ist der des Pregels gleichlaufend. Sie gabelt sich nahezu 50 km vor der Mündung und sendet die beiden weitauseinander klaffenden Mündungsarme ins Kurische Haff. Beide, die südliche Gilge und der nördliche Rußstrom, gabeln sich vor der Mündung noch einmal, außerdem ist das Delta selbst von einer Anzahl sich von den großen Armen abzweigenden und selbst wieder verzweigenden schwachen Nebenmündungen erfüllt. Über die Memel sei noch bemerkt, daß sie weit größer ist, als für gewöhnlich angenommen wird. Mit ihrer Gesamtlänge von etwa 800 km ist sie der Oder, Elbe und dem Rhein ebenbürtig. Sie entspringt südlich von Minsk in Litauen und nimmt, nachdem sie in vielgewundenem Lauf ungefähr 700 km ihres Lebensweges auf litauischem Boden verbracht hat, ihren Lauf durch Ostpreußen. Es entfallen also etwa 100 km der Memel, die in Litauen Njemen heißt, auf Deutschland. Von Süden her fließt ihr hier die sehr starkgewundene Szeszuppe zu, und von Norden die noch bedeutendere Jura, beide aus Litauen kommend. Nördlich der Memel, im äußersten Nordwinkel Ostpreußens, münden noch zwei andere litauische Gewässer, die Minge und die Dange, an welcher Memel liegt, beide in nahezu nördlicher Richtung in Ostpreußen einfallend und im Kurischen Haff mündend.

So symmetrisch wie das Küstenbild und die Hauptflußrichtungen sind, so ebenmäßig ist auch die Bodengestaltung. Keine der ostpreußischen Landschaften ist ohne irgendwelche Hügelgruppen, doch wiegt im großen und ganzen das flache Land im Norden und im Mündungsgebiet der Flüsse vor und erstreckt sich als breiter Gürtel ins Land hinein. Das am weitesten landein gelegene Gebiet dagegen ist von einer breiten Hügelzone erfüllt, in der sich einzelne größere und eine Unmenge kleinerer Seen befinden. Diese seengeschmückte Hügelwelt bildet also ein der Form des Landes angepaßtes Halbrund, das nach Nordosten geöffnet ist.

Dieses in großen Zügen skizzierte Bild wird durch eine ins einzelne gehende große Unterschiedlichkeit belebt und gehoben. Sind es im äußersten Südosten prachtvolle Kiefernwaldungen, im äußersten Süden ebenso schöne Laubwaldungen, so breiten sich in der Niederungszone nördlich des Pregel ausgedehnte Moore mit sumpfigem Waldgebiet. Betrachten wir vollends das ostpreußische Land mit den Augen eines Reisenden, der nach Sehenswürdigkeiten fahndet, so können wir sagen: Keine einzige Landschaft Ostpreußens ist ohne Interesse; selbst in den scheinbar ödesten Gegenden, zwischen Tilsit, Gumbinnen und Eydtkuhnen etwa, gibt es Prachtwälder und sonstige Naturschönheit, so daß eine lückenlose Bereisung des Landes im Kraftwagen oder mit dem Fahr- oder Kraftfahrrad durchaus lohnt.

Die Bewässerung Ostpreußens ist günstig, an manchen Stellen zu reichlich erscheinend. Die Hauptflüsse gehen nicht aus dem Lande heraus, da die Erhebungen im äußersten Süden und Südosten liegen. So strömen die Bäche und Flüsse ihrer ganzen Länge nach durch das Land. Nur Memel und Weichsel kommen aus fremdem Gebiet. Flüsse, die an der südlichen Abdachung der Hügelketten entspringen oder durch andere Geländeverhältnisse gezwungen

Abb. 12. Litauischer Fischer vor seinem Heim (Zu Seite 62)

nach Polen hineinfließen, sind kaum nennenswert. Das verhältnismäßig bedeutendste dieser Flüßchen ist die Drewenz. Namentlich im südlichen Seengebiet ist ein wahrhaft labyrinthisches Durcheinander von Bächen, die, weil sie oft eine ganze Kette von Seen durchfließen und sozusagen Netze bilden, in ihren verschiedenen Teilen auch verschiedene Namen führen. Ein Kuriosum ist auch die Deime, welche, zum Teil kanalisiert, eine Verbindung zwischen Pregel und Kurischem Haff darstellt.

Die Ostsee bespült Ostpreußen nebst dem Freistaat Danzig auf einer Länge von etwa 400 km. Ihre Tiefe ist im allgemeinen gering, namentlich im nördlichen Teil der ostpreußischen Küste finden sich so flache Stellen, daß es möglich ist, bis zu 100 m in die See hineingehen zu können. Immerhin sind aber 9 Seemeilen von der Küste entfernt bereits Tiefen von 40 m, von denen aus das Meer ziemlich gleichmäßig zum Strande hin ansteigt. In der Mitte der Danziger Bucht, etwa der Mitte der Linie von Rixhöft nach Brüsterort, beträgt die Tiefe sogar 110 m. In diesen Tiefen besteht der Meeresgrund aus tonigem Schlamm, von der 40-Metertiefe an bis zum Strande aber aus Sand, am Strande selbst zuweilen aus Geröll. Wegen des geringen Salzgehaltes, nur 0,7% (gegen 1,6% bei Kiel und 3,5% in der Nordsee), ist der Artenreichtum sowohl der wirbellosen Meerestiere wie Seefische nicht groß. An Seefischen sind 30 Arten bekannt.

Von den beiden Haffs, über die in den besonderen Abschnitten Näheres ausgeführt wird, ist das Kurische Haff das größere und zugleich auch das bedeutendste Brackwasserbecken der deutschen Küstengewässer. Es bedeckt eine Fläche von 1613 qkm mit einer größten Länge von 90 km und einer größten, im südlichen Teil befindlichen Breite von 45 km. Der Boden des nördlichen Teils ist sandig, der des südlichen von Schlamm bedeckt. Die Tiefe ist gering. Sie beträgt im südlichen Teil 4—5 m, im nördlichen 2 m, zuweilen sogar nur 1 m. Eine tiefere Fahrrinne, die „Rönne", zieht sich etwa 500—1000 m vom Strande der Nehrung entfernt hin und weist 3—11 m Tiefe auf. Das Frische Haff ist nur etwas über die Hälfte so groß als das Kurische; die größte Länge ist 80 km, die größte Breite 30 km. Auch hier ist der Boden teils sandig, teils schlammig. Die Tiefe ist gleichmäßiger als im Kurischen Haff und beträgt 4—5 m, sinkt aber im südwestlichen Teil auf 2—3 m. Über die eigenartigen Nehrungen und ihre Dünenwelt wird an anderer Stelle berichtet.

Die Seen Ostpreußens, von denen man, wenn man die kleinsten, noch nicht 1 Morgen großen Seen abrechnet, nicht weniger als ungefähr 1500 zählt, teilen sich in zwei ungleich große Gruppen, von denen die weit größere in dem den südöstlichen Teil des Landes ausfüllenden Masurenlande liegt und sich hier um zwei große Seen gruppiert. Südlich der Stadt Angerburg breitet sich der Mauersee, der nördliche von beiden, an den sich unmittelbar südlich der Löwentinsee anschließt. Südlich vom Löwentinsee dehnt sich der Spirdingsee, der breiteste der ostpreußischen Seen. Oftmals ist es schwer zu sagen, wo einer der Seen endet und der andere beginnt, da sie durch mannigfache Einschnürungen und Windungen miteinander verbunden sind.

Im südwestlichen Teil des Landes breitet sich die Gruppe der Oberländischen Seen, unter denen jedoch kein einziger See von größerer Breite ist. Allein der Geserichsee hebt sich aus der Menge der anderen hervor, jedoch nur wegen seiner bedeutenderen Länge (38 km). Ohne die beiden Haffs zu rechnen, nehmen die Seen Ostpreußens ungefähr 4% der gesamten Bodenfläche ein, während die in ihrem nördlichen Teil doch gleichfalls seenreiche Provinz Brandenburg nur mit einer Seenfläche von 3,12% an der gesamten Bodenfläche beteiligt ist. Betrachtet man aber die seenreichen einzelnen Kreise Ostpreußens, so tritt der Wasserreichtum Ostpreußens noch weit deutlicher in Erscheinung. Im Kreis Angerburg nehmen die Seenflächen nicht weniger als 14% der gesamten Bodenfläche ein, im Kreis Sens-

16

burg 13 %, im Kreis Lötzen nahezu 13 %, im Kreis Johannisburg 11,3 %, im Kreis Lyck nahezu 8 %, während in der Provinz Brandenburg der seenreichste Kreis (Angermünde) mit nur 6,7 % hervorragt.

Überaus zahlreich unter den masurischen wie oberländischen Seen sind solche mit langgestreckter Form und tiefem Bett, so daß der Ausdruck Rinnenseen für solche Wasseransammlungen berechtigt ist. Man glaubt, daß das Seebett durch die stark erodierende Tätigkeit der Gletscherströme ausgehöhlt worden ist. Vielfach haben diese Seen die Form von Strömen. Hierzu kommt, daß mehrere Rinnen= seen durch schmale Verbindungsarme zu einer Kette von Seen vereint sind. Die Trennung dieser Seen bilden diluviale Bodenschwellen. Ganz besonders muß hierbei der 60 km langen Seenkette westlich vom Spirdingsee gedacht werden, die mit dem Orlener= und Ollof=See bei der kleinen Stadt Rhein beginnt, als Rheinscher See und Talter=See ihre Fortsetzung nimmt und als Beldahner= und Niedersee sich bis in die Johannisburger Heide (Abb. 4) hinein erstreckt. Betrachtet man die Karte genau, so wird man eine größere Zahl solcher Zusammenhänge von Rinnenseen erkennen. Diese Seenart hat zum Teil ganz beträchtliche Tiefen. So hat man im Talter=See eine Tiefe von 51 m festgestellt. Diese kolkartigen Tiefen sind sehr wahrscheinlich Tobel, welche fallende oder stark aufprallende Gletscherwasser im Boden ausgehöhlt haben. Viele der Seen, namentlich der flacheren, beckenartigen, sind Grundmoränenseen, also Vertiefungen, welche einst von Gletschermassen ausgefüllt waren, unter denen aber bei enormem Druck Ströme flossen. Während die Grundmoränenseen keine bestimmte Richtung be= sitzen, auch in ihrer Gestalt sehr verschieden sind, rundliche oder abgeschnürte Buchten und Inseln und eine allmähliche Zunahme der Tiefe von den Rändern nach der Mitte hin aufweisen, zeigen die Rinnenseen fast immer eine nordwest= liche Richtung und eine lange, schmale Gestalt. Typische Grundmoränenseen sind der Mariensee, Okullsee, Pillackersee, Wyschtytersee, Lausker= und Gr. Plautziger= see, sowie die Gruppe des Mauer=, Löwentin= und Spirdingsees (Abb. 3).

Klimatisch bildet Ostpreußen die Schwelle vom ozeanischen zum kontinen= talen Klima. Von einem äußersten östlichen Teil des Atlantischen Meeres be= spült, genießt es noch die Vorzüge des ozeanischen Klimas. Es ist aber ebenso auch der Eigenart des kontinentalen Klimas überantwortet, für welches es die äußerste westliche Etappe im großen Bereich von Innerasien bis Polen darstellt. Hier also stoßen die Einflüsse beider Klimate aufeinander, und je nachdem wirkt sich jenes aus, das gerade den größeren Kraftaufwand aufzubringen vermag. Dadurch aber, daß beide im Widerstreit sich mischen, schwächen sie sich auch in ihren Auswirkungen ab, so daß man selten von einem rein ozeanischen noch rein kontinentalen Klima in Ostpreußen zu sprechen vermag, oder mit deutlicheren Worten, weder von einem rein holländischen noch rein russischen Klima. So wäre es deshalb ganz falsch, anzunehmen, daß jeder Winter in Ostpreußen ein russischer oder gar sibirischer wäre. Zweifellos ist das Klima Ostpreußens rauher, die winterliche Kälte bedeutender als etwa an der Elbe oder in noch westlicheren Gebieten. Es kommen Winter mit nahezu 30 Kältegraden vor, und ebenso wirkt sich das kontinentale Klima im Sommer dadurch aus, daß nach dem langen Winter der Sommer fast unvermittelt und mit Gewalt hereinbricht und oftmals eine lange Reihe von Tagen große Hitzegrade herrschen. Andernteils gibt es aber auch Winter, in denen nur wenig oder fast gar kein Schnee fällt und des= gleichen kennt man auch regenreiche Sommer. Immerhin kann man sagen, daß das kontinentale Klima merklich häufiger zu spüren ist als das ozeanische. Für den ost= preußischen Winter besonders typisch ist der sehr häufige Wechsel von Frost und Tauwetter. Der Schnee kommt und geht während des Winters mehrere Male, wie dies auch im westlichen Deutschland der Fall ist, nur daß hier die Kälte= grade nicht so hohe sind und der Schnee nicht in solchen Massen auftritt wie gelegentlich in Ostpreußen.

Im allgemeinen ist der Verlauf des ostpreußischen Klimas in den einzelnen Monaten wie folgt: Im März beginnen die winterlichen Schneemassen zu schwinden und die vereisten Flüsse und Seen aufzutauen, so daß man sie nicht mehr zum Eislauf betreten kann. Immerhin hält sich in geschützten Seewinkeln das Eis noch bis in den April hinein. Warme Tage sind im März nicht selten und verbreiten in den Herzen der Menschen Frühlingsstimmung, wenn auch die Luft an den Abenden und in den Nächten noch kalt bleibt. Daß auch der März noch außerordentliche Kältegrade aufweisen kann, beweist der 21. März, also der „Frühlingsanfang", vom Jahre 1926. Der Frühling kehrte an diesem Tage in Königsberg mit — 9°, in Ortelsburg, Marienburg und Insterburg mit — 12°, in Tilsit mit — 16° und in Marggrabowa gar mit 17° Frost ein! Allerdings sind dies noch nicht einmal die härtesten Märztemperaturen. Der 16. März 1888 wies in Königsberg 25,5° Frost auf! Der April ist reich an regnerischen Tagen, bringt auch gelegentlich noch Schneefälle. Nachtfröste und kühle Tage herrschen vor, wenn auch die Wärme an sonnigen Tagen bereits fühlbarer ist als im März. Die Frühlingsvegetation beginnt sich zu entfalten. Erst die ersten Maiwochen bringen gewöhnlich recht angenehme Frühlingswärme, wenngleich auch in diesem Monat noch Nachtfröste und reichlich kühle Tage zu gewärtigen sind. So zieht sich also der Einfluß des Winters bis in den Mai hinein, der der eigentliche Frühlingsmonat in Ostpreußen ist, worauf im Juni gewöhnlich schon sehr beträchtlich warme Tage einsetzen und damit ein schroffer Übergang zum Sommer geschaffen wird. Natürlich kommen auch Jahre vor, in denen der Juni kühl und regnerisch ist. Der Juli bringt die höchsten Wärmegrade und ist reich an Gewittern, die sich besonders in den späten Nachmittagsstunden zu entladen pflegen. Die Nächte vor Gewittern sind schwül, doch sind kühle Sommernächte häufiger als drückende, so daß man, wenn man in Ostpreußen Mondschein=

Abb. 14. Litauisches Gehöft (Zu Seite 62 u. 144)

promenaden zu machen beliebt, oder gar nächtliche Seefahrten unternimmt, sich vorsichtshalber mit einem Mantel versehen wird, damit nicht der Schluß der übrigens gerade hier so wunderbar blaunächtigen Romantik in einem durchaus unromantischen Schnupfen ausgeht. Merkwürdig wechselnd sind die Gewitter, die an einzelnen Orten sich mit einigen wenigen aber heftigen Schlägen entladen, in anderen Gegenden aber unentschlossen hin- und herziehen, kommen, gehen und wiederkommen und so Menschen und Tiere die Nacht hindurch bis in die zweite und dritte Morgenstunde in Atem halten. Der August gleicht dem Juli, nur daß er nicht so regen- und gewitterreich ist. Sein beständigeres

Abb. 15. Litauische Grabtafeln mit Vogelmotiven (Zu Seite 62 u 144)

Wetter wird sehr geschätzt, weil in ihn die Ernte der Getreide fällt. Aber schon gegen Ende des August zeigen sich bereits Morgennebel und reichlicher Tau. Der September ist in der Regel der wetterbeständigste Monat, doch kommen Ausnahmen, die durch reichliche Regenfälle ausgezeichnet sind, auch vor. Gewöhnlich haben Anfang und Ende des Monats schönes Wetter und nur die Mitte ist durch Regenfälle gekennzeichnet. Schon aber liegt eine leise Vorahnung des Herbstes selbst in den warmen Septembertagen. Frisch und klar sind die Farben des Morgens, über dem grellen Gelb der abgeernteten Getreidefelder blaut am Tage der tiefe, wolkenlose Himmel und farbenglühend sind die Abende, die angenehme Kühle bringen. Unmerklich gewinnen die Wälder die Farben des Herbstes. Es ist die sattfroh zufriedene Nachmittagsstimmung des Jahres, das eigentliche dolce far niente Ostpreußens, der schönste Reisemonat. Auch die erste Hälfte des Oktobers ist von gleicher Art; dann kommen zwar immer noch schöne, warme Tage, doch werden die Nächte bereits kühler und das Thermometer sinkt in ihnen bisweilen auf Null, dazu nimmt die Tageslänge bedenklich ab, und vereinzelte Schneeschauer kennzeichnen die Nähe des ostpreußischen Winters. Unfreundlich, trübe und regnerisch ist für gewöhnlich der November; Stürme jagen durch Land und Städte, und

Abb. 16. Kähne des Kurischen Haffs mit litauischen Schiffswimpeln
(Zu Seite 62 u. 144)

nur eine gütige Laune der Natur kann diesem Monat noch eine Reihe schöner Tage bescheren. Der Dezember ist frostig, Seen und Flüsse beginnen einzufrieren, Schneefälle sind häufig, jedoch bleibt der Schnee selten liegen. Erst um die Jahreswende oder nachher brausen die großen Schneestürme durchs Land und decken es ein, daß bisweilen von niedrigen Hütten nur das Dach, von niedrigen Obstbäumen nur die Krone herausguckt, und manches Dorf vom andern für Tage und Wochen getrennt ist. Der Februar tut es seinem älteren Bruder gleich, doch werden nun die Tage schon etwas länger, und Wärme macht sich fühlbar. So zeigt der Wechsel der Monate einen ziemlich lange ausgedehnten Winter, ein überaus kurzes Frühjahr, einen heißen Sommer und einen zweimonatigen, meist schönen Herbst, im großen und ganzen aber viel Unbeständigkeit, die durch den Widerstreit der beiden großen Klimate des Westens und Ostens hervorgerufen wird.

Natürlich ergeben sich für viele Orte Verschiedenheiten, die durch die Lage am Meer oder zwischen Wäldern und Seen, im Tal oder auf Höhen bedingt werden. Diese Unterschiede sind durchaus nicht unwesentlich. Als mittlere Jahrestemperatur kann man für Ostpreußen nahezu 7° Celsius annehmen. Nach Bludau finden sich aber an den nachbezeichneten Orten folgende Unterschiede vor:

Geographische Lage		Winter	Frühling	Sommer	Herbst	Jahrestemperatur
Königsberg	54,7° n. Br.	−3,6°	+5,4°	+16,5°	+7,6°	+6,7°
Braunsberg	54,4° " "	−2,14°	+6,3°	+16,3°	+7,9°	+7,2°
Elbing	54,16° " "	−0,95°	+6,4°	+17,3°	+8,5°	+7,8°
Danzig	54,35° " "	−0,7°	+6,3°	+17,0°	+8,5°	+7,8°
Hela	54,6° " "	−0,3°	+5,0°	+16,1°	+9,2°	+7,5°

Man beachte im allgemeinen den Gegensatz zwischen den niedrigen Temperaturen im Frühling und Herbst und der sprunghaft höheren des Sommers; ferner die Unterschiede der fünf Orte, die in der Nähe der Küste oder, wie Hela, unmittelbar an derselben gelegen sind. Die im Landinnern gelegenen Orte haben ein weit rauheres Klima und stehen um etwa 1—2° im Mittel gegenüber den Küstenorten zurück, wie die folgende Übersicht zeigt:

Geographische Lage		Winter	Frühling	Sommer	Herbst	Jahres- temperatur
Schönberg . . .	54,2° n. Br.	—3,1°	+4,0°	+15,2°	+6,4°	+5,7°
Arys	53,8° „ „	—4,4°	+5,1°	+15,5°	+6,8°	+6,1°

Schönberg liegt am Turmberg bei Danzig in 260 m Meereshöhe, Arys liegt östlich vom Spirdingsee in 120 m Höhe. Das 130 m hochgelegene Klaußen in Masuren hat eine um 0,5° Grad niedrigere Jahrestemperatur als das fast 2° nördlicher gelegene Memel! Im Kreis Rastenburg tritt das Frühjahr etwa 8—10 Tage eher ein als in dem etwas südlicher, dafür aber höher gelegenen Kreis Lötzen. Seenflächen und Wälder bewirken im allgemeinen eine Milderung des Klimas. Die auf dem Baltischen Höhenrücken gelegenen Orte haben ein weit rauheres Klima als die an der südlichen Abdachung befindlichen, und es geht hier die Entwicklung der Vegetation im Frühjahr um etwa 5—10 Tage der der nördlich gelegenen voraus. Auffallend ist in Ostpreußen der schroffe Wechsel der Temperaturen an aufeinander folgenden Tagen, die eine Differenz bis 20, ja 25° in der Wärme bedeuten können. Und wie hohe Kältegrade, bis —26° gelegentlich vorkommen, so auch im Sommer ungewöhnlich hohe Hitzegrade, die sich bis über +30° ja bis nahezu +38° steigern können. Das gleiche ist von den Niederschlagsmengen zu sagen. Auch hierbei sind große Gegensätze das Typische. Im allgemeinen sind Juli und Oktober die regenreichsten Monate, in welchen bisweilen 100—150 mm fallen, was für Ostpreußen etwa ein Achtel der Jahresregenmenge bedeutet. Dabei ist merkwürdig, daß nicht weit voneinander entfernte Orte erhebliche Unterschiede in den Regen=

Abb. 17. Prozession durch ermländische Feldflur (Zu Seite 46)

mengen zu verzeichnen haben. So fielen in der Gegend von Mohrungen 1895 nur 400 mm Regen, während in der Gegend von Guttstadt, das nur 30 km östlich liegt, die Regenmenge beinahe 800 mm betrug. Die regenreichsten Gebiete mit 700—750 mm sind die Trunzer Berge bei Elbing und die Gegend um Zinten und Mehlsack; zu den regenärmsten gehören die Landschaft um Gerdauen, Bartenstein, Lötzen, Rössel. Doch ereignen sich gerade im Hochsommer nicht selten wolkenbruchartige Ergüsse, die viel Schaden anrichten. So entlud im Juli 1895 während eines Jahrmarkts in Mehlsack ein plötzlich herangekommenes Unwetter seine Wassermengen derart, daß die steilen Straßen des Städtchens in wenigen Minuten reißende Flüsse waren und zwei überraschte Kinder darin umkamen. Der vorhergegangene Sturm hatte die Zelte der Jahrmarktsleute weit über die Dächer der Häuser geführt und der ganze Markt bot, als das nur 15—20 Minuten dauernde Unwetter sich verzogen hatte und die hellste Sonne schien, ein greuliches Bild der Verwüstung. Im Durchschnitt hat Ostpreußen 180 Regentage im Jahr, welche Zahl in trockenen Jahren auf 140 sinkt, in regenreichen aber auf 230 ansteigen kann.

III. Die Pflanzen- und Tierwelt

Man zählt Ostpreußen zu den wenig bewaldeten Ländern Preußens, vermutet jedoch in den Landschaften der Masurischen Seen einen besonders reichen Waldbestand. Beides stimmt nicht ganz, obwohl Ostpreußen, zahlenmäßig mit den anderen Provinzen verglichen, immerhin zu den waldärmsten Gebieten gehört. Dem Waldreichtum entsprechend ergibt sich nachstehende Reihenfolge der preußischen Provinzen: In Hessen-Nassau sind 40% der Bodenfläche mit Wald bedeckt, in Brandenburg 33,4%, in der Rheinprovinz 30,8%, in Schlesien 28,9%, in Westfalen 28%, in der ehemaligen Provinz Westpreußen 21%, in der Provinz Sachsen 20,5%, in der ehemaligen Provinz Posen 20,2%, in Pommern 19,8%, in Ostpreußen 17,9%, in Hannover 16,1%, und in Schleswig-Holstein nur 6,4%. Danach stände also Ostpreußen bezüglich seiner Bewaldung an drittletzter Stelle. Wer jedoch das Land bereist, gewinnt diesen Eindruck durchaus nicht. Die waldärmsten Gegenden sind die Landschaften zu beiden Seiten des Pregel. Doch würde man sich täuschen, wenn man hier gar keinen Wald erwartet. Es ist auch hier ein angenehmer Wechsel in der Landschaft, zu welchem der Wald das seinige beiträgt. Sehr stark bewaldet erscheint der Südosten der Provinz, aber auch hier muß, um Irrtümern vorzubeugen, erwähnt werden, daß ein großer Teil der masurischen und auch der oberländischen Seen der Waldumrahmung entbehren. Die größten Waldgebiete Ostpreußens sind die Rominter und die Johannisburger Heide (Abb. 4), wie der Ibenhorster Forst. Letzterer dehnt sich etwa 20 km im Memeldelta; die Rominter Heide, die keine Heide im Sinne etwa der Lüneburger ist, sondern ein regelrechter Riesenforst, mißt über 20 km in die Breite, nicht viel weniger in die Länge, und die Johannisburger Heide, gleichfalls ein gigantisches Waldgebiet mit nur sehr wenigen ärmlichen Walddörflein, hat über 30 km Länge und 20 km Breite.

An Baumarten ist Ostpreußen als rauheres Gebiet nicht reich. Nadelwälder sind dreimal so viel vorhanden als Laubwälder. Letztere finden sich auf besserem Boden, die Nadelwälder nehmen auch mit dem sandigsten Boden vorlieb. In früheren Jahrhunderten waren die Laubwaldbestände bei weitem größer. Zur Zeit der alten Preußen, ehe der Ritterorden ins Land drang, müssen ungeheure Laubwaldbestände das Land bedeckt haben. Die vom Ritterorden herbeigeführten deutschen Kolonisten nahmen ausgedehnte Rodungen vor, von denen fast ausschließlich die Laubwaldbestände betroffen wurden, da sie den besten Boden beherrschten. Noch heute deuten viele Ortsnamen darauf hin, daß sie einst in waldreicher Gegend standen oder aus Waldboden hervorgegangen sind. Sowohl altpreußische

Abb. 18. Masurenhaus bei Johannisburg (Zu Seite 52)

wie litauische Wortendungen, die irgendeinen Laubbaum bezeichnen, wie die Eiche, Buche, Esche, und viele deutsche Ortsnamen mit der Endung „=walde" geben Kunde von dem einstigen Waldreichtum des Landes.

Unter den Laubbäumen ist der im südwestlichen Ostpreußen am häufigsten vorkommende die Rotbuche (Fagus silvatica L.). Einen wunderschönen Buchenwald mit säulengeraden, grauen Stämmen bilden die „Heiligen Hallen" bei Panklau=Cadinen. Den nördlichsten und zugleich östlichsten Punkt erreicht die Rotbuche als Waldbaum bei Königsberg, von wo aus die Grenze sich geradezu südlich erstreckt. Einen prächtigen Buchenbestand birgt der Wichertshofer Forst bei Guttstadt, einen anderen, nicht weniger schönen der Osthang der Kernsdorfer Höhen im Walde von Döhlau. Trotzdem die Buchenwälder hier ihre äußerste Ostgrenze erreichen, findet man durchweg kräftig entwickelte Exemplare, bei denen Bäume mit einem Umfang von 3—4 m in Brusthöhe durchaus nicht selten sind. Im Hagen 15d von Cadinen sind Stämme bis nahezu 3 m Umfang und einer Höhe von 20 m häufig. Eine bei Buchwalde (bei Allenstein) stehende Buche hat beinahe 4 m Umfang und ist 33 m hoch, eine Buche bei Gr. Bestendorf bei Mohrungen hat sogar 4,30 m Umfang, und auf dem Rittergut Maldeuten findet sich eine Buche von ungefähr 7 m Umfang, deren Alter auf etwa 300 Jahre geschätzt wird. Die gewaltigste Buche beherbergt das Rittergut Richartswalde. Sie mißt nicht weniger als 9 m im Umfang. Weiß= oder Hainbuchen kommen in Ostpreußen nur mit Rotbuchen vermischt vor und sind nicht häufig. Das bereits erwähnte Rittergut Maldeuten hat in seinem Park Bogengänge aus Weißbuchen von 200=jährigem Alter. Als Kuriosum sei erwähnt, daß auf dem Rittergut Schlodien sich eine Weißbuche befindet, die auf verschiedenen Zweigen auch Eichenlaub trägt.

Reine Eichenwälder gibt es in Ostpreußen nicht mehr. Die Eiche kommt nur in kleinen Hainen oder als eingesprengter Baum vor. Eine der stärksten Eichen, deren Umfang annähernd 9 m beträgt, steht an der Landstraße bei dem

Gute Cadinen. Eine andere, bei Gr. Buchwalde (bei Guttstadt), ist noch etwas stärker. Sie mag ein Alter von 600 Jahren haben und ragt an einem Hügel, der von den alten Preußen als Fliehburg benutzt wurde. Das Volk nennt sie Napoleonseiche, weil Napoleon I. hier einem Gefecht seiner Truppen mit den Russen zugesehen haben soll. Der Durchmesser der Krone dieses Baumes beträgt nicht weniger als 23 m. An „dicken" Eichen ist in Ostpreußen kein Mangel. Schön sind die Eichengruppen bei dem Schlosse Steinort am Mauersee. Eine Eiche im Garten des Ritterguts Romansgut wird die „heilige Eiche" genannt; ihr Alter ist nicht feststellbar. Das Dorf Eichendamerau bei Heilsberg führt gewiß seinen Namen nach den zum Teil starken und sehr bejahrten Eichen, die durch den Ort hin verteilt sind. Das Rittergut Schlodien, das überhaupt bemerkenswerte Bäume aufweist, besitzt eine Eiche von über 7 m Umfang.

Die Birke bildet kleinere geschlossene Bestände an Waldrändern und kommt auch sonst durch ganz Ostpreußen als Einzel= und Wegebaum vor. Erlen, Zitter= pappeln oder Espen, Silberpappeln und Ahorn sind häufig und überall anzu= treffen. Desgleichen findet man Linden als Wegebäume und in Gärten und Parks. Eine gewaltige Linde steht im Garten des Pfarrhauses von Tharau, die Ännchenlinde genannt; eine andere starke Linde schattet am Mühlenteich zu Rauschen im Samland, und eine dritte gewaltige Linde, mit einem Umfang von 9 m, ragt im Dorfe Minten bei Bartenstein. Die große Beliebtheit dieser Baum= art und ihre Verbreitung durch ganz Ostpreußen wird schon dadurch bewiesen, daß nicht weniger als 50 Ortschaften von derselben den Namen haben. Ich er= innere nur an den bekanntesten unter diesen Orten, den Wallfahrtsort Heilige= linde bei Rössel. Sehr zahlreich, ja typisch für Ostpreußen sind die Ebereschen und Weidenbäume.

An Nadelbäumen kommen alle sonst im norddeutschen Flachlande gedeihenden Arten vor. Besonders Kiefern gedeihen hier vorzüglich und entwickeln sich bis zu 40 m Höhe. Heideflächen im Sinne der Lüneburger Heide kommen wenig

Abb. 19. Masurenkinder an der polnischen Grenze bei Turoscheln (Zu Seite 52)

vor, dagegen sind Moore zahlreich und in jeder Entwicklungsphase vorhanden. Besonders ausgedehnt kommen sie zu beiden Seiten der unteren Memel und im Memeldelta vor. Ein Unikum ist der südlich des unteren Pregel sich findende Frisching, ein ausgedehntes, bergiges Moorgebiet. Auch an verlandenden Seen ist kein Mangel. Ein Musterbeispiel hierfür ist der Drausensee südlich von Elbing, von dem an anderer Stelle ausführlicher gesprochen werden wird. Überhaupt ist die Zahl der Landseen

Abb. 20. Masurin (Zu Seite 52)

früher weit größer gewesen. Viele sind bereits zur Ordenszeit trockengelegt oder durch Ableiten des Wassers verkleinert, viele in der nachfolgenden Zeit.

Auch die Fauna Ostpreußens bietet heute mit einigen wenigen Ausnahmen keine Besonderheiten, durch die sich die Provinz von anderen norddeutschen unterscheiden würde. Der Wildbestand an Rehen ist im allgemeinen befriedigend, dagegen sind Hirsche, Damwild, Wildschweine sehr mäßig vertreten. Eine Sonderheit in der ostpreußischen Tierwelt bildet der Elch, ein vorzeitliches Wild, das noch im 18. Jahrhundert in Schlesien und Posen vorkam, in den 50er Jahren des 19. Jahrhunderts auch noch in Masuren sich aufhielt, heute aber in die äußersten Nordwinkel der Provinz sich zurückgezogen hat und hier, nur mehrere hundert Stück zählend, den sumpfdurchzogenen Ibenhorster Forst im Memeldelta und die Kurische Nehrung bewohnt. Der Elch ist eine seltsame Erscheinung, groß und stark wie ein Pferd, mit einem Kopfe, der jedoch eher einem Esels-, entfernt auch einem Kamelskopf gleicht, auf dem ein riesiges Schaufelgeweih sitzt. An der Wamme hängt meist ein zopfähnlicher Bart. Der Rücken trägt dicht hinter dem Halse einen Höcker und der Widerrist fällt steil und flach ab wie bei einem Hirsch. Der Schwanz ist ein Stummel, die Beine sind wie Stelzen und leuchten hell. Diese phantastische Tierform, so recht ein Sommernachtsspuk, wenn man ihm in hellen Mondnächten begegnet, ist durchaus nicht scheu und für gewöhnlich auch ungefährlich, wenn man keinen besonderen Anlaß zur Verärgerung des Tieres gibt. Nur in der Brunstzeit sind die Tiere gefährlicher, zu anderen Zeiten kann man ihnen bis auf 20 Schritte nahekommen, ja, beritten, sogar sich in unmittelbare Nähe wagen. Wehe aber, wenn der Elch Ärgernis nimmt, was bei seiner Launenhaftigkeit nicht immer ausgeschlossen ist, dann heißt es Reißaus nehmen in schärfster Gangart, denn die Elche sind außerordentlich behende. Was noch weniger vermutet werden dürfte, ist, daß sie auch vorzügliche Springer sind. Sie vermögen sich ohne Anlauf über zwei

25

Meter hohe Zäune oder Hürden hinüberzuschnellen oder zu werfen. In der Kriegszeit sind Elche des Fleisches wegen von Wilderern viel erlegt worden, so daß unter den Beständen stark aufgeräumt worden ist. Die Nahrung sind Baumblätter, Gesträuch, junge Astsprossen, namentlich von Erlen und Weiden, vornehmlich aber auch Schachtelhalme, womit sie sich ihren Wanst bis zum Platzen füllen können. Da sich die Elche gegen die jungen Bäume werfen, um der oberen Äste durch Umbiegen des Baumes habhaft zu werden, wobei nicht selten der Stamm bricht, richten sie großen Schaden in den Wäldern an. Wiegen doch manche der Tiere nicht selten 400 Kilogramm und mehr! Gern nimmt der Elch Seebäder, indem er weit in die Brandung hinauswatet und sich überschäumen läßt. Er ist ein vorzüglicher Schwimmer. Zuweilen durchmißt er in den Nächten das Wasser des Haffs, um Besuchsvisiten im Ibenhorster Forst (Abb. 9) oder auf der Kurischen Nehrung abzustatten. Gern auch suhlt er im Moor, für das er das geeignete

Abb. 21. Dorfteich in Salusken bei Neidenburg (Zu Seite 68)

Tier ist. Trotz seiner Schwere vermag er über die schwanken Moorwiesen ohne einzusinken zu schreiten, weil seine Hufe sich breit auseinander drücken. Diese eisenharten Hufe sind seine Hauptwaffe, der kein einheimisches Tier widerstehen kann. Selbst der Stier weicht, wenn der Elch ihm mit seinen Stahlhufen das Fell betrommelt, daß ihm Hören, Sehen und Liebe vergehen und er seine Kühe schmählich im Stich läßt. Im Winter, wenn das Haff gefroren ist, eilen die Elche auch über die blanke Eisfläche, was in nebeligen Nächten, wenn aus dem ungewissen Grau die grotesken Tiere auftauchen, unheimlich genug aussieht. Kommen sie aber auf dem Eise zu Fall, so ist es meist um sie geschehen, weil sie sich wegen der Länge ihrer Beine nicht aufzurichten vermögen. Aus diesem Grunde auch richten sie kaum Feldschaden an, da sie mit dem Kopf nicht die kurzen Saatpflanzen zu erfassen vermögen. Will der Elch trinken, so spreizt er die Beine weit auseinander, um mit dem Kopfe das Wasser zu erreichen. Einen Feind hat der Elch unter den größeren Tieren nicht, wer könnte ihm auch entgegentreten? Außerdem genießt er staatlichen Schutz, so daß er auch den Menschen nicht zu fürchten hat. Doch ein um so dreisterer und gefährlicher

Abb. 22. Landschaft bei Darkehmen. Im Mittelgrunde aufgehäufter Torf (Zu Seite 150)

Abb. 23. Beschäler, Halbblut, aus dem Gestüt Trakehnen (Zu S. 73)

Feind bricht die Kraft des Elchs, ohne daß dieser ihn zu Gesichte bekommt, geschweige sich gegen ihn wehren kann: die Elchmade. Sie nistet in der Nasenhöhle des Tieres, bohrt dort Gänge und dringt bis in das Gehirn, wo oft eine ganze Anzahl solcher Schmarotzer sichs wohl sein lassen. Die Launenhaftigkeit und Bösartigkeit mancher Elche führt man mit Recht auf das Vorhandensein solcher Quälgeister zurück, die dem Tiere die gute Laune verderben. Meist gehen die Elche durch solche Maden zugrunde.

Wölfe, Bären, Dachse und Luchse beherbergt Ostpreußen heute nicht mehr, obgleich es noch nicht sehr lange her ist, daß diese Raubtiere in den ostpreußischen Wäldern anzutreffen waren. Der letzte Bär wurde allerdings schon 1804 und zwar in Masuren erlegt. Die Meister Petze hausten besonders gern in den Wäldern von Kutten, Jakunowken und Zabinken. Der letzte Luchs wurde noch 1883 im Kreise Ortelsburg festgestellt. Wölfe sind zwar schon lange nicht mehr heimisch, doch wechseln sie noch heute in strengen Wintern zuweilen auf preußisches Gebiet hinüber. Früher hausten sie recht selbstbewußt und drangen gelegentlich in Dörfer und Gärten. Eine Besonderheit, die einzige unter den Vierfüßlern neben dem Elch, ist auch der ostpreußische Schneehase, der sonst nur im nördlichen Rußland heimisch ist. Er hat im Sommer ein braunschwarzes, im Winter ein weißes Fell mit schwarzen Ohrenspitzen und graubraunen Haaren an der Schwanzspitze.

Stark vertreten ist die Welt der Wasservögel (Abb. 8): An den Küsten Möwen, im Innern des Landes Wasserhühner, Wildenten, Rohrdommeln, Kormorane, Haubentaucher, schwarze Störche, wilde Schwäne, Reiher und vereinzelt auch Kraniche. Die wilden Schwäne nisten besonders gern auf dem Ublick-, Lipinsker- und Gr. Schimoner-See. In den sandigen Gegenden des äußersten Süden sieht

Abb. 24. Trakehner Stolz! Der Vollbluthengst Friedensfürst (Zu Seite 73)

man auch die große Trappe. An Raubvögeln gibt es Falken, Habichte, Weihen, Bussarde. Weniger häufig ist der Fisch= und der Steinadler, der in Prachtexemplaren vorkommt. In einzelnen sumpfigen Gewässern des südlichen Ostpreußen, besonders von der Neide und Alle bis zur Weichsel, findet sich die Sumpfschildkröte (Emys europaea), der einzige Repräsentant dieser auch im übrigen Deutschland sehr seltenen Reptilienart. Sie ist hier ziemlich häufig vorhanden, wenngleich sie auch nicht leicht zu sehen ist, da sie bei dem geringsten Geräusch sich nähernder Schritte im Wasser verschwindet. Es kommen Tiere mit einem Rückenschild von 18 bis 25 cm Länge vor. Sie eignen sich gut als Entlüfter in Trinkbottichen für das Vieh, da sie wasserreinigend wirken.

IV. Aus der Geschichte des Landes

Die Geschichte der Ostmark kennt folgende Kristallisationskerne: In der Urzeit den Bernsteinhandel des Samlandes, darauf folgend das barbarisch=paradiesische Leben der altheidnischen Preußen oder Pruzzen, dann die Mühen und Geschicke des deutschen Ritterordens, die Bestrebungen der Polen zur Beherrschung der baltischen Küste, die Kulturarbeit der hohenzollernschen Zeit und, vom Jahre 1918 ab, die wirtschaftliche Not des vom Mutterlande getrennten Gebiets und seine Anstrengungen, diese zu beheben.

Fast in allen weniger kritischen Geschichtsbüchern kann man rühmen hören, daß Ostpreußen unter den zum heutigen Deutschen Reiche gehörenden Gebieten dasjenige ist, über das am frühesten Kunde in die alte Kulturwelt am Mittelmeer drang. Phönizier sollen auf ihren Seefahrten, die sie bis zu den Britischen Inseln führten, auch zur samländischen Küste vorgedrungen sein, um dort den

Bernstein zu holen. Diese Annahme ist durch nichts gestützt. Sicher ist nur, daß der Bernstein zur phönizischen Zeit von der jütländischen, also heute dänischen Küste geholt und dort auch gefunden wurde. Ob damals schon der samländische Bernstein in die Länder des Mittelmeers gelangte, ist nicht sicher erwiesen. Wenn es geschah, so sicherlich nicht auf dem Seewege, sondern auf den beiden uralten Landwegen, die von hier durch Südrußland zum Schwarzen Meer und durchs Weichsel- und Donautal zum Schwarzen- und Mittelmeer führten. Erst das 1. christliche Jahrhundert gibt uns durch Plinius verbürgte Nachricht, daß an Stelle des bislang an der jütländischen Küste geholten, nun aber dort nur noch sehr spärlich gefundenen Bernsteins jener des Samlandes in Flor kam und von hier, allerdings auch jetzt noch nicht auf dem See- sondern dem erwähnten Doppel-landwege, in die Welt von Ost- und Westrom gelangte. Seit den Tagen des Kaisers Nero war der Bernstein in der gesamten römischen Kulturwelt als Schmuckmittel äußerst begehrt und wurde fast ausschließlich aus dem Samland bezogen. Dieses wird bewiesen durch das geringe Vorkommen von römischen Münzen an der friesischen und jütländischen Küste und die hiergegen ganz außergewöhnlich zahlreichen Funde von römischen Münzen seit der Regierungszeit Trajans an der samländischen Küste wie an den Handelswegen in Ostpreußen überhaupt. Man fand silberne und kupferne Münzen zu tausenden, namentlich aus der Zeit des Antonius, aber auch der übrigen Cäsaren bis auf Commodus und Septimus Severus. Mit diesem versiegt der römische Münzenregen und hebt dann erst im 5. Jahrhundert wieder namhaft an.

In der Zwischenzeit müssen also kriegerische Vorgänge Handel und Verkehr unterbunden haben. Es ist die Epoche des Völkerwechsels an der baltischen Küste. Das abziehende Volk scheint ein Teil der gotischen Völkerfamilie gewesen zu sein und muß, wie die Grabfunde mit den geschmackvollen und zierlichen Schmuck-sachen beweisen, eine verhältnismäßig hohe Kultur besessen haben. Bemerkens-wert ist die Auffindung zweier Moorbrücken, die aus der Zeit dieses gotischen Volks zu stammen scheinen. Sie durchqueren, einander in ostwestlicher Richtung gleichlaufend, jedoch drei Kilometer voneinander entfernt, das südlich des Drausen-sees gelegene Tal der Sorge. Es sind nach Art unserer Knüppeldämme gebaute Bohlenwege, die bezüglich der Gediegenheit ihrer Arbeit überraschen. Fast durch-weg ist Eichenholz verwendet und zwar wurde entsprechend dem verschiedenen Grade der Weichheit des Bodens der Weg durch mehr oder weniger dicke Lagen von Bohlen fundamentiert. An den festesten Stellen beträgt die Bohlenlage nur 10 cm Dicke, an den sumpfigsten bis zu einem Meter. Die Breite der beiden Wege (vielleicht ist der eine als Hin-, der andere als Rückweg zu denken?) ist etwas über 2 m, die Länge der am besten untersuchten nördlichen Brücke mißt 1231 m, übertrifft also viele gewaltige Brückenanlagen der Neuzeit an Länge. Zweifellos dienten diese Wege dem starken Handelsverkehr, dessen Ziel das Bern-steinland war. Verwendet wurden 1540 cbm Holz, die im frischen Zustande ein Gewicht von 1 231 200 kg besaßen und zu deren Transport heute rund 123 offene Güterwagen notwendig wären. Der Holzwert der Brücke ist nach unserm heutigen Geldwerte mit etwa 70 000 Mark zu veranschlagen. Nebenbei bemerkt, fand man in einem Hügel bei Braunsberg, der seitdem der Goldberg heißt, im Juli 1822 beim Pflügen 97 römische Goldmünzen, darunter solche aus der Zeit des Kaisers Gordian (Mitte des 3. Jahrhundert). Die übrigen Münzen stammen aus der Zeit des Valentian und dessen Nachfolger bis auf Pulcheria. Man vermutet, daß dieser Goldschatz das Überbleibsel eines Geschenks des Ostgotenkönigs Teodorich des Gr. (493—526) an eine Gesandtschaft der Samländer oder Ästier, wie sie damals genannt wurden, bildete und als Gegengabe für ein Ehrengeschenk von Bernstein zu denken ist.

Nach dem Abzuge der Goten nahm ein Volk mit rauheren Sitten und un-bekannten Ursprungs die Wohnsitze ein. Anscheinend gehörte dieses Volk, für

Abb. 25. Ostpreußisches Marktbild (Zu S. 79)

das erst im 10. Jahrhundert der Name Pruzzi auftauchte, mit den Letten und Litauern einer gemeinsamen indogermanischen, slawischen Völkerfamilie an. Es führte, als die kriegerische Zeit der Landeinnahme vorüber war, ein friedliches Ackerbauer= und Jägerdasein. Über die Religion dieser Pruzzi (woraus später der Name Preußen entstand) ist wenig bekannt. Sie verehrten Naturgötter, Bäume und Tiere, wie dies auch die westdeutschen Germanen taten. Auch bei ihnen war ein männlicher und weiblicher Priesterstand üblich, der sich einem Ober= priester fügte. Letzterer hatte sein Heim im sogenannten Romowe, einem heiligen Hain, dessen Lage nicht mehr bekannt ist. Sie glaubten an ein Jenseitsleben und kannten Blutopfer. Eine staatliche Zusammengehörigkeit wie auch ein Ein= heitsbewußtsein des Stammes kannten sie ebensowenig wie die Germanen des Westens. Wohl hatten sie Heerführer, die im Kriege anführten und deren Ein= fluß stark war, daß sie ihren Anordnungen unbedingte Folge leisteten. Ob sie auch Gauherren im Frieden kannten, ist ungewiß. Das Volk schied sich in Edle und Unedle. Gastfreundschaft und Trunk waren auch ihre stärksten Seiten, und das Weib nahm bei ihnen, wie bei den meisten Naturvölkern, eine untergeordnete Stellung ein. Es herrschte die Kaufehe. Jedoch müssen die Sitten ziemlich frei gewesen sein, denn man weiß, daß oft, wahrscheinlich aus Mangel an den für den Kauf erforderlichen Zahlungsmitteln, Vater und Sohn sich eine Frau ge= meinschaftlich hielten. Anderernteils war aber auch Vielweiberei üblich. Die Gast= freundschaft war sehr großzügig. Von allen Küstenvölkern unterschieden sich die Preußen als einziges vorteilhaft dadurch, daß sie kein Strandgut raubten und die Gestrandeten aufs freundlichste aufnahmen. Aus gegorener Stutenmilch bereiteten sie sich ein beliebtes Rauschmittel. Ihre Kleidung bestand in wollenen und leinenen Stoffen. Pelztiere jagten sie, um die Felle zu verhandeln, trugen jedoch selber keine Pelze. Schmuck kannten sie wenig und lebten sehr einfach. Ihr größtes Gut war die persönliche Freiheit, für die sie so hartnäckig stritten wie nicht einmal die Ger= manen der Römerzeit und die Sachsen zur Zeit des großen Karl es getan haben.

Sie waren von Natur sehr friedfertig und angenehm im Verkehr, scheinen jedoch unter den Angriffen der südlich angrenzenden Polen, die schon frühzeitig bestrebt waren, bis zu den baltischen Küsten vorzudringen, wiederholt beunruhigt worden zu sein, so daß sie zur energischen Gegenwehr griffen. Daß diese nach der Sitte der Naturvölker nicht gelinde ausfiel, läßt sich denken. Zur Abschreckung vor erneuten Einfällen mögen die Preußen vielfach öfter als unbedingt nötig in pol= nisches Gebiet eingedrungen sein. Westlich von ihnen, in dem Gebiet des heutigen Danzig und nördlichen Westpreußen sowie östlichen Pommern, lebten die Pome= rellen, ein slawischer Volksstamm, der aber mit den Polen nichts zu tun haben wollte und sein Gebiet gegen die auch hier zum Meer strebenden Polen ganz ent= schieden verteidigte. Sie konnten es zeitweilig nicht verhindern, daß polnische Fürsten bis zum Meere vordrangen, wenngleich die Erfolge der Polen nie von langer Dauer waren. Durch das Land der heidnischen Preußen aber vermochten die Polen in keiner Weise erobernd zu gelangen. Sie holten sich stets blutige Köpfe, und es wird wohl nicht nur die Beunruhigung ihrer Grenzgebiete durch die Preußen als vielmehr der geheime Wunsch, ihr Bestreben auf einem gang= bareren Wege zur Erfüllung gelangen zu lassen, der Träger der bewegten Klagen gewesen sein, die sie gegen die Preußen unausgesetzt beim päpstlichen Stuhle erhoben. Sie glaubten durch die Christianisierung der Bewohner deren innere Macht zu brechen und dann durch Güte, List oder Gewalt die preußischen Gebiete sich untertan zu machen. So wurden denn als erste Pioniere Missionare aus= gesandt, die freilich an sich keine politischen Gedanken hegen mochten. Die Be= mühungen des ersten Glaubensboten, des Tschechen Adalbert, gelangen ebensowenig wie die des zweiten, Brunos, eines Sprossen des sächsischen Königsgeschlechts. Beide wurden von den Preußen, die in diesen Vorboten des neuen Glaubens mit Recht den ersten Vorstoß gegen ihre alte Freiheit witterten, ermordet. Erst

32

Abb. 27. Feldbestellung bei Goldap (Zu Seite 149)

einem dritten Missionar, dem Polen Christian, gelang es, in den äußersten westlichen Grenzen einige Erfolge zu erringen. Mehrere der Getauften überließen ihm freigebig ausgedehnten Grund und Boden ihres Landes. Weit aber drang sein Erfolg nicht in das heidnische Land, und die räuberischen Einfälle der Preußen dauerten nach wie vor fort. Da wandten sich die Polen, nachdem verschiedentliche Versuche der Selbsthilfe nichts fruchteten, an den deutschen Ritterorden. Dieser hatte bekanntlich die Aufgabe, die Gläubigen im heiligen Lande gegen die Ungläubigen zu schützen und das heilige Land für die Christenheit zu erobern. Seine Aufgabe war jedoch zu Anfang des 13. Jahrhunderts nutzlos geworden, nachdem man einsehen gelernt hatte, daß das Land dem Islam niemals zu entreißen sein werde. So kam es dem deutschen Orden gelegen, ein anderes Gebiet für seine Betätigung zu bekommen. Der Hochmeister verblieb vorläufig in Italien, wo der Orden ebenso wie in Griechenland ausgedehnte Liegenschaften besaß. Nachdem er sich in den zu erobernden Gebieten von den Polen nach vier Jahre dauernden Verhandlungen völlige Selbständigkeit gesichert hatte (ein Beweis für die ursprünglich recht selbstsüchtigen Absichten der Polen, die nur schwer in die Bedingungen der Ritter einwilligten), kam Hermann Balke 1230 mit nur wenigen Rittern und einer Schar dienender Brüder, jedoch auch einem Haufen deutschen Volks an die Weichsel, drang über diese vor in das feindliche Land und verschanzte sich hier auf einem baumgekrönten Hügel. Er wurde der Ursprung Thorns. Von hier aus drang man längs der Weichsel und gelegentlich auch in das Preußenland selbst vor. Die Absicht des Ordens, der sich von Jahr zu Jahr durch Zuzug neuer Ritter und große Scharen deutscher Ansiedler bald erheblich verstärkte, war eine durchaus strategisch planmäßige. Man sicherte erst das Weichseltal bis zur Mündung durch eine Anzahl größerer und kleinerer Burgen und Landwehren, ging dann längs des Ufers des Frischen Haffs weiter vor und bemächtigte sich hier, unterstützt durch den Verrat eines Preußen, der altpreußischen Veste Balga, die man zu einer starken Burg ausbaute. Einige Zeit später drang man am Haff weiter bis zum Pregel vor und gründete hier eine Burg, die man zu Ehren des Königs Ottokar von Böhmen, der einen

Kreuzzug gegen die Preußen mitmachte, Königsberg nannte (1255). Nun man die Weichsel und die Küste besetzt hatte, konnte man besser in das Landinnere eindringen, was natürlich vorher auch schon zu unzähligen Malen geschehen war. An den Preußen hatte der kampfgeübte Ritterorden einen durchaus nicht leicht zu nehmenden Gegner. Was den Preußen an militärischer Tüchtigkeit abging, ersetzten sie durch ihre unbegrenzte Freiheitsliebe und einen großen Aufwand von List, Verrat und Grausamkeit. Hin und her schwankte das Glück. Verheerungszüge der einen Seite wurden von der anderen mit der gleichen Grausamkeit vergolten. Unmengen von Blut flossen, unsägliche Barbareien wurden verübt. Was war der Freiheitskampf der alten Sachsen wider Karl den Großen gegenüber diesem niemals aussetzenden Morden und Sengen, das 53 Jahre dauerte! Mehr als ein halbes Jahrhundert! Man muß sowohl den alten Preußen

Abb. 28. Herrschaftshaus des Gutsbesitzes Corben bei Rudau (Zu Seite 67 ff.)

Achtung zollen wegen ihrer Ausdauer, ihrer Liebe zum Althergebrachten und wundert sich, wie dieses einfache Volk diesen Widerstand gegen die geübteste Kriegsmannschaft jener Zeit so lange aufrecht zu halten vermochte, umsomehr, da von einem planmäßigen, einheitlichen Vorgehen aller Preußen höchst selten die Rede war. Andernteils muß man aber auch, trotz all der unbezweifelten Greuel, die sich auch der christliche Ritterorden im Kampfe mit seinem hartnäckigen Gegner zu schulden kommen ließ, die Planmäßigkeit und Zähigkeit der Bestrebungen dieser deutschen Ritterschaft achten. Durch keine noch so empfindlichen Verluste ließ sich der Orden von dem einmal gesetzten Ziele zurückschrecken. Der endliche Erfolg war ihm beschieden: Die Eroberung und Beherrschung sowie Christianisierung des gesamten Gebietes von der Weichsel bis zur Memel, ja darüber hinaus. Mit dem Jahre 1283, nachdem auch die entlegenen südöstlichen Gaue bezwungen waren, endete der letzte große Aufstand und es begann die Zeit der friedlichen Kulturarbeit.

Abb. 29. Gehöft zu Corben bei Rudau im östlichen Samland. Blick vom Herrenhaus. Im Vordergrund ein Arbeiter-Wohnhaus (die übrigen sind seitlich rechts angeordnet und auf dem Bilde nicht sichtbar. Im Hintergrunde rechts Pferde-, links Rinder- und Schweinestall. In der Mitte ein Teich (Zu Seite 67 ff.)

Die Zeit der Blüte, in welcher der Orden sich dem inneren Aufbau der Verhältnisse widmen konnte, brachte die Regelung der rechtlichen Verhältnisse seiner deutschen Gebietsinsassen einerseits und der christlich gewordenen preußischen und

Abb. 30. Stallungen, Ententeich und Taubenturminsel im Gehöft Corben im östlichen Samland

polnischen andererseits. Beide dieser Bewohnerschaften genossen verschiedene Rechte und hatten verschiedene Verpflichtungen gegenüber dem Orden. Dieser hob tatkräftig Handel und Verkehr im Lande, und es bestanden äußerst rege Beziehungen des Ordens wie der Städte mit Polen, Ungarn, Schlesien, dem deutschen Reiche, Frankreich, Italien, Flandern, England. Namentlich mit England verband das Ordensland äußerst rege Beziehungen. England lieferte Tuche und feine fertige Waren, Preußen aber Rohprodukte und vor allem Getreide. In einem Jahre (1397) lagen einmal zu gleicher Zeit nicht weniger als 300 englische Schiffe im Danziger Hafen, um Getreide mitzunehmen. Daß der Orden bei diesem blühenden Handel nicht schlecht abschnitt, läßt sich denken. Bezog er doch von allem und jedem seine Abgaben und trieb er doch schließlich auch selbst, zum Ärger der Städte seines Landes, eigenen Handel. Wie außerordentlich die Einnahmen des Ordens waren, machen allein schon die folgenden wenigen Angaben deutlich: Im Jahre 1368 betrug allein der Pfundzoll der preußischen Städte, der etwa mit $^2/_7$ Prozent des Wertes der Waren erhoben wurde, soviel, daß der letztere sich nach heutigem Gelde (Vorkriegswert) auf 5 700 672 Mark berechnen läßt. Im folgenden Jahre ergaben sich sogar beinahe 6 000 000 Mark Wert. Im Jahre 1376 betrug das Betriebskapital der Marienburg allein, an barem Gelde, Waren und ausstehenden Forderungen etwa 250 000 Mark und einige Jahre später hatte die Burg Königsberg noch einige tausend Mark mehr zur Verfügung. Kriegerische Verwicklungen hatte der Orden im 14. Jahrhundert fast nur mit Litauen, das aber auch in diesem Jahrhundert sich großenteils zum Christentum wandte. Stark war sein Einfluß zu Lande wie zur See. Erfolgreich trat der Orden, der einmal eine Fahrt nach Gotland mit nicht weniger als 84 Schiffen und 4000 Mann nebst 400 Pferden unternahm, gegen die Seeräuberei auf und verdrängte die gefürchteten Vitalienbrüder ein für allemal aus der Ostsee.

Dieser Einfluß und diese Blüte hielten etwa bis zum Ende des 14. Jahrhunderts an. Dann begannen, zuerst wenig merklich, im Laufe des 15. Jahrhunderts aber immer schneller anwachsend, die Zeichen des unaufhaltsamen Verfalls des Ordens sich zu zeigen. Die Ursachen waren verschiedene. Einmal war es die Zeit an sich, welche, nachdem der Kampf ruhte und Sicherheit und gewaltiges Ansehen herrschten, Überhebung und Wohlleben bis zur fessellosen Entsittlichung mit sich brachten. Verstärkend kam das üble Beispiel hinzu, welches namentlich die wohllebigen Geistlichen und die Klosterinsassen gaben. Den Städtern im Lande behagte der Handel des Ordens nicht, welcher den ihrigen schädigte. Die Landedelleute verdroß es, daß die Ritterschaft nach wie vor gesellschaftlich einen schroffen Abstand wahrte und höchst selten einen von ihnen in die Ritterschaft aufnahm. Diese Unzufriedenheit, die hohen Abgaben, die lästigen Kriegsdienste, vor allem aber der Herrenstolz der Ritter brachten es mit sich, daß sich die polnischen Landedelleute wie auch deutsche Städte insgeheim mit den Polen verbanden. Hatte Polen im 14. Jahrhundert wegen seiner steten Kämpfe mit den Litauern keine Gelegenheit gehabt, den mächtig gewordenen Nachbar anzugreifen, so ergab sich am Anfang des 15. Jahrhunderts durch eine Vermählung eine Union zwischen Litauen und Polen und der Entschluß, den Orden zu bekämpfen. In der Schlacht von Tannenberg, 1410, erlitt der Orden eine so empfindliche Niederlage, daß er zur Gegenwehr lange Zeit nicht mehr fähig war. Die aufgebotenen landeingesessenen altpreußischen und polnischen Edelleute hatten ihre unbeliebten Herren im Stich gelassen, indem sie beim Beginn der Schlacht samt ihren Leuten aus dem Felde entwichen. In der Folgezeit wurde der innere Halt des Landes immer schwächer. Die Städte und der Landadel hatten gegen die Eigenmächtigkeiten des Ordens den Preußischen Bund geschlossen, und als der Orden auf friedliche Verhandlungen nicht einging, vielmehr landfremde Söldner gegen seine eigenen Bewohner anwarb, da kam es zum offenen Bruch und einem 13 jährigen Städtekrieg. Da nun auch noch Uneinigkeiten in der Ritterschaft selbst

Abb. 31. Ostpreußische Molkerei (Zu S. 74)

immer kraſſer in Erſcheinung traten und die Feindſchaft der Polen und Litauer
immer ärger das Land bedrängte, machten ſich dies die bald überhand nehmen=
den Söldnerſcharen zunutze und regierten anſtatt der Ritter, die bald zu kläg=
lichen Schemen ihrer einſtigen Kraft und Klugheit, zum Geſpött der Söldner=
führer herabſanken, und von keiner Seite her mehr Unterſtützung und Achtung
erfuhren. So war es denn, nachdem der Orden letzten Endes zum polniſchen
Vaſallen herabgewürdigt wurde, der gezwungen war, die Hälfte der Ritterſchaft
aus Polen zu bilden, eine Wohltat, daß er auf Anraten Martin Luthers auf=
gehoben und aus den verbliebenen Reſten des Ordenslandes ein weltliches
Herzogtum gebildet wurde. Der Hochmeiſter verlegte ſchließlich ſeinen Sitz nach
Süddeutſchland (Mergentheim).

Jedoch, ſo wenig Licht= und ſo viele Schattenſeiten man auch dieſer höchſt
ſeltſamen mönchiſchen Ritterſchaft, die ja in ſich ein Unding bedeutete, das nur
in dem religiös bizarren Mittelalter ſich bilden und erhalten konnte, zu entdecken
vermag, ein alles überſtrahlendes Verdienſt wird ihm auch der ärgſte Widerſacher
nicht zu beſtreiten vermögen: Die überaus umſichtige und daher vortreffliche
Beſiedelung des Landes durch Angehörige deutſcher Volksſtämme. Vom erſten
Jahre an, als Hermann Balke ſeinen kühnen Vorſtoß ins Preußenland unter=
nahm und wo ſchon er eine Anzahl Deutſcher mitbrachte, ſchwoll der Strom
der Anſiedler in wechſelnder Stärke an und verſiegte erſt gegen das Ende des
14. Jahrhunderts. Deutſche Landesfürſten, welchen es in der erſten Zeit eine
religiöſe Pflicht, ſpäter aber eine Art ritterlicher Zeitvertreib war, einen „Kreuzzug“
gegen die heidniſchen Preußen zu unternehmen, führten ſtets größere Scharen
von Anſiedlern herbei. Mitunter kamen auf einmal Maſſen von 1000—3000
Menſchen und mehr an. Planmäßig ging die Unterbringung der Ankömmlinge
vor ſich. Die Ritter ſteckten für Dörfer und Städte die Grundriſſe ab, teilten
Plätze und Straßen nebſt den Grundſtückanteilen für Häuſer und Höfe ab und
wieſen die Parzellen den Anſiedlern an, ihnen die Materialien für den Bau der
Häuſer zuteilend. Die Wohlhabendſten erhielten in den Dörfern die Grundſtücke
in der Mitte des Ortes, die ärmeren die in den Seitenſtraßen und am Rande der
Siedelungen. Auch die Befeſtigungen der Städte wurden planmäßig angeordnet,
und für die Dörfer wurden in der Nähe derſelben an ſchwer zugänglichen Orten,
Fliehburgen angelegt, wohin, ſobald die Warnhörner der überall im Lande ver=
teilten ritterlichen Warner ertönten, die Dorfbewohner mit ihrer Habe und dem
Vieh flüchteten. In einer großen Zahl der Städte wurden Ordensburgen er=
richtet. Doch damit erſchöpfte ſich die Sorge der Ritter nicht. Es iſt ja eben
das Merkwürdige, ja Einzigartige bei dieſer Ritterbruderſchaft, daß ihre Mit=
glieder ebenſo vorzügliche Soldaten wie ſtrenge Mönche, ebenſo umſichtige Stra=
tegen wie geſchäftstüchtige Kaufleute, ebenſo ausgezeichnete Burgen= und Städte=
architekten wie weitſchauende Staatsmänner waren. So ſorgten ſie nicht nur
dafür, daß die neuen Bewohner den Boden bebauten und in Frieden lebten und
leben konnten, ſondern daß ſich ein reger Handel und Verkehr erſchloß und die
Bürger nichts von dem entbehrten, was ſie in ihrer Heimat gelaſſen hatten:
Neben der Pflege des religiöſen Lebens gutgeleitete Schulen, die damals aller=
dings nach der Sitte jener Zeit ausſchließlich in den Händen der Ordensgeiſtlich=
keit ſich befanden, Pflege der Kunſt und des Kunſthandwerks wie der Geſelligkeit.
Kunſt und Kunſthandwerk haben zur Ordenszeit eine namhafte Blütezeit erlebt.
Dies beweiſen einesteils die Ordensburgen, Rathäuſer und Kirchen durch ihre
gediegene Architektur und die anſcheinend teils von England, teils dem Orient
beeinflußte Gewölbetechnik, die wundervollen muſiviſchen und plaſtiſchen Arbeiten
und vieles andere. Nicht mehr viel iſt davon erhalten, doch immerhin
genug, um zu beweiſen, daß die Kunſt im Ordenslande recht lebhaft pulſierte
und hohes Verſtändnis fand. Die welterfahrenen Ordensherren würden ſich
auch nicht mit Stümperarbeiten zufrieden gegeben haben, es auch nicht gewagt

38

Abb. 32. Bernsteinwäscherei am Strande zu Palmnicken (Zu Seite 86 u. 136)

haben, hohen Besuchern Proben des Schaffens geringer Künstler als Ehrengeschenke zu überreichen. Dem König von Ungarn schenkte man gemalte Altartafeln, der verwöhnte Kronprinz von England und nachmalige König Heinrich IV. kaufte in Königsberg bei ansässigen Goldschmieden silberne und goldene Kleinodien und Tafelgeschirre, desgleichen gemalte Altartafeln. Der Handel aber erstreckte sich weithin nach allen Richtungen der Windrose. Blühte in der ersten Zeit Thorn auf, das fremde Besucher wegen seiner städtebaulichen Schönheit rühmten, so wurde sein Glanz später verdunkelt durch das günstiger gelegene Danzig. Dieses entwickelte sich zu einer überaus namhaften Hansastadt, die zeitweise auf eigene Rechnung und Gefahr Krieg gegen Dänemark und Schweden zugleich führte, eine eigene Flotte unterhielt und erfolgreich Kaperschiffe aussandte, einmal in einem Jahre 28 Schiffe. Und sie wehrte sich ebenso kraftvoll gegen Anmaßungen Polens wie Übergriffe des Ordens. Als der Orden durch Polen erniedrigt worden war, schlug allerdings auch der reichen Stadt Danzig eine Stunde schwerster Schmach. Triumphierend sah Polen auf dem Reichstag zu Warschau (1570) die Räte der Stadt unterwürfig zu seinen Füßen liegen; nicht weniger als eine halbe Stunde mußten sie knieend verharren, bis es den hohnlachenden Polen gefiel, des grausamen Spiels genug sein zu lassen. Doch jubelnd empfing die Stadt ihre heimkehrenden Räte, und der Pole wurde ärger denn je gehaßt. Nie hat er sich rühmen dürfen, auch nur einen Funken Zuneigung in den Herzen der Deutschen entflammt zu haben. Schon im 16. und 17. Jahrhundert erblaßte der Glanz all der kleinen Städte, die zur Zeit des Ordens geblüht hatten. Die polnische Wirtschaft vermochte die Staatskunst des Ordens nicht weiter zu führen, und nur die beiden Städte Danzig und Königsberg behielten ihre Bedeutung, die ihnen durch ihre günstige Lage gesichert war. Memel und Elbing aber sanken zu geringer Bedeutung herab, von den übrigen städtischen Gemeinwesen des Landes ganz zu schweigen.

Die nicht sehr erbaulichen Kriegshändel zwischen Polen, Schweden und Brandenburg endeten damit, daß der Pole schließlich seinen preußischen Besitz an die brandenburgischen Kurfürsten verlor. Die Hohenzollernzeit war sozusagen das Echo der Ordenszeit in kultureller Beziehung. Die einzelnen Regenten setzten die einst begonnene Arbeit der im Meer der Zeit dahingeschwundenen Ordenskraft fort, und die Fürsorge eines Friedrich Wilhelm I. und Friedrich II. wird trotz allen Absolutismus jener Zeit als eine segensreiche, dankenswerte bezeichnet werden müssen. Salzburger und Tiroler wanderten ein und wurden in verschiedenen Städten des Landinnern angesiedelt. Viel hatte das Land im Siebenjährigen Kriege und in der napoleonischen Zeit durch die fremde Soldateska zu ertragen, während der 30 jährige Krieg auf dieses abgelegene Gebiet ohne besondere Einwirkungen geblieben war. Große Not und Drangsal brachte der Beginn des großen europäischen Ringens im Jahre 1914/15. Dem vereinten Bestreben des Volks und den mehr oder weniger tatkräftigen Unterstützungen von seiten des Staates ist es zu verdanken, daß die Spuren der Verwüstung des letzten Krieges heute so gut wie gänzlich ausgelöscht sind. Was aber nicht behoben ist, das ist die wirtschaftliche Not, in die Ostpreußen durch die Abtrennung vom Mutterlande geraten ist. Rings umgeben von seit Jahrtausenden feindlich gesonnenen Staatswesen, vermag es sich um so weniger zu entfalten, als auch das einstige Absatzgebiet im Osten und Süden für den ostpreußischen Handel zur Zeit noch zu sehr geschwächt ist, um genügend aufnahmefähig zu sein und Ostpreußen für das zu entschädigen, was es durch die zerrissene Verbindung mit dem übrigen Deutschland verloren hat.

V. Die Bevölkerung

Als der Deutsche Ritterorden seine Eroberungszüge begann, schätzte man die altpreußische, also pruzzische Bevölkerung des Gebiets zwischen Weichsel und Memel auf etwa 500000. Bei der Beendigung des 53 jährigen Freiheitskampfes waren noch etwa 200000 Pruzzen übrig geblieben. An deutschen Kolonisten waren im 13. und 14. Jahrhundert etwa 250000 Menschen angesiedelt worden. Dazu kamen in den südlichen Grenzzonen Polen, in den nördlichen Litauer. Sowohl die Pruzzen wie die Litauer mischten sich nach und nach mit den deutschen Ansiedlern durch Heiraten. In weniger bedeutendem Maße war dies auch zwischen Polen und Deutschen der Fall. Heute hat sich die Stammesverschiedenheit insofern vereinfacht, als von den Altpreußen, also den Pruzzen, keine Bevölkerungsbestandteile mehr nachzuweisen sind, die Litauer südlich der Memel ihre litauische Sprache aufgegeben haben, also völlig zu Deutschen geworden sind und das gleiche bei einem großen Teil der Polen des südlichen West- und Ostpreußen der Fall ist. So hat man heute neben der Hauptmasse der Deutschen nur einen geringen Bruchteil Polen in den südlichsten Grenzgebieten und Litauer im Gebiete nördlich der Memel. Die wenigen anderen Volksbeimischungen, wie Kuren auf der Kurischen Nehrung und der russischen Philipponen in Masuren sind so unbedeutend, daß sie nicht merklich in die Wagschale fallen.

Die Deutschen sind, wie schon im vorigen Kapitel erwähnt, aus den verschiedensten Ländern des deutschen Sprachbereichs eingewandert und durch Beigesellung von Vlamen, Holländern, Schweizern verstärkt. Vereinzelt siedelten sich auch Schotten, Dänen und im 18. Jahrhundert Franzosen hier an. Alle fremden Völkerbeimischungen sind restlos im Deutschtum aufgegangen und nur die Namen erinnern an den Ursprung. Die Sprache Ostpreußens ist durchweg die deutsche. Denn auch die Litauer, Masuren und Polen des Landes verstehen und sprechen das Deutsche, wenn sie auch zur gewöhnlichen Umgangssprache das meist recht verwässerte Polnisch bzw. Litauisch benutzen. Bei den Deutschen haben sich zwei große Hauptdialektgruppen erhalten, das Niederdeutsche und das schlesisch-fränkische

40

Abb. 33. Nehrung nördlich von Rossitten. Links im Hintergrunde Strandwald, vorn und in der Mitte bepflanzte (befestigte) Dünen, im Hintergrunde Wanderdünen (Zu Seite 141)

Deutsch. Naturgemäß finden sich in den einzelnen Dörfern, bzw. Landesteilen feinere dialektische Unterschiede. Daß überhaupt zwei recht markant sich unterscheidende Dialektgruppen nebst den Unterdialekten erhalten sind, liegt darin begründet, daß bei der Besiedelung durch den Deutschen Orden die Siedler in Scharen aus bestimmten Landschaften kamen und im Osten beisammen blieben, also gemeinsam ein Dorf oder eine Stadt besiedelten, sich auch in der Folge nicht mit anderen Deutschen mischten. Im allgemeinen kann man sagen, daß die Niederdeutschen mehr an der See, also im Norden, die Oberdeutschen mehr im Innern des Landes sich ansässig gemacht haben. Für eine irgendwie in Erscheinung tretende Trennung der heutigen Bevölkerung, etwa in dem Sinne der Unterschiedlichkeit zwischen Nord- und Süddeutschen, hat diese mundartliche Verschiedenheit in Ostpreußen keine Bedeutung, dafür sind die beiden Dialektgebiete zu eng miteinander benachbart. Sie ist nur eine sprachliche Merkwürdigkeit. Was jedoch weit einschneidender eine Gruppierung der Bevölkerung herbeigeführt hat, ist der konfessionelle Unterschied. Vom Frischen Haff ausgehend sprengt sich wie ein bis in den Süden des Landes reichender Ausschnitt das katholische Ermland ein, das im Westen bis nahe zur Weichsel, im Osten bis über die Städte Heilsberg und Rössel hinausreicht. Der Orden hatte sich bei der Landnahme verpflichtet, der Kurie ein Drittel des eroberten Gebietes zu überlassen. Das gesamte eroberte Land wurde in vier Bistümer aufgeteilt, unter denen die Kurie für sich das einstige Warmien mit angrenzenden Gebietsteilen aussuchte, das heute den Namen Ermland führt. Dieses Bistum unterstand also nicht wie die übrigen (Kulm, Pomesanien und Samland) der Botmäßigkeit des Ordens, sondern der absoluten Bischofsgewalt. Als nun 1525 der Orden verweltlicht wurde und der damalige Hochmeister Albrecht von Brandenburg die Reformation einführte, die in den drei Ordensbistümern ohne Kampf angenommen wurde, da sträubte sich der damalige Bischof des Ermlandes, Mauritius Ferber (1523—37), in seinem Bistum die neue Lehre einzuführen. Seinen Bemühungen verdankt die ermländische Bevölkerung die Beibehaltung der katholischen Lehre, die infolge der im Ermland sorglich gepflegten katholischen Kultformen von den ringsum grenzenden protestantischen Gebieten sich mit insularer Bestimmtheit heraushebt. Seltsam ist es, daß die preußischen Litauer wie die preußischen Polen im Südosten des Landes im Gegensatze zu ihren Blutsverwandten im national-polnischen und nationallitauischen Bereich dem evangelischen Bekenntnis angehören. Seine Erklärung findet dies in der ehemaligen Zugehörigkeit zu den Bistümern, die dem Deutschen Orden unterstanden.

Vertiefen wir uns nun in die Stammeseigentümlichkeiten der einzelnen Volksbestandteile Ostpreußens, vorerst in die der Deutschen. Sehr rege beteiligten sich an der Kolonisationsarbeit des Ordens auch die Bischöfe des Ermlands, wahrscheinlich aus dem leicht zu verstehenden Ehrgeiz heraus, die bestbevölkerten Gebiete zu besitzen. Einzelne Ortsnamen künden die Herkunft der Ansiedler untrüglich an. So ist Pr.-Holland von den Holländern gegründet worden; das Dorf Gr. Kellen ist nachweislich von Köllnern besetzt, denn nicht nur der Name Kellen (Köln), sondern auch das Flüßchen, das die Ansiedler aus Scherz oder Pietät zum Rhein umtauften, zeugt hierfür, nicht zum letzten aber der Umstand, daß die Kirche in Gr. Kellen wie der Dom zu Köln zum Patron die hl. drei Könige besitzt. Auch der plattdeutsche Dialekt ist ein Beleg für die allerdings längst vergessene stolze Urheimat. Bei Mohrungen liegt das Dorf Himmelforth, das wahrscheinlich mit Zuwanderern aus Himmelpforten an der Möhne in Westfalen bevölkert worden ist. Bei anderen Orten weiß man, obwohl sie neue Namen erhielten, den Ursprung der Ansiedler aus geschichtlichen Quellen. So ist Elbing nachweislich von Lübeckern gegründet, Santoppen und Heinrichsdorf von reisigen Knechten aus Geldern und Jülich. Im Kulmerland, Pomesanien und Ermland siedelten sich 3000 Bauern aus der Gegend um Meißen an. Bischof Heinrich I., ein Lübecker aus der Familie der Flemminge, veranlaßte Lübecker und andere Niederdeutsche, in der Gegend von Braunsberg sich anzusiedeln. Des Bischofs Nachfolger, Eberhard (1301—06), stammte aus Neiße in Schlesien. Er siedelte, da die Küstenlandschaft schon hinreichend bevölkert war, Schlesier in den mittleren Teilen des Bistums um Wormditt, Heilsberg, Guttstadt und Seeburg an. Daraus erklärt sich, daß am Frischen Haff das Niederdeutsche Platt gesprochen wird, während im mittleren Ermland der schlesische Dialekt noch heute unverkennbar ist. Er wird hier auch geradezu der „breslauische" genannt, während der niederdeutsche Dialekt unter der Bezeichnung „käslauisch" bekannt ist. Letztere Bezeichnung ist rätselhaften Ursprungs, scheint aber, weil sie sich auf Breslau reimt und dabei etwas anrüchig klingt, wohl eine scherzhafte Bedeutung zu haben. Manche Ortsnamen des mittleren Ermland finden sich auch in Schlesien, so daß man daraus schließen kann, daß die Gründer dieser Dörfer aus den gleichnamigen Orten Schlesiens herkamen. So kennt man in Schlesien wie in Ostpreußen ein Münsterberg, Reichenberg, Heinrichau (Heinrikau), Roßberg, Frankenau. Sogar die typischen baulichen Unterschiede in den Städten bezeugen die Herkunft der Bewohner. So hat die Altstadt von Braunsberg das Gepräge einer norddeutschen Hansastadt, während die südermländischen Städte Heilsberg, Wormditt und andere mit dem rechteckigen „Ring" und dem von einer Gebäudemasse umringten Rathaus darauf, sowie den mit Laubengängen versehenen Häusern am Markt den schlesischen Typus widerspiegeln.

Die Bischöfe wie die Ordensherren veranlaßten auch Edelleute, sich im neugewonnenen Lande anzubauen. Vielfach waren es Verwandte oder Freunde der Bischöfe und Ritter, die in erster Linie dazu bewogen wurden und der Aufforderung auch folgten. Von diesen alten Geschlechtern haben sich jedoch nur noch wenige erhalten. Die meisten sind ausgestorben und ihre Besitze sind in andere Hände übergegangen. Von den wenigen aus der Ordenszeit nachgewiesenen sind noch heute ansässig die Herren von Kalkstein, Hatten, Marquardt. Der

42

Abb. 34. Die Marienkirche zu Danzig. Rechts im Hintergrunde die Katharinenkirche (Zu Seite 89)

weitaus größte Teil der Kolonisten bestand aus Bauern. Gründete man in der ersten Zeit der Eroberung fast nur Städte, so schritt man, als der Friede hinreichend gesichert war, zur Bildung reindeutscher Dörfer. Das älteste derselben ist das im Jahre 1300 gegründete Tolksdorf. Die Anlage dieser Dörfer war einheitlich. Man schuf durchweg Straßendörfer. Die Häuser kehrten der Straße die Giebelseiten zu; hinter den Wohnhäusern lagen die Stallungen und Wirtschaftsgebäude derart, daß jedes Gehöft ein Viereck bildete. Größere Dörfer erhielten zwei gleichlaufende Straßen, die durch Nebenstraßen verbunden wurden. Diese Dorfanlagen sind noch heute für Ostpreußen typisch. Der Baustil der älteren Bauernhäuser ist der urheimische. Man findet nord- wie mitteldeutsche Fachwerkbauten und auch Steinhäuser, im Süden des Landes, wo das slawische Element vorwiegt, auch den polnischen Blockhausbau.

Einige Sprachbeispiele mögen die mundartlichen Unterschiede zwischen dem Niederdeutschen in dem nördlichen Ermland und dem Oberdeutschen im mittleren und südlichen Ermland erläutern. In der Gegend um Heilsberg, Wormditt, Rössel, Seeburg sagt man: „Do steht a wie e beträppta Hohn (da steht er wie ein beträpfelter Hahn)!" Beim Kartenspiel: „Smma dicke romm, gesogt watt nuscht (Immer fest herum, gesagt wird nichts)!" Statt dieser schlesischen Sprachformen kommen an manchen Orten auch mittelfränkische vor, wie „offe Bänke (auf den Bänken)", lowe (loben), springe (springen). Echt schlesisch ist wieder: „Abäschern (abarbeiten, müde arbeiten)", „Hubel (Hobel)", „da helkrest hots g'brocht (der heilige Christ hat es gebracht)", „de kinna brochteres (die Kinder brachten es)". Als Gegenstück sei die in Tolkemit am Frischen Haff angewandte niederdeutsche Mundart in einer kleinen Probe wiedergegeben: „Watt säggt man von Tolkemitt? Tolkemitt liggt am frösche Haff, önn häfft äwa dredusend Snnwohna. Darunda göfft et Männa und Fruen, Jungens und Mäkens, Herres, Ackabörga, Schusta, Schmieda, Teppa un Bettcha, Schöppa (Schiffer), Kräma unn Orbeidslied. Alle motte vom Morge bet tom Owent schwoa orbeide, ömm sik to ernähre. Morgens wat omm wea owa fiew wad opgestande. Omm säwe göfft et Fröhstöck, möddags Flösch, owens Spack. Nachn Owentbrot ruft de Mann eene Piep Tobak unn de Fru erfreut sik anne Kinna. Omme tigge gone alle ligge."

In Bezug auf die konfessionellen Verhältnisse sei gesagt, daß sich die Gebiete beider Konfessionen in Ost-

Abb. 35. Das Uphagenhaus zu Danzig (Zu Seite 89)

preußen sehr deutlich abgrenzen, d. h. daß Kreise mit 90% einer der beiden Konfessionen überwiegen und so dem Kreise ein bestimmtes konfessionelles Gepräge geben, also entweder ein ausgeprägtes evangelisches oder katholisches. Die katholischen Gegenden erkennt man sofort an den Kreuzen, welche die Landstraßen schmücken und den gemauerten und weiß bekalkten Heiligenhäuschen, die an den Ausgängen der Dörfer und kleinen Städte stehen. Die Kreise Gerdauen, Rastenburg, Friedland, Pr. Eylau, Heiligenbeil, Mohrungen, Pr. Holland, Osterode, Sensburg sind durchweg mit 90% und mehr evangelisch, dagegen die Kreise Heilsberg, Braunsberg, Rößel, Allenstein ebenso stark

Abb. 36. Treppe in einem Patrizierhaus am Elisabethkirchgang zu Danzig
(Zu Seite 89)

oder zu fast 100% katholisch. Nur im Landkreis Elbing ist die Seelenzahl der Evangelischen zu der der Katholiken wie 4 : 1. Doch gibt es auch Dörfer mit starken konfessionellen Minderheiten. So ist die Hälfte der Bewohner des katholischen Wallfahrtsortes Heiligelinde (500 Einw.) evangelisch. Juden sind durchweg, auch in den Städten, nur wenig vertreten. Auf den Dörfern findet man sie fast gar nicht. Ganz gleich jedoch, ob evangelisch oder katholisch, sind die deutschstämmigen Ostpreußen ein kerniger und biederer Menschenschlag. Er trägt nichts Überschwengliches an sich, zeigt vielmehr eine gewisse Nüchternheit in der Auffassung des Lebens und der Beurteilung der Dinge, die in seinen Interessenkreis treten. Doch darf man daraus nicht etwa auf einen Mangel von Gefühl schließen. Der Ostpreuße hat ein tiefes Gemüt, was sich in seiner Freundlichkeit und Gastfreiheit offenbart, am meisten aber in seiner Hilfsbereitschaft in Fällen der Not. Gewiß gibt es einen ziemlich erheblichen Prozentsatz rein nüchterner Naturen, die nur eigensüchtige Interessen pflegen. Doch kommen solche Naturen anderwärts nicht weniger zahlreich auch vor. Was entscheidend in der Beurteilung des ostpreußischen Volks ist, das ist das urtümlich Gute in ihm, das Gott Dank viel häufiger anzutreffen ist als jene angedeutete Kategorie „grauer" Menschen. Die bei dem Landvolk meist vorhandene bäuerliche Pfiffigkeit und Verschmitztheit ist kein Privileg der Ostpreußen sondern des Bauernstandes überhaupt. Typischer für den ostpreußischen Bauern aber ist schon eine gewisse Schwerfälligkeit, Verschlossenheit, wenn nicht gar stoische Schweigsamkeit, eine Folge des nicht leicht zu bearbeitenden Bodens und ein Erbteil der aus den wechselvollen geschichtlichen Erfahrungen resultierenden Vorsicht, welche die Voreltern während der häufigen Fremdherrschaft und Unterdrückung sich aneigneten. Ein paar drollige Beispiele für diese Eigenschaften, zu denen auch eine gute Portion bäuerlicher Eigensinn tritt, mögen hier ihren Platz finden: Ein Bauer sagt zum andern: „Grigull, wat's rahnge?" Nach langer Zeit kommt die Antwort: „Weesz öch? S'kunn seine, on s'kunn och nich seine. De Steena schwötze, de Hüna kratze, de Huing (Hunde) frasse Gras. S'kunn seine, s'kunn och nich seine." — Zwei Bauern aus der Gegend von Heilsberg, Nachbarsleute, spannen zusammen, jeder gibt ein Pferd, denn sie wollen jeder einen Sprößling in dem sechs Meilen entfernten Rössel auf der höheren Schule anmelden. Sie sollen „Herren" werden. In der Nähe von Heilsberg sagt der eine, der die Pferde lenkt, indem er mit der Peitsche auf ein am Wege liegendes Weizenfeld zeigt: „Nakwa, da Wösze steht gutt." Der andere erwidert darauf nichts und auch der Rosselenker schweigt nach seiner „langen" Rede. Sie fahren schweigend weiter, bis sie in die Nähe von Rössel kommen. Da zeigt der zweite auf ein Roggenfeld und sagt sehr langsam aber nachdrücklich „das Kore (Korn) och!" Darauf der erste: „Kott (Dummkopf), schabber nech so vel, on stöa (störe) möch nich emma ön maine Gedanke!" —

Der Ostpreuße scherzt gern und derb, doch mischt sich in alle Scherze eine Portion echtdeutscher Herzlichkeit. Schildbürgerstreiche werden auch hier von manchen Städten erzählt, so auch von Tolkemit am Frischen Haff, wo die Bürger einen großen Aal, der das Haff und das Städtchen bedrohte, an die Kette legten. Die Tolkemiter rächten sich für diese Zumutung, die die benachbarten Frauenburger aufgebracht haben sollen, dadurch, daß sie auch von Frauenburg Schildbürgerstreiche verbreiteten. Auch Domnau ist ein ostpreußisches Abdera und nicht minder Pillkallen, von dem die Redensart geht: „Et giwt Kluge, Dumme und — Pillkaller." Als Beleg erzählt man sich, daß, natürlich vor vielen Jahren, ein großer Teich auf dem Marktplatz dieses Städtchens gewesen sei, den die weisen Stadtväter hätten zuschütten lassen. Jedoch habe noch jahrelang dort eine große Warnungstafel gestanden, auf der zu lesen war: „Hier darf nicht gebadet werden!" Auch eine gewisse Handfestigkeit wird den Pillkallern nachgesagt. Davon zeugt der Vers: „Wer aus Gumbinnen kommt unbeweibt, aus Stallupönen unbekneipt und aus Pillkallen ungeschlagen, der kann von großem Glücke sagen." Von der Grobheit der Pillkallener wird manche Schnurre erzählt, so auch diese: Einst betrat eine Frau vom Lande einen Laden in Pillkallen, um ein Bierglas zu kaufen. Der Kaufmann stand gerade auf der Trittleiter und als die Frau ihr Begehren äußerte, meinte er: „Wollen Sie eins mit dem Fuß haben?" Damit meinte er natürlich das Glas, die Frau glaubte aber, er wolle ihr eins mit seinem Fuße versetzen und rief aus: „Nee, nee Herr!" und verschwand eiligst aus dem Geschäft. Typisch ist auch die Schlagfertigkeit mancher Leute gerade dieser östlichen Landschaft. Als ein nicht gerade durch besondere Klugheit begabter Bürger seinen Nachbar, der eins über den Durst getrunken hatte, einen scherzhaften Vorwurf machte, meinte dieser zur Antwort: „Ök si besoppe; dat vergaiht, obber du bist dammlich, un dat blöft!"

Ein sehr charakteristischer Zug der Ostpreußen, gleichgültig welcher Konfession und welcher Abstammung sie sein mögen, ist ihre Religiosität (Abb. 17). Sowohl die evangelischen wie die katholischen Kirchen sind Sonn= und Feiertags stark besucht. Erfreulich ist dabei die sehr geringe Spannung zwischen beiden Konfessionen. In den an die katholischen Gegenden grenzenden evangelischen Randgebieten hat sich eine Vorliebe für manche katholischen Gebräuche bei einem Teil der evan=

46

Abb. 37. Patrizierhäuser mit Beischlägen in der Jopengasse zu Danzig (Zu Seite 89)

gelischen Bevölkerung erhalten, wenngleich der Grund hierzu in dem beim ein=
fachen Volke immer zu findenden Hang zum Aberglauben, nicht so sehr in klarer
religiöser Überzeugung zu suchen ist. Man mißt der katholischen Messe, den
Weihungen und Segnungen eine Art Wunderkraft bei, und da die protestantische
Kirche außer Taufe und Abendmahl über solche Gebräuche nicht verfügt, so
finden sich viele der einfachen evangelischen Leute vom Lande bei besonderen
Anlässen in katholischen Kirchen ein, um an dem Meßopfer teilzunehmen oder sich
Wasser, Krankenwein, Sterbekerzen und Kräuter weihen zu lassen. Am Feste
Peter und Paul (29. Juni) findet noch heute um 4 Uhr früh eine Messe in der
Wallfahrtskirche zu Heiligelinde statt, die geradezu die „lutherische" genannt wird
und bei der die Evangelischen mit Opferkerzen den Altar umgehen, Naturalien
und Geld opfern, sowie Gegenstände weihen lassen. Werden sie von den
katholischen Geistlichen mit dem Bemerken abgewiesen, daß sie zu ihren evangelischen
Pfarrern gehen möchten, so antworten sie: „Die können das nicht," und bestehen
auf der Weihe.

Eine konfessionelle Besonderheit unter den Deutschen der Weichselniederung
bilden die Mennoniten. Ihre Zahl beläuft sich auf etwa 12000. Die meisten
sind im Kreise Marienburg ansässig, in welchem allein 38% der Gesamtboden=
fläche sich in ihrem Besitz befinden. Sie gliedern sich in 15 selbständige Ge=
meinden mit 20 kirchlichen Gebäuden. Ihren Ursprung nahm diese religiöse
Gemeinschaft, die bekanntlich Schwur, Hinrichtung und Krieg verurteilt, in der
Reformationszeit. Sie sind die Nachkommen der Wiedertäufer, die in Holland
ein stilles und achtenswertes Leben führten, deren guter Ruf aber durch die
Ausschreitungen des größenwahnsinnigen Johann von Leyden und seiner An=
hänger im westfälischen Münster sehr litt. Sie waren daher in der Folgezeit
großen Bedrückungen und Verfolgungen ausgesetzt und selbst die Schutzbriefe des
Kaisers Sigismund und Königs Wladislaus IV. konnten ihnen auf die Dauer
nicht nützen. Viele zogen schon im 16. Jahrhundert nach Preußen, hatten aber
auch hier unter den Polen viel zu leiden. Erst als das Land unter die Herr=
schaft der Preußenkönige kam, genossen sie allen Schutz und lebten ungestört.
Ihre religiösen Ansichten wurden geachtet, so daß sie auch vor Gericht anstatt
eines Schwures ihr schlichtes Ja oder Nein mit Handschlag abgeben durften.
Vom Militärdienst waren sie bis 1868 befreit. Der größte Teil der Mennoniten
lebt auf dem Lande und ist wohlhabend. Man sieht nirgendwo sauberer ge=
haltene Anwesen und Häuser als bei ihnen. Mit der evangelischen Landeskirche
pflegen sie freundschaftliche Beziehungen.

Bei dieser Gelegenheit sei auch kurz der russischen Sekte der Philipponen
gedacht. Sie verweigern die Anerkennung der nach Cyrillus entstandenen Kirchen=
schriften, unterscheiden sich aber im übrigen nur durch Äußerlichkeiten im Kult
der russischen Kirche von dieser. Wegen ihrer wahnwitzigen Ausschreitungen
wurden sie des Landes verwiesen und fanden zum Teil Aufnahme in Masuren,
wo sie von ihrer einstigen Sektiererschroffheit im Laufe der Zeit vieles abgelegt
haben. Ich komme auf sie noch im Kapitel XVI zu sprechen.

Ebenso stark ausgeprägt wie das kirchliche Gefühl ist auch das vaterländische
bei allen Bewohnern Ostpreußens. In der Vorkriegszeit galt es für eine Ehre,
beim Militär gedient zu haben. Der gesunde, kräftige Menschenschlag brachte
es mit sich, daß von allen preußischen Provinzen Ostpreußen die meisten dienst=
fähigen Rekruten abzugeben hatte, aus denen verhältnismäßig viele Unteroffiziere
hervorgingen. Noch heute ist eine große Anhänglichkeit an die Herrschaft der
Monarchie vor dem Kriege vorhanden, und trotz Republik und Sozialdemokratie
findet man sowohl in den Wohnungen der besseren Gesellschaftsschichten wie in
den Gasthöfen und Stuben der einfachen Leute fast ohne Ausnahme noch die Bilder
der letzten drei Kaiser, Bismarcks, Moltkes usw. Die neuen deutschen Reichs=
farben schwarz-rot-gold haben sich bislang wenig Geltung verschaffen können,

Abb. 38. Im Artushof zu Danzig (Zu Seite 89)

und es ist typisch, daß bei Festlichkeiten, seien es nun solche vaterländischer oder rein geselliger Art, etwa Vereinsfeste der Feuerwehr, der Schützengilde, Radfahrervereine usw., Dörfer und Städte im Schmuck reichlicher schwarz-weiß-roter Fahnen prangen. Als ich in den Tagen der Tannenberg-Gedenkfeiern während der letzten Augusttage 1924 das südliche Ostpreußen im Kraftwagen durchfuhr, sah ich in allen Städten und Dörfern nur die öffentlichen Gebäude mit schwarz-rot-gelben Reichsbannern versehen, im übrigen aber wimmelte es ausschließlich und zu Hunderten von schwarz-weiß-roten Fahnen. Beweis genug für die kernige, konservative Natur des Deutschtums im Osten, das jedem Schwärmertum abgeneigt ist und noch lange am Alten hängt, wenn anderwärts im Reiche längst schon eine neue Zeit und Denkweise ihren Einzug gehalten hat. -

Alte Trachten sah man früher verschiedentlich, besonders im Ermlande. Sie sind heute so gut wie restlos verschwunden, so daß es sich erübrigt, darauf noch einzugehen. Etwas mehr hat sich von alten Sitten und Bräuchen anläßlich mancher Feste erhalten. Bei allem bilden Musik, gut Essen und tüchtig Trinken die Quintessenz. Die Fülle der althergebrachten zeremoniellen Drum und Drans ist stark zusammengeschrumpft. Nach der kirchlichen Taufe wird regelmäßig erst in dem Krug (so heißen in Ostpreußen die Dorfwirtshäuser) des Kirchdorfes zu einem Trunk, bei dem der Schnaps nicht fehlen darf, und einem Imbiß eingekehrt. Dabei soll es schon vorgekommen sein, daß die ganze Taufgesellschaft sich schließlich in höchst seliger Verfassung auf den Heimweg machte und — den Täufling ganz vergaß. Auch das Begräbnis muß würdig mit einem nachfolgenden Zärm (kommt wohl von Zährenmal) begangen werden. Dabei ist laute Fröhlichkeit durchaus nicht verpönt, und je seliger es hierbei zugeht, desto besser, der Tote hat dann, wie man ihm rühmend nachsagt, einen schönen „Zärm" gehabt. Zu den Hochzeiten ergeht noch immer die „Bitt", wozu man einen redegewandten Burschen wählt, der, mit Schärpe, Tischtuch, Blumen und Bändern geschmückt, eine Peitsche zum aufmunternden Knallen in der Hand, in wohlgesetzten, oft gereimten Worten die Gäste zur Hochzeit einladet. Die Fahrt zur Kirche erfolgt, wie auch in anderen deutschen Bauerngegenden, auf dem Leiterwagen. Zu großen Hochzeiten, die noch heute üblich sind, werden nicht selten bis 200 Gäste geladen, für die ein Rind, 4—5 Schweine und Schafe, 10—12 Gänse, Enten und Hühner ihr Leben lassen müssen und Berge von Kuchen sowie die nötige Menge Bier und Schnaps, oft von letzterem bis zu 60 Litern, bereitstehen. Da zeigt sich die Gastfreiheit des Ostpreußen im besten Lichte. Die Brautmutter aber ist, wie auch in anderen deutschen Gegenden, die Leidtragende. Sie hat unentwegt ihren Platz am Herde und ist weder bei der Trauung noch beim Festmahl zugegen, wenngleich in neuerer Zeit auch hier ein Wandel eintritt. An derben Scherzen und Anspielungen, namentlich auf den zu erwartenden Kindersegen, wird nicht gespart, und mancherlei alte Zeremonie kommt auch heute noch zu ihrem Rechte. So gegen Mitternacht der Maskentanz, der aus der heidnischen Zeit stammt und die Unholden und deren Vertreibung verkörpern soll und der Hahn, der dem Brautpaar, besonders aber dem Bräutigam recht anzüglich präsentiert wird, gewöhnlich mit einer Redensart ähnlich wie dieser: „Wi' wünsche dem Herrn e gude Hohn, nich op de Heck, nee, unner de Deck." Zum Schluß, „wenn die Gäste genug getrunken haben", kann es sich leicht ereignen, daß die gebräuchliche Redensart zur Wahrheit wird: „Fründke, dann kröchst ok Schmär!" (Freundchen, dann kriegst du auch Schmiere, d. h. Hiebe.) Ein gutes Familienleben und Gastfreundschaft gehen Hand in Hand und erfahren nur dadurch hier und dort eine Trübung, daß nicht wenige Väter sich dem Trunk ergeben. Das rauhe und lange Winterklima und das zwar wenig löbliche, aber dafür um so intensivere Beispiel slawischer Bauern mögen die Hauptanlässe zu dieser Erscheinung

Mielert, Ostpreußen 4 49

geben. Immerhin muß ich sagen, daß ich auf meinen mannigfachen Kreuz= und Querfahrten durch das Land gerade auf den Dörfern keine Beobachtungen gemacht habe, die diesen Vorwurf bekräftigen könnten. Dagegen sah ich an Sonntagen die ganze Familie in bester Eintracht vor dem Häuschen auf der Bank oder in der Gartenlaube sitzen und habe die freundlichsten Idyllen des Familienlebens beobachten können. Gewiß geht es an Sonntagen anläßlich irgendwelcher Feste im Gasthause recht überschäumend fröhlich zu, jedoch habe ich in ganz Deutschland noch keine Gegend gefunden, in welcher dies nicht in gleichem Maße der Fall gewesen wäre. Es scheint mir also, als ob auch in punkto Trunksucht eine ganz entschiedene Wendung zum Besseren mit der Hebung der Kultur in Ostpreußen zu verzeichnen ist und zwar in dem erfreu= lichsten Grade. Nur in Masuren konnte ich manchmal torkelnde Bäuerlein auf den holperigen Straßen der Kleinstädte sehen, im übrigen vermag ich nur das Beste von Ostpreußen auszusagen. Überall, wohin ich auch kam, waren Freundlichkeit und Gastfreiheit der Leute gleichmäßig vorhanden, Gesittung und Arbeitsamkeit, Familiensinn und eine klare, kluge Lebensauffassung aller= orten unverkennbar. (Abb. 11.) Ich wüßte in der Tat keinen Ort Ost= preußens zu nennen, der in irgendeiner Beziehung gegenüber den anderen sich ungünstig unterschied, von den einzelnen kleinen Episoden seliger masurischer Bäuerchen, die wie der letzte Rest einer Zeit der Verwahrlosung mich anmuteten, abgesehen.

Groß dagegen ist die Zahl der Tüchtigen, die aus allen Kreisen der Be= völkerung wie aus allen Volksstämmen, auch der slawischen, hervorgegangen ist und für alle Stände und Berufe ehrenwerteste Vertreter zeitigte, ja verschiedene Menschen, die weltberühmt oder gar einzigartig zu nennen sind. Ich erinnere an den Stolz Ostpreußens wie Deutschlands, die Blüte der philosophischen Wissenschaften, den unübertrefflichen Immanuel Kant! Hamann, der Magus des Nordens, ist ein Königsberger, und mancher hervorragende Staatsmann, Militär, Künstler, Dichter, Prediger ist aus dem Lande hervorgegangen. Ich greife aus der Fülle der Namen nur einige berühmt gewordene Ostpreußen: die Feldherren York, Wrangel, von der Goltz und Hindenburg, die Staats= männer Theodor Schön und Johann Jacoby, den Prediger und Dichter Gott= fried Herder, den viel angefeindeten Gottsched, Diktator des Geschmacks, Max von Schenkendorf, Daniel Chodowiecki, E. T. H. Hoffmann, Zacharias Werner, Th. von Hippel, Arno Holz, Agnes Miegel, Katharina Botsky, Walter Hey= mann, Georg Reicke, Hermann Sudermann, Heinrich Spiero, Käthe Kollwitz, Lovis Corinth, den Pädagogen Herbart, den Geschichtschreiber der Philosophie Friedrich Überweg, die Philologen Lobeck und Lehrs, den Textkritiker Karl Lachmann, die Historiker Drumann und Rühe, die Archäologen Ludwig Fried= länder und Hirschfeld, den Sprachforscher Nesselmann, den Physiker und Erfinder des Augenspiegels Helmholtz, die Mathematiker Franz Ernst Numann, Jacob Jakoby, die Astronomen Nikolaus Copernicus, Joh. Hewelius und den bekannten Fr. W. Bessel, Gustav Kirchhoff, den Mitbegründer der Spektralanalyse, Ferdinand Schichau, Robert von Keudell, der Vertraute und Mitarbeiter Bismarcks, die Dichter und Schriftsteller Friedrich Gregorovius, Felix Dahn, Wilh. Jordan, Rudolf von Gottschall, Richard Skowronnek, Max Worgitzki, Johannes Trojan, Max Kiesewetter, Max Halbe und Max Dauthendey. Ich bin mir bewußt, daß ich von den Ehrenswerten nur einen sehr geringen Bruchteil angeführt habe, aber es mögen schon die wenigen Namen das Besinnen darauf lenken, welch ein wertvoller und vor allem urdeutsch denkender Menschenschlag in Ost= preußen wohnt. Der Brennpunkt aller geistigen Bildung ist die durch Herzog Albrecht von Brandenburg 1544 gegründete Albertus=Universität in Königsberg, deren Hörerzahl vor 1914 etwa 2500 betrug, jetzt aber wesentlich gesunken ist, immerhin aber noch auf gegen 1500 sich beläuft.

Abb. 39. Danzig, Langebrücke mit Krantor (Zu Seite 88)

Widmen wir die nachfolgenden Betrachtungen den Masuren und Litauern. Die Masuren bevölkern den Südosten des Landes, etwa das Gebiet, das nach Norden hin durch das Goldapflüßchen und nach Westen durch die Städte Rastenburg, Sensburg und Ortelsburg abgegrenzt wird. Es ist die alt=preußische seenreiche Landschaft Galindien nebst Teilen von Sudauen, in die der Orden zuletzt vordrang und, ohne die Kolonisierung zu vernachlässigen, die gewaltigen Wälder an den heutigen Provinzgrenzen als „Wildernis" un=berührt ließ. Ihre Undurchdringlichkeit bildete einen natürlichen Schutz des Ordenslandes gegen Polen und Litauer. Die Bewohnerschaft Galindiens und Sudauens war ursprünglich rein pruzzisch. Sie verschmolz aber nach 1283 rasch mit den deutschen Ansiedlern zu einem untrennbaren Volksganzen. In das immerhin schwach bevölkerte Gebiet, in dem die Wälder nur langsam gelichtet wurden, wanderten aus dem angrenzenden polnischen Masowien Polen in derartigen Scharen zahlreich ein, daß die ganze Landschaft bald nach ihnen den Namen Masuren erhielt. Diese polnische Besiedelung des Landes rückte immer weiter nach Norden vor, so daß im 17. und 18. Jahrhundert die Gegenden um Bartenstein, Insterburg und Pillupönen sehr stark von Polen bewohnt waren, wie die Unmenge der polnischen Namen in den damaligen Kirchenbüchern dieser Gegenden beweisen. Die allgemeine Umgangssprache dieser Polen war das Polnische, das aber im Laufe der Zeit so germanisiert und verstümmelt wurde, daß man es heute schwerlich als ein Polnisch bezeichnen kann. Heute sprechen die Masuren unter sich zwar noch in dieser Sprache, sie verstehen aber sämtlich deutsch und sprechen es auf den Märkten, in der Schule, vor den Behörden usw. Langsam aber stetig ist die Umwandlung des polnischen Masuren zum deutschen erfolgt. War Rastenburg noch im Beginn des 19. Jahrhunderts zur Hälfte polnisch, so ist heute in der ganzen Gegend auch nicht ein Rest des Polnischen zu spüren. Das gleiche ist von der Sens=burger Gegend zu sagen. Das Polentum ist von Nord und West her immer mehr im Deutschtum aufgegangen. In der evangelischen Diözese Angerburg waren im Anfang des 19. Jahrhunderts noch etwa 73 % polnische Konfir=manden, im Jahre 1880 und später zählte man nur noch 2 %. Betrug die Zahl der polnisch sprechenden Masuren noch 1870 etwa 305 000 gegenüber etwa 80 000 Deutschen, so war schon 1895 die Zahl der polnisch sprechenden Bevölkerung auf 53 % gesunken. Heute sind die Städte sämtlich deutsch, und nur in den äußersten südlichen Bezirken ist die Zahl der polnisch sprechenden Masuren 90—100 %.

Die ursprünglich katholischen Masuren nahmen mit der übrigen Ordens=bevölkerung im Jahre 1525 die evangelische Lehre an. Es wäre unrecht, sie wegen ihrer slawischen Abstammung und ihrer polnischen Sprache als Polen anzusehen. Es hat sich immer wieder gezeigt, daß der Masure nicht daran denkt, mit dem Blutsvetter jenseits der Grenzen auf eine Stufe gestellt zu werden. Trennt schon die Religion diese beiden Völker, so noch mehr das Bewußtsein des Masuren, in der Kultur wesentlich höher zu stehen als der Nationalpole. „Ich bin ein Preuße!" ist ein stolzes Wort des Masuren, das er sich nicht verkümmern läßt. Ist seine Aussprache des Deutschen auch hart, so bedient er sich derselben doch gern, und vor allem ist es typisch, daß in der Fremde wohnende Masuren nach Hause niemals polnisch, sondern immer deutsch schreiben.

Der Masure zeigt alle guten und schlechten Eigenschaften des Slawen, das muß unbestritten bleiben (Abb. 18, 19 u. 20). Er ist nicht so schwer=fällig und schweigsam wie der „Stock=Ostpreuße", man kann ihn sogar be=weglich nennen. Er faßt das Leben leicht, ja sorglos auf, trinkt gern nicht nur ein sondern möglichst viele Gläschen Schnaps, ist unterwürfig, nicht immer aufrichtig und liebt und haßt je nachdem, aber stets recht nachdrücklich

52

Abb. 40. Zoppoter Strandleben nach 1920 (Zu Seite 92)

(Abb. 10). In der Arbeit ist er nicht ausdauernd und hat trotz seiner Schmieg=
samkeit seinen Stolz, den er nicht gern gekränkt sieht. Lieber wird die Wirt=
schaft vernachlässigt, als daß man auf den Schnaps verzichtet, und eher wird
eine noch so dringliche Feldarbeit zurückgestellt, als daß der stets willkommene
Besuch des Marktes der nächsten Stadt aufgegeben wird. Denn zu sehr locken
die Gasthäuser der Stadt. So spannt der Masur sein williges Pferdchen an
den leichten Wagen, und selbst wenn er nicht mehr mitzunehmen hat als ein
Pfund Butter, ein paar Eier, ein Huhn und ein paar Krautköpfe, fahren doch
Weib und Kinder mit. Der Erlös wird zum großen Teil durch die Gurgel
gejagt. Heute haben sich die Verhältnisse dank der immer mehr eindringenden
Kultur und der sich bessernden Bewirtschaftungsweise des Landes wesentlich
geändert, doch kann man übermütig randalierende und torkelnde Bäuerlein auf
dem Pflaster der masurischen Städtchen an Markttagen immer noch zur Genüge
sehen. Bezeichnend ist das Lied:

> „Hinter dem Berge, der blinde Masur,
> hütet die Ziege auf ärmlicher Flur;
> schlachtet die Ziege, vertrinkt ihr Fell,
> taumelt betrunken zur häuslichen Schwell',
> prügelt sein Weib, daß es jammert und schreit,
> er aber, er jubelt und hüpfet erfreut!"

Sein Wodki (Wässerchen), wie er seinen Schnaps zärtlich nennt, ist sein
Lebenselixir. Er trinkt ihn des Morgens wegen der schlechten Luft in der
Stube, des Mittags zur besseren Verdauung, nachts, damit der Alb nicht drückt,
bei der Trauer, um sein Leid zu überwinden, beim Feste aus lauter Freude.
Jedenfalls ist für ihn immer ein Grund zum Trinken vorhanden, und er ist
zufrieden und beglückt, wenn er in Stimmung gerät, die die Worte ausdrücken:
„Hei, ich bin ein Pan (d. h. Herr), hei, mich ficht nichts an! Alle Möbel sind
versoffen, nur du bliebst, zerschlagener Ofen, hei, ich bin ein Pan, gar nichts
ficht mich an."

Mit der immer fühlbarer eindringenden Kultur, zu der der Wiederaufbau
nach der Befreiung Ostpreußens von den Russen wesentlich beigetragen hat, sind
auch die früher meist Entsetzen erregenden Wohnungsverhältnisse besser geworden.
Man trifft nur noch wenige Behausungen alter Art an, in denen es wie einst
vor Schmutz und Kakerlaken, wie Läusen und Flöhen wimmelt. Meist sind die
Stübchen heute einfach aber wohltuend sauber und unterscheiden sich merklich von
denen der Stammpolen jenseits der Grenze. Wie alle Slawen ist auch der
Masure einer natürlichen Zärtlichkeit nicht bar. Diese äußert sich in seiner An=
hänglichkeit an die Eltern, seinem Mitgefühl für leidende oder in Not befindliche
Mitmenschen und nicht zuletzt gegen sein „Kuhchen", das er mit den schönsten
Kosenamen bedenkt. Der Hund dagegen bleibt ihm immer nur ein „Hund",
der ihm am besten aus dem Wege geht, wenn er ihn nicht in einer gutlaunigen
Anwandlung streichelt. Auch das Pferdchen malträtiert er zuweilen nicht wenig,
ist aber immerhin so höflich, ihm ein kräftiges „zdrow!" (zur Gesundheit) zu
sagen, wenn es mal niesend pruftet. Auch gutmütig ist der Masure. Mit der
Ehrlichkeit nimmt er es nicht immer ganz genau, doch kann man unbekümmert
die einsamsten Strecken durchwandern, ohne je einen Raub= oder gar Mord=
anfall befürchten zu müssen.

Eine leise Hinneigung zum katholischen Leben ist wohl mehr durch den
starken Hang zum Aberglauben als durch eine gründliche Überlegung zu erklären.
Für den Mangel an Zeremonien in der evangelischen Kirche entschädigt sich
der Masur durch begeisterten Gesang der Kirchenlieder, die er alle kennt, wie
er überhaupt ein großer Freund der Musik ist. Schon lange bevor der Geist=

Abb. 41. Kurhaus in Zoppot (Zu Seite 92)

Abb. 42. Die Marienburg an der Nogat (Zu Seite 100)

liche die Kirche betritt, ist die Gemeinde versammelt und singt die ihr liebsten Lieder. Helle Freude strahlt über die Gesichter, wenn das „O Jesusie zbaw ma ducze (O Jesus, rette meine Seele)" anhebt oder zur Erntezeit gar das beliebteste aller Kirchenlieder „Pola juz biale (Das Feld ist weiß, der Ähren Häupter neigen)". In seinem sonstigen Liederprogramm wechseln tief empfundene, altmasurische Volkslieder mit den gemeinsten Gassenhauern. Wie prächtig die alte masurische Volkspoesie ist, davon mag das nachfolgende kleine, in seiner Art auch recht typische Poem zeugen:

"Mägdlein hütet im Tal die Herde,
bis der Abend sinkt zur Erde,
träumt in die Ferne und kann nicht sehn,
wie ihr die Stiere verloren gehn.
,Wer mir die Stiere bringt zur Stunde,
ich würde ihn küssen aus Herzensgrunde!'
Hänschen hört's und eilt zu Tal,
bringt ihr die Stiere allzumal.
,Gib mir zum Kuß dein Mündchen her!' —
,Ach, ich fürchte die Mutter so sehr!' —
,Wie kannst du fürchten die Mutter dein,
Ewig werde ich treu dir sein!' — —
,Ach, meinem Glauben ward schlimmer Lohn,
meine Wangen erbleichen schon!' —
,Trink du Wasser, daß wieder erglühn
deine Wangen in rosigem Blühn!' —
,Und färb ich mit Rosen selbst mein Gesicht,
was einst ich gewesen, das bin ich nicht!" — —

Die deutsche Sprache des Masuren ist, wenn er sich nicht zusammennimmt, ein drolliges Quodlibet, und es ist ergötzlich genug, die Reime des masurischen Volkspoeten Pfarrer Pogarszelski in Kutten, wenigstens in einigen der charakteristischen Kostproben zu bieten. Pogarszelski wurde 1737 in einem Dorfe bei Lyck geboren. Er wurde später Kantor und Organist in Ragnit und schließlich Pfarrer im masurischen Kutten. Es möge nachfolgend seine Leichenpredigt für den Pfarrer Ragowski in Ortelsburg (gest. 9. April 1780) wiedergegeben werden:

Abb. 43. Im Hofe des Hochschlosses der Marienburg (Zu Seite 100)

„O weh dir, Ortelsburgs Gemein
Du haſt verloren den Pfarrer dein!
Maul zu! Was hat gelehret Gott?
Geſchloſſen iſt das Auge, tott.
So blüht im Garten Roſenſtock,
ſpringt zu, frißt ab der Ziegenbock:
So fraß auch mitten im Lebenslauf
der Tott den ſeelgen Pfarrer auf.
Nun liegt er da auf Gottesacker,
Pfui, Tott, — du Racker!

Kreuz, Jammer und Hellend (Elend) ſind die drei Windhunde menſchlichen Lebens, mit was der Menſch gehetzet und gejaget, wie Haſen auf Bartholomäus Jagd. Sobald uns Feuermörſer mutterlichen Leibes in die Welt ſchmeißt, ſo laſſen wir vor uns hergehen Klagen und Angſttrillers; da laufen die Tränen von Dachrinnen unſerer Augen, wie Buttermilch aus zerplatzt Butterfaß, und wenn wir ſich haben lange wie kleines Mauskätzchen gewärmt an Feuerherd dieſer Erde, kommt zuletzt Koch Tott, ſchmeißt uns in Keſſel des Grabes, wie polniſche Krebſe, da wir müſſen ſolange ferkulieren, bis nicks mehr is von uns wie Hand voll Dreck.

Quid eſt vita humana? Was iſt menſchlich Lebben? Menſchlich Lebben is Wind — — zu, Pur! conſummatum (!)eſt. — Quid eſt vita humana? Was iſt menſchlich Lebben? Menſchlich Lebben is Theerpudel am Wagen: ſchlicker und ſchlacker, ſchlicker und ſchlacker. Bums! Liegt auf Erde. Item, quid eſt vita humana? Was iſt menſchlich Lebben? Menſchlich Lebben iſt baufällig Strohdach: kommt Wind, berdaucks, fällts um.

Lenken wir unſere Gedanken zu ſelig Verſtorbenem. Was Wunder, wenn wir laſſen halb Bataljon Seufzer aufmarſchirn aus Corps de Garde unſers

Abb. 44. Vorlaubenhaus in Stalle, Marienburger Niederung (Zu Seite 99 u. 104)

Abb. 45. Ständerhaus (Vorlaubenhaus) in der Weichselniederung (Zu Seite 96 u. 104)

Herzens —. War er gleichsam Wegweiser auf Kreuzweg des Lebens schmalen Weg zeigend, und sein purpurfärbiges Antlitz glänzte wie Pomuchelskopf im Mondschein. War er gleichsam Brotpfanne, darin das feine Mehl wahren Glaubens wurde gebacken; erhob er seine Stimme wie alter Garnisons=Drummel, und seine Worte durchdrangen alle Ohren wie schön ausgespieltes Brummtopf. Nun lassen wir unsern selgen Verstorbenen in seinem hölzernen Schlafrock, wie ein Katz im Windelhemd, so lange ruhn, bis heiliger Xaverius ihn reißen wird mit Zangen des Verdienstes aus seinem dustern Grabe. Amen!"

Mit solchen drastischen Vergleichen wußte Pogarszelski das Herz seiner geliebten masurischen Landsleute zu treffen und auch zu rühren. Er bekleidete eine Zeitlang das Amt eines Pfarres in Kalinowen, wo er einst eine Predigt folgendermaßen begann:

„Liebe Gemein! Ich will euch heute predigen von Nuß. Nicht von Haselnuß, auch nicht von Walnuß, auch nicht von Betrübnus und Ärgernus und Kümmernus, sondern vom heiligen Johannus."

Bekannt ist auch nachstehendes Gedicht:

Ich saß in Dunkelheiten
und dacht an Ewigkeiten;
da kam ein Wanzker runter,
kam nah mir vors Gesicht,
da macht ich dies Gedicht:
Wir Menschen sind wie Wanzker,
oft keck, oft kein Kurage;
sind oft recht dumme Hansker,
und doch von hoch Etage.
Sich gerne mögen zeigen,
als wärens Wunder was;
und ist doch still zu schweigen,
von solchem Hochmutsspaß.
Heißt mancher groß und edel,
gar stolz herumspaziert,
und hat doch nichts im Schädel,
von Tugend nicks passiert.
Denn wenn man recht drauf achtet:
Ist kein Johanniswurm nicht!
vielmehr nahbei betrachtet,
kommt Wanzker vors Gesicht.
Drum laßt euch gar nicht blenden
von solcher Gloria.
Merkt ab, bis sich wird enden

Abb. 46. An einem Oberländischen See (Zu Seite 103)

die groß' Historia.	Moral:
In kurzem gehts bergrunter,	Einst kommen Ewigkeiten!
denn Menschenleben rennt.	Wohl dem, der, wenn Tod winkt,
Oft ist man fix und munter:	hat gut Geruch bei Leuten
Und wie siehts aus am End'?	und nicht wie Wanzker stinkt!

Als der Orden nach langen und sehr verheerenden Kämpfen mit Litauen Frieden geschlossen hatte (1422), breitete sich in dem nur spärlich von Deutschen besiedelten Gebiet nördlich des Pregels das litauische Volk aus und verschmolz mit den ansässigen Prutzen. Sehr erbittert waren die beinahe 200jährigen Kämpfe gewesen, aber nicht so unrecht hatten die litauischen Fürsten, ihren Landbesitz mit aller Zähigkeit gegen den immer wieder andrängenden Deutschen Ritterorden zu verteidigen. Wer wollte dem tapferen Fürsten Gedimin (1316—1341), zu dessen Zeit das litauische Reich bis über Nowgorod und Kiew hinaus reichte, es verargen, als er den päpstlichen Gesandten, die seine Taufe einleiten wollten, zur Antwort gab: „Habe ich je die Absicht gehabt, Christ zu werden, so soll mich der Teufel taufen. Die Christen lassen Gott in ihrer Weise verehren, die Russen nach ihrem Brauch, die Polen nach dem ihrigen, und wir verehren Gott in unserer Weise. Alle aber haben wir einen Gott! Was redet ihr mir von Christen? Wo findet man mehr Frevel, mehr Unrecht, Gewalttat, Verderben und Wucher als bei den Christen und namentlich bei solchen, die Geistliche zu sein scheinen, wie die Kreuzträger?"

Doch, war auch die Christianisierung durch die Ritter hart, so förderten sie nach der Herstellung eines friedlichen Zustandes die Kultur überaus schnell und umsichtig. Das Land unterschied sich bald von dem alten Stammeslitauen erheblich. Behielten die Litauer auch ihre Sprache, Sitten, Wohnweise und Tracht bei, so wirkte doch die Ordnung, die mit dem Deutschtum verwachsen ist, fördernd auf ihre ganze Lebenshaltung ein. Dazu kam, daß zu den ursprünglichen deutschen Ansiedlern sich im 18. Jahrhundert eine Anzahl Hugenotten (französische Protestanten), annähernd 4000 Schweizer, Pfälzer und Franken und über 20000 Salz=

burger hier ansiedelten. Schon bald nachdem zwischen dem Orden und Litauen Friede herrschte, hatten die Litauer, die in jeder Beziehung ein angenehmer und achtenswerter Menschenschlag sind, sich mit den Pruzzen vermischt und heirateten in der Folge auch gern in deutsche Familien ein. So wurde das Land schon im Laufe der Jahrhunderte in immer steigenderem Maße verdeutscht. Zwar behielten sie anfänglich noch ihre Sprache bei, und die Prediger bedienten sich des Litauischen, doch ging durch die zwanglose Vermischung mit den Deutschen die litauische Sprache immer schneller zurück. Noch vor 200 Jahren war alles Land nördlich vom Pregel litauisch. Anfang des 19. Jahrhunderts war kaum ein Litauer in diesen Gegenden, der des Deutschen nicht mächtig war, und heute bewegt sich die südliche Grenze des litauischen Sprachbereichs in einer Linie, die etwa von Eydtkuhnen im Osten über Pillkallen, Kraupischken nach Gilge und Nidden sich erstreckt. Innerhalb des litauischen Gebiets aber finden sich rein deutsche Sprachinseln. In den Städten Tilsit, Ragnit und Memel gibt es neben einer litauischen Landgemeinde eine rein deutsche Stadtgemeinde. Der angedeutete ganze Sprachbezirk zählt einschließlich des vor 1918 zur Provinz gehörenden Gebietes nördlich der Memel über 415000 Bewohner, von denen etwa 121000 Litauer sind, also noch nicht einmal 30 %, bilden. Und zwar kommen auf den nördlich der Memel gelegenen Kreis Heydekrug an Litauern 62 %, den Kreis Memel 47 %, Kreis Tilsit 38 %, Kreis Labiau 30 %, Kreis Ragnit 27 %, Kreis Niederung 19 %, Kreis Pillkallen 10 %, Kreis Goldap 4,3 %, Kreis Stallupönen 3 % und Kreis Insterburg 1,6 %. Man sieht, wie auffallend der litauische Volksbestandteil nach Süden hin abnimmt. Das seit dem Versailler Vertrag von der Provinz abgetrennte Gebiet nördlich der Memel zählt einschließlich der Stadt Memel etwa 150000 Einwohner, von denen kaum die Hälfte die litauische Sprache versteht. Aber auch diese Litauer fühlen im Herzen vollkommen deutsch und haben ganz energisch gegen eine Abtrennung vom ostpreußischen Mutterlande oder gar einer Einverleibung in den

Abb. 47. Ermländisches Seenbild (Zu Seite 108)

litauischen Staat protestiert. Nur infolge der Eigenbrödelei einiger ostpreußischer Litauer, an deren Spitze der ehemalige evangelische Pfarrer und preußische Landtagsabgeordnete Dr. Gaigalat und großlitauischer Agitatoren ist es diesen gelungen, wider alle Wahrheit das Gebiet als „nicht deutsch" von Ostpreußen abzutrennen. Dagegen sind die Orte Memel, Heydekrug und Pogegen ausschießlich von Deutschen bewohnt und Memel selbst kurioserweise als deutsche Niederlassung älter als Königsberg. Denn Memel besitzt seit 1252 eine deutsche Ordensfeste, Königsberg wurde erst drei Jahre später gegründet. Jedoch noch mehr als diese Tatsache spricht für die deutsche Art und Gesinnung der ganz wider Willen abgetrennten Bewohner die Tatsache, daß eine Protestkundgebung im Jahre 1919 gegen die Losreißung von Deutschland von mehr als 90 % der Bevölkerung dieses abgetrennten Gebietes unterschrieben worden ist! Es kann dies auch gar nicht verwundern, denn zu groß ist der Abstand der Kultur zwischen den ehemals russischen Litauern und den litauischen Deutschen. Dort eine verarmte Bevölkerung, verlaust, in jämmerlichen Hütten wohnend, hier aber reinliche Häuser, Ordnung überall im Lande, eine gewisse Wohlhabenheit und, was nicht zum wenigsten mitspricht, eine weit bessere geistige Durchbildung gegenüber den Analphabeten in „Großlitauen". Endlich kommt hinzu, daß die Großlitauer katholisch, die litauischen Ostpreußen dagegen evangelisch sind.

Der Litauer ist gastfrei und sehr angenehm im Umgange. Sein Sinn für geschmackvolle Zierde in der Kleidung und im Hausgerät sind rühmlichst bekannt, nicht minder auch sein tiefpoetischer Sinn (Abb. 12, 14, 15 u. 16). Die litauischen Dainos sind weit über die Grenzen Ostpreußens in der literarischen Welt als Blüten der Volkspoesie bewertet. Seine blumenreiche Sprache ist von tiefer Empfindung durchglüht, der Hang zum Prächtigen und Märchenhaften bewegt seine Phantasie. Die Märchen und Sagen sind durchwirkt von Erzählungen, in denen es von goldenen, silbernen und seidenen Gewändern, Gold und Edelsteinen wimmelt. Menschen vergleicht er gern mit Blumen und Bäumen. Der kleine Bruder, das Söhnlein sind immer das zarte Kleechen, eine kleine Eiche, oder eine Päonie, der Vater ist die starke Eiche, das Mädchen die zarte Lilie, die liebe Nelke oder Rose; die bekümmerte Frau aber eine welke Melisse oder Minze und der unglück= liche Mann eine graue Weide. Verstorbene oder fernweilende Geliebte und Ver= wandte zeigen sich in Vögel oder Blumen verwandelt. Wie fein ist z.B. die Poesie in dem Liedchen:

> Als mich Mütterchen jüngst schalt,
> sprach sie, geh hinaus zum Wald,
> hole mir bei Wohl und Weh'
> Wintermai und Sommerschnee.
> Irrend sucht' ich auf den Höhen,
> in den Tälern, an den Seen;
> frommer Hirte, sag mir an,
> wo ich beides finden kann?

Polen finden sich im südwestlichen Ostpreußen, im südlichen Ermland wie auch in Masuren. Man darf im Regierungsbezirk Allenstein die Zahl der Polen auf 13,5 %, die der Masuren auf 32,2 % und der Deutschen auf 54,3 % schätzen. Da die Masuren in keinem Falle als Polen gelten wollen, sondern sich durchaus als Preußen betrachten, so stehen im Regierungsbezirk Allenstein 86,5 % treu= deutsche Bewohner 13,5 % Polen gegenüber. Auch im westlichen Teil Ostpreußens, also den an der Weichsel gelegenen Kreisen, ist das deutsche Element herrschend. Nicht nur in den deutsch verbliebenen Kreisen Elbing, Marienburg, Stuhm und Marienwerder, sondern auch in den leider heut zu Polen rechnenden einstigen Gebieten Westpreußens ist die Bevölkerung im Herzen deutsch. Im Norden ist sie auch sprachlich deutsch, im südlichen Teile stehen etwa 85 % deutschsprachige Westpreußen 15 % polnisch sprechenden gegenüber. Im Kreise Marienwerder sind

62

Abb. 48. An der Schiefen Ebene des Oberländischen Kanals bei Neugeith. Der vordere Schiffswagen befördert soeben ein Schiff, der andere, auf der Höhe der Schiefen Ebene sichtbare, ist leer (Zu Seite 110)

91% der Bevölkerung deutschsprachig, im Kreise Rosenberg 92%, im Kreise Marienburg gar 98%. Der von den Polen als „polnisch" hingestellte Kreis Stuhm (südlich vom Kreise Marienburg) zählt 58% deutsch neben 42% polnisch sprechenden Bewohnern. Also befindet sich selbst hier eine Mehrheit im Deutschtum. Dazu treten aber noch schwerwiegende besondere Gründe, welche das Land zu einem deutschen Kulturgebiet stempeln. In den Städten wird die Hauptmasse der Bevölkerung von Deutschen gebildet und auf dem Lande stellen die Polen den weitaus ärmeren Volksbestandteil dar, von einigen polnischen Rittergutsbesitzern abgesehen. Der Grundbesitz der Weichselniederung befindet sich ganz in deutschen Händen, desgleichen ist die große Mehrheit der Gewerbetreibenden deutsch. Im Kreise Stuhm sind unter den 42% „Polen" nicht weniger als 27%, welche deutsche Familiennamen tragen, ein Beweis dafür, daß diese keine Nationalpolen

Abb. 49. Abendstimmung am Frischen Haff (Zu Seite 116)

sind, sondern während der polnischen Herrschaft polonisiert wurden. Unter den 72 Landgemeinden des Kreises Stuhm weisen nur 29 eine Mehrheit an polnisch sprechender Bevölkerung auf, von den 51 Gutsbezirken nur 25. Während in 13 von den 123 ländlichen Ortschaften des Kreises gar keine Polen vorhanden sind, fehlen Deutsche gänzlich nur in 3 Orten. Außerdem aber will der allergrößte Teil der polnisch sprechenden Bevölkerung nichts von einem Anschluß an Polen wissen. Ein nicht weniger stark ins Gewicht fallender Beweis für die Minderwertigkeit des polnischen Staatswesens ist auch die Tatsache, daß die Arbeiterbevölkerung des polnisch gewordenen Teils Ost- und Westpreußens gerne nach den deutsch verbliebenen Gebieten auswandert.

Marienburg, Stuhm und Marienwerder sind deutsch geblieben, während Graudenz mit dem einstigen Culmer Land heute zu Polen rechnet. In Masuren und dem südlichen Ermland hatte zur Abstimmungszeit (Sommer 1920) eine sehr rege polnische Agitation eingesetzt, zu der eine Anzahl deutscher Polen, unter anderem leider auch katholische Geistliche des Ermlandes die Hand boten. Die

Abb. 50. Wald auf den Dünenwällen der Frischen Nehrung (Zu Seite 116)

Namen dieser Eigenbrödler und Landesverräter sollen hier zu ihrer Schande genannt werden. Es waren die Pfarrer Barczewski-Braunswalde, Pfarrer Osinski-Wuttrienen, Pfarrer Bilitewski-Gr. Kleeberg und Pfarrer Poetsch-Klaukendorf. An die Spitze der deutschen Abwehrbewegung trat rühmenswerter Weise der Zentrumsabgeordnete Dr. Dekowski-Allenstein, doch ließ dieser sich bald bewegen, ins polnische Lager abzuschwenken. Den mit allen erdenklichen Mitteln arbeitenden Polen und Polenfreunden trat wie eine treue Schar aus der Ordensritterzeit mit größter Umsicht und mit der Waffe der wissenschaftlich begründeten Wahrheit das engvereinte Masuren- und Deutschtum entgegen, an dessen Spitze wackere Männer aus beiden Volksteilen standen. Der Vorsitzende des Propagandaausschusses war der bekannte heimische Schriftsteller Max Worgitzki-Allenstein. Mit überwältigender Mehrheit hat das in den Wogen der polnischen und deutschen Kundgebungen hin- und hergerissene Volk, dem eine gewaltige Menge von in der Fremde lebenden Masuren und Deutschen zu Hilfe kam, sein Bekenntnis für das Deutschtum abgelegt. Der Artikel 94 des Versailler Friedensvertrages hatte die Grenzen des Abstimmungsgebietes recht willkürlich und zwar zugunsten der Polen bestimmt. Der südwestliche Teil des Kreises Neidenburg mit der Stadt Soldau war einfach zu Polen gerechnet und damit der Abstimmung entzogen, dafür der Kreis Oletzko (Margrabowa) zum Abstimmungsgebiet hinzugezogen, in der Hoffnung, daß gerade aus diesem Kreise den Polen ihr Heil erwachsen werde. Sie sollten sich bitter enttäuscht sehen. Die Bevölkerung hatte die größtenteils schmutzigen und höchst unwürdigen Machenschaften der Polen rechtzeitig erkannt und trotz der für Deutschland nicht gerade glänzenden Zukunftsaussichten ihre Treue zum Mutterlande bekundet, wie die nachstehende Übersicht am besten beweist:

Kreis	Anzahl der abgegebenen Stimmen für	
	Ostpreußen	Polen
Oletzko (Margrabowa)	28 625	2
Lötzen	29 378	9
Rössel	35 252	758
Allenstein-Stadt . . .	16 742	342
Osterode	46 385	1043
Johannisburg . . .	34 036	14
Allenstein-Land . . .	31 486	4902
Sensburg	34 334	25
Neidenburg	22 233	330
Ortelsburg	48 204	511
Lyck	36 534	44
Summe:	363 209	7980

Das heißt, in Prozenten ausgedrückt: Für Deutschland stimmten 97,5%, für Polen 2,5%! So erfreulich diese Tatsache auch ist, sie ist nur dadurch erklärlich, daß auch ein Teil echter Polen deutsch im Herzen denkt und keine Lust bezeugt, aus der Irredenta „erlöst" zu werden. Immerhin darf man nicht übersehen, daß von jeher die polnische Agitation gerade im südlichen Ostpreußen eine immer rege gewesen ist und man das deutsche Land auf eine heimliche, wühlerische Weise zu polonisieren sich bestrebte und, leider, immer noch bestrebt ist, indem man Grundbesitz in die Hände der Polen gelangen läßt. Die nicht immer rosigen

Abb. 51. Häuserreihe am Elbingfluß zu Elbing. Im Hintergrunde die Nikolaikirche (Zu Seite 114)

Verhältnisse gerade der Güter im südlichen Ostpreußen machen einen öfteren Besitzerwechsel erklärlich. Diese Güter besitz- oder pachtweise zu erhalten, sind polnische Kräfte stets am Werk. Sind aber erst die Güter im Besitze der Polen, so erfolgt naturgemäß auch die Herbeiziehung polnischer Handwerker und Arbeiter. Die Verluste des Deutschtums sind in dieser Hinsicht durchaus bedenklich. Betrugen doch die Verluste an Land für den Kreis Neidenburg im Jahre 1913 im ganzen 7332 ha mit 121 polnischen Besitzern, für den Kreis Osterode 5299 ha mit 165 polnischen Besitzern, während es hier 18 Monate früher erst 57 polnische Besitzer gab. Selbst die Regierungsbezirke Königsberg und Gumbinnen sind vor Polonisierung nicht bewahrt. Befinden sich doch auch in ihnen nahezu 8000 ha in polnischen Händen (wovon 43 % innerhalb 18 Monten 1912/13) in den Besitz von Polen überging. Von 36 ostpreußischen Kreisen sind nur noch 12, also nur noch ein Drittel, von polnischen Grundbesitzern frei, und höchst bedauerlich ist, daß selbst in dem rein deutschen Kreise Gerdauen bereits 2460 ha in polnischen Händen sich befinden. Es wird der höchsten Wachsamkeit der Behörden und des stärksten Selbstbewußtseins der verschuldeten oder aus anderen Gründen verkaufsbereiten deutschen Besitzer bedürfen, um diesen völkischen Selbstmord zu verhindern. Wenn nicht anders, müßte ein derartiges Gut von einer Gemeinschaft von Deutschen übernommen werden, niemals aber dürfte es zugelassen werden, daß ein Nationalpole sich in ein deutsches Gut einnistet.

VI. Die Landwirtschaft

Ostpreußens Bedeutung liegt zweifellos in der Landwirtschaft. Die Industrie ist nur in den größten Städten merklich vertreten. Doch darf man daraus nicht schließen, daß die ostpreußischen Gefilde eine Art Paradies sind, in dem man, wenn auch nicht unter Palmen, so doch zwischen wogenden Getreidefeldern und unübersehbaren Kartoffel= und Rübenäckern ungestraft und ohne Sorgen wandeln kann. Viele halten Ostpreußen in der Tat für eine wenig behinderte Domäne der „Junker", die nach ihrer Ansicht ein herrliches Leben führen. So ist es nun doch nicht. Die starke Verschuldung der ostpreußischen Güter und Bauernhöfe zeigt deutlich genug, daß hier kein Schlaraffenland ist. Die ungünstigen klimatischen Verhältnisse, die manche Aussaat durch Fröste zerstören und beinahe noch mehr die Abgelegen= heit des Landes und die damit verbundene Verteuerung des Handels und Verkehrs machen es schwer, gegen die Konkurrenz klimatisch und geographisch begünstigter gelegener deutscher Gebiete zu bestehen, geschweige denn sie zu überflügeln.

Die Bodenverhältnisse des Landes sind, im allgemeinen genommen, nicht schlecht. Abgesehen von den reinen Sandböden im Süden der Provinz, ist die vorherrschende Zusammensetzung des Bodens ein lehmiger Sand= oder sandiger Tonboden. Die besten Bodenarten weist die Niederung südlich der Memel, das Weichseltal und Weichseldelta auf. Im allgemeinen befinden sich die schwereren Bodenarten im Norden, doch sind auch im südlichen Teil bessere und im nörd= lichen schlechtere Böden insular anzutreffen. Die leichtesten Bodenarten besitzen die Kreise Johannisburg, Neidenburg (Abb. 21) und Ortelsburg, also die an der polnischen Grenze gelegenen Landstriche. Die Kreise Lyck und Oletzko sind besser gestellt. Sehr guten Boden haben die Kreise Darkehmen, Gumbinnen, Stallupönen, Insterburg, Pillkallen, Ragnit und die Niederung. Die Memelniederung weist die größten Grundsteuererträge auf. Dagegen sind die Gebiete nördlich der Memel wieder ungünstiger, da sich hier an der einstigen russischen Grenze eine Sandzone erstreckt. Gut sind die Bodenverhältnisse im Samland und noch besser in den Kreisen Königsberg, Heiligenbeil, Pr.=Eylau, Friedland, Gerdauen und Rastenburg. Der letztgenannte Kreis hat neben den fruchtbaren Teilen der Tilsiter Niederung den besten Boden der alten Provinz Ostpreußen, so daß hier auch die einzige Zuckerfabrik des Landes sich findet. Ermland und Oberland haben mildere Bodenarten, das Weichselland dagegen humusreichen, durchlässigen Schwemmlandboden. Den vorzüglichsten Boden haben hier die Marienburger Niederung, das große Werder, die Elbinger Niederung und das heute leider zu Polen zählende Culmer Land. Kleine Moorflächen finden sich überall zahlreich; die ausgedehnten Moore kommen jedoch hauptsächlich im Norden des Landes vor. Die meisten dieser Moore sind als Niederungsmoore kultivierbar, und unter der eifrigen Tätigkeit des ostpreußischen Moorkulturamtes sind bereits erhebliche Gebiete in Wiesen und Weiden umgewandelt worden. Vielfach sind diese Moor=, wie auch verheidete Unlandgebiete, neuerdings besiedelt worden. Jedenfalls ist es ein achtenswerter Erfolg, wenn man auf solchen früher völlig ertraglosen Gebieten heute pro Morgen 300—400 Zenter Wrucken, bis 160 Zentner Kar= toffeln, 14 und mehr Zentner Sommergetreide und 60 und mehr Zentner gutes Heu erntet und wenn ein Morgen genügt, um ein Stück Vieh zu ernähren, bzw. 27 Zentner Fleisch zu erzeugen. Die Kultivierung der Moore geschieht durch Regelung der Wasserverhältnisse, Umbruch des Bodens, Aussaat guter Futter= pflanzen, sowie reichliche Düngung mit Thomasmehl und Kainit.

Der weitaus größte Teil des anbaufähigen Bodens ist Pflugland. Es nimmt in Ostpreußen einen größeren Raum der Gesamtbodenfläche ein als im Durch= schnitt in den übrigen Ländern Preußens. Auch ist in den letzten Jahrzehnten manche Waldparzelle in Ackerland umgewandelt worden. Die Summe der Auf= forstungen erreicht die Summe der zur Umwandlung in Ackerland gekommenen Wälder nicht. Bemerkenswert ist, daß Ostpreußen als gebirgsarmes Land weit weniger Öd= und Unland als andere preußische Provinzen aufzuweisen hat. Am wenigsten Wald besitzen die Kreise Lötzen, Stallupönen, Tilsit, Königsberg, Gumbinnen und Oletzko, in welchen der Wald noch nicht ein Zehntel der Gesamt= fläche des Kreises einnimmt. Preußisch=Holland, Osterode, Allenstein, Friedland, Stallupönen und Pillkallen nehmen mit 80—84 % der landwirtschaftlich benutzten

68

Abb. 52. An der Passarge zu Braunsberg (Zu Seite 119)

Fläche den höchsten Stand in bezug auf Bodenbewirtschaftung ein. An letzter Stelle steht der jetzt zum litauischen Memelgebiet gehörende Kreis Heydekrug, südlich von Memel, in dem nur knapp die Hälfte der Gesamtfläche landwirtschaftlich in Benutzung steht. Dies erklärt sich durch die ausgedehnten Moorgegenden in diesem Gebiete. Weizen wird naturgemäß nicht viel angebaut. Am meisten trifft man ihn in der Weichselniederung und den sonstigen Gebieten mit schwererem Boden, namentlich den Kreisen Rastenburg und Rössel, in denen 7—8% des Bodens mit dieser Frucht bebaut werden. In 17 Kreisen, also der halben Provinz, geht der Weizen nicht über 3% hinaus. Hierzu gehört vor allem Masuren und das Land nördlich der Memel. Die am meisten angebaute Feldfrucht ist der Winterroggen, meist Petkuser, der im Durchschnitt 23% des landwirtschaftlich benutzten Bodens für sich in Anspruch nimmt. Hier stehen die Landschaften mit sandigem Boden obenan. Für Masuren bedeutet der Ausfall der Roggenernte das Wohl und Wehe des Jahres, denn er nimmt hier mehr als 30% der Bodenflächen in Anspruch. In den Kreisen Ortelsburg und Neidenburg beansprucht er gar 38% des gesamten Bodens. Gerste wird am stärksten in den Kreisen Rastenburg, Labiau und Königsberg angebaut, etwas weniger in Gerdauen und der Memelniederung, wo sie etwa 7% der Bodenfläche einnimmt. Hafer folgt in seiner Ausdehnung gleich hinter dem Roggen und beansprucht durchschnittlich 18% der Fläche. Am meisten (22%) bauen die Kreise Braunsberg, Insterburg, Fischhausen und Niederung Hafer an.

Das große Kartoffelland Ostpreußens ist Masuren mit seinen sandigen Böden. Hier nehmen die Kartoffelländereien 13,7% der Äcker und Gärten in Anspruch. Im übrigen Ostpreußen sinkt die Zahl auf 8 und 7%. Wegen der umständlichen Transportierung der Kartoffeln finden diese für die Spiritusfabrikation ausgedehnte Verwendung, am meisten in dem durch sehr starken Kartoffelanbau bekannten Regierungsbezirk Allenstein. Von den vorhandenen 300 Brennereien befinden sich 170 allein in Masuren. Viele sind mit den landwirtschaftlichen Großbetrieben verbunden. Futterrüben werden nur auf schwereren Böden angebaut, Zuckerrüben sehr wenig, in nennenswertem Maße nur im Kreis Rastenburg und in der Marienburger und Danziger Niederung.

Vergleicht man den Anbau der Kulturpflanzen Ostpreußens mit dem in den anderen preußischen Provinzen, so ersieht man, daß letztere wesentlich mehr Weizen,

Abb. 53. Im Gutshof zu Cadinen bei Elbing (Zu Seite 116)

Abb. 54. Sommerhaus in den bewaldeten Dünen von Kahlberg auf der Frischen Nehrung (Zu Seite 116)

Gerste und Hafer, und, wenn auch nicht ganz in dem Maße, auch Roggen anbauen. Dasselbe gilt vom Kartoffelanbau. Dagegen steht die Ernte an Wiesenheu in Ostpreußen derjenigen in anderen Provinzen gleich; beim Kleeheu nehmen nur Sachsen und Hannover eine noch höhere Stellung ein. Es zeigt sich also, daß Ostpreußen im Futterbau den Wettbewerb mit den anderen Provinzen aufnehmen kann, es dagegen nicht in der Lage ist, bezüglich der Hack- und Körnerfrüchte zu konkurrieren. Die Steigerung der Erträge in den letzten Jahren ändert daran nicht sehr viel, weil eine ähnliche Steigerung auch in anderen Provinzen zu verzeichnen ist. Es ergibt sich mithin, daß Ostpreußen mehr für den Futterbau und damit zur Viehzucht geeignet ist als zum Getreidebau. Im allgemeinen genommen, wird auf den Feldern der kleinbäuerlichen Besitzer erheblich weniger geerntet als, natürlich im Verhältnis gerechnet, auf den Gütern der Großbauern und der Großbetriebe (Abb. 28, 29, 30).

Auch der Obstbau ist noch wenig entwickelt. Er leidet unter den klimatischen Bedenken. Am meisten sind Apfelbäume vorhanden; Kirsch- und Pflaumenbäume sind stark zurückgegangen. Wegen des rauhen Klimas hat man früher auch sehr wenig Obstbäume an den Landstraßen angepflanzt; Laubbäume aller Arten, besonders viel Ebereschen und Birken bilden die Einfassung der Straßen. In jüngster Zeit werden jedoch die Straßen mehr mit Obstbäumen bepflanzt. Immerhin hat auch heute von den Landkreisen etwa ein Drittel noch nicht 1000 Obstbäume an seinen Landstraßen stehen. Die meiste Pflege erfährt der Obstbau auf den großen Gütern, wo die Erfolge der Zucht edelster Sorten alle Bedenken zerstreut. Die ostpreußischen Apfelsorten zeichnen sich besonders durch ein feines Aroma aus. An Anstrengungen, den Obstbau in Ostpreußen zu heben, fehlt es nicht. Vorbildlich gehen die Provinzial-Obstbauschule in Tapiau und der Obst-Lehr- und Mustergarten in Georgenburg voran. Im Weichsellande ist

Abb. 55. Marktplatz in Frauenburg mit Pfarrkirche. Gemälde von W. Eisenblätter (Zu Seite 119)

man von jeher in bezug auf die Heranzüchtung guten Obstes reger gewesen. Auf großen Gütern finden sich Musterplantagen, die die Bäume auf Acker- und Gartenland, weit auseinanderstehend, anpflanzen. Die Erträge werden weithin verschickt. Alte und bewährte Obstbaugegenden sind die Frische-Haff-Küste, wo auch Süßkirschen gedeihen, und die Weichselniederung, wo die Obstbäume in großen umzäunten Jungviehweiden plantagenmäßig stehen. Bekannt sind unter den hiesigen Apfelsorten der Maienwerderer Gülderling (auch weißer Stettiner genannt) und der Gravensteiner, unter den Birnen die Grumbkower, die Napoleonsbirne und die Konitzer Schmalzbirne. Das Obst wird an der Weichsel wie an den beiden Haffs meist auf Kähne verladen und auf den Landkanälen bis nach Berlin verfrachtet. Die Abschnürung des Landes vom Mutterlande hat nun leider auch hier ein Hemmnis geschaffen.

In der Viehhaltung Ostpreußens ist im allgemeinen eine starke Zunahme eingetreten. Durch verständnisvolle Züchtung, bessere Fütterung und Stallung sind die einzelnen Tiergattungen heute schwerer, frühreifer und leistungsfähiger geworden. Damit wurde der Umsatz beschleunigt, und auch die Milchergiebigkeit der Kühe hat sich gesteigert. Trotzdem ist die Höchstleistungsgrenze für die Provinz noch lange nicht erreicht, zumal, wenn man in Betracht zieht, daß das Land seinen Hauptzweck mehr in der Viehzucht als in der Feldbestellung ersehen muß.

Die Zahl der gehaltenen Pferde ist im Vergleich zur Bevölkerungszahl in Ostpreußen größer als in den anderen Provinzen Preußens. Die durch das Klima auf eine kurze Frist zusammengedrängte Zeit der Ernte und Aussaat bedingt eine starke Inanspruchnahme der Pferde. In Masuren werden beinahe zuviel Pferde gehalten. Für den wenig ergiebigen Boden wäre dort eine Benutzung von Rindern als Zugtiere, wie es auch auf großen Gütern geschieht, wirtschaftlicher. Aber der ostpreußische Kleinbauer wie der Großbauer halten es unter ihrer Würde, mit Kühen zu fahren. In Gegenden mit gutem Boden könnte die Pferdehaltung aus Gründen der Zucht und des Handels mit Pferden noch vermehrt werden. Litauen ist seit alters her in Ostpreußen das wichtigste Warmblut=Zuchtgebiet, während im Ermland die Kaltblutzucht und in den Kreisen Pr.=Holland und Friedland die gemischte Zucht gepflegt wird. Obwohl es kaum einen ostpreußischen Landwirt geben wird, der nicht ausgesprochener Pferdeliebhaber ist, so gebührt doch den Litauern in dieser Beziehung der Vorrang. Ein Sprichwort sagt, daß der Litauer mit dem Pferdezügel in der Hand zur Welt kommt. Litauen mit dem Hauptgestüt Trakehnen ist auch das Hochzuchtgebiet der Provinz geblieben. Verschiedene Reitervereine, die Zuchtrennen, Reit= und Fahrturniere veranstalten, halten das Interesse und die Richtlinien für eine gute Zucht und Pflege der Pferde aufrecht. Streng durchgeführte Prüfungen für Hengste und Stuten, Prämien und genaue Bestimmungen für die Körung sorgen für die Reinerhaltung der guten Rasse (Abb. 23 u. 24).

Ist schon in bezug auf die Pferdezucht in Ostpreußen noch nicht das Höchstmaß erreicht, so gilt dies von der Rinderzucht in noch bedeutenderem Maße. Die stärkste Rinderhaltung findet sich in der Memelniederung. Ihr schließen sich die Kreise Pillkallen, Fischhausen, Heiligenbeil und Braunsberg an. Die schwächste Rinderhaltung hat Masuren, weil dort zu wenig gutes Weideland vorkommt. Allgemein eingebürgert ist heute, nach verschiedenen fehlgeschlagenen Versuchen mit anderen Arten, das friesische schwarz=weiße Rind, das sich im Laufe der Zeit zu einem ostpreußischen Typ herangebildet hat und hier gut gedeiht. Es ist ein ebensogutes Milch= wie Fleischtier. Für die Erhaltung und Verbesserung der guten Zucht sorgt die Ostpreußische=Holländer=Herdbuchgesellschaft, die Ostpreußen zu einem Hochzuchtgebiet ersten Ranges gemacht hat. Trotzdem kann auch die Rinderzucht noch erheblich gesteigert werden. Sehr stark im Verhältnis ist die Viehhaltung

Abb. 56. Marktplatz in Frauenburg mit Dom. Gemälde von W. Eisenblätter (Zu Seite 119)

im Weichseldelta. Das Molkereiwesen hat für das ganze Land eine erhebliche Bedeutung schon jetzt gewonnen, obgleich die Viehhaltung bei weitem noch nicht die Bedeutung derjenigen in Schleswig=Holstein besitzt, auch nicht deren Vergangenheit hat (Abb. 31). Molkereigenossenschaften sind nicht vorhanden, dagegen zahlreiche Sammelmolkereien, an die die Landwirte die Milch verkaufen. Die Abfälle werden nicht zurückgegeben, sondern von den Molkereien für die durchweg vorhandenen Schweinehaltungen als Futter verwandt. Ein nennenswerter Frischmilchverkauf ist bei der dünnen Bevölkerungsdichtigkeit und dem Mangel an großen Städten nicht vorhanden, weshalb der größte Teil der Milch verarbeitet wird. Die Butter geht in die deutschen Großstädte, der nach verschiedenen Rezepten hergestellte Käse hauptsächlich nach dem nordwestlichen Deutschland. Die bekannteste Käsesorte ist der Tilsiter, der in allen Molkereien des Landes hergestellt wird und der besonders in der Weichselgegend gut geratende Emmenthaler. Auch sogenannter Holländer Käse wird hergestellt, so daß man also beim dem Genuß von Emmenthaler oder Holländer getrost an Ostpreußen denken darf. Die Molkereibesitzer sind vielfach aus der Schweiz zugewanderte Fachleute.

Steigerungsfähig ist auch die Schweinehaltung in Ostpreußen. Verhältnismäßig am stärksten ist die Schweinehaltung in den Weichselgegenden, im übrigen aber kommen auf 100 ha nur etwa 50 Schweine, während z. B. in Westfalen auf den gleichen Raum 106, in Hannover 131, in Oldenburg gar 154 und in Schaumburg=Lippe, dem schweinereichsten Ländchen Deutschlands, vollends 250 Schweine kommen! Nur der Kreis Niederung macht eine rühmliche Ausnahme mit 100 Schweinen auf je 100 ha. Man sieht, wie steigerungsfähig auch dieser Teil der Landwirtschaft ist. Gezüchtet werden in der Hauptsache das englische Yorkshire= und das veredelte deutsche Landschwein. Namentlich die Güter legen besonderen Wert auf die Haltung von guten Schweinearten. In Masuren werden die Eberstationen nur mit Edelschweinen besetzt. Auch hier wirken verschiedene Züchtervereine fördernd.

Die Zahl der Schafe ist im ganzen Gebiete sehr stark zurückgegangen. Am meisten finden sich Schafherden in den Gegenden des Großgrundbesitzes, also den Kreisen Friedland, Rastenburg, Gerdauen, Pr.=Eylau, Mohrungen und Pr.=Holland. Nachdem wegen der starken ausländischen Konkurrenz die Zucht von Wollschafen sich als unergiebig erwiesen hat, legt man nur noch den Hauptwert auf die Züchtung von Fleischschafen, und zwar einer Merino= und einer schwarzköpfigen englischen Art. Die Ziegenzucht ist gering, am meisten noch in Masuren vertreten, die Geflügelzucht gleichfalls nicht auf der Höhe. Zwar finden sich auf den großen Gütern gute Musterfarmen, in der breiten Masse der bäuerlichen Bevölkerung ist aber das Geflügel noch nicht genügend in seinem Handelswert erkannt. Die stärksten Gänsebestände finden sich in Masuren und Ermland. Um die Pflege der Hühnersorten machen sich die landwirtschaftlichen Frauenvereine und die 1905 in Waldgarten gegründete Geflügelzuchtlehranstalt verdient, deren Leiter als Instruktor für die ganze Provinz tätig ist.

Desgleichen läßt die Bienenzucht zu wünschen übrig. Dies liegt aber wohl hauptsächlich darin, weil die Erträge aus der Bienenzucht gegenüber denen aus den anderen Wirtschaftsbetrieben zu unwesentlich sind und nur in bescheideneren Haushaltungen merkbar ins Gewicht fallen. Die stärkste Bienenzucht wird in den mittleren Teilen des Landes, wie im Samland, betrieben; am wenigsten begegnet man ihr in den masurischen Landschaften.

Die Fischzucht könnte viel größere Erträgnisse zeitigen, wenn Ostpreußen nicht so stiefmütterlich abgelegen wäre. An Fischzuchtvereinen, Fischzuchtanlagen wie an Gewässern fehlt es ja diesem Lande wahrlich nicht. Man denke mit Hinsicht auf letztere an das Meer, die beiden Haffs, die zahllosen Seen, die vielen Flüsse, Bäche und Teiche! Sagt doch schon ein Königsberger Universitätsprofessor Fr. S. Bock, der 1784 eine vierbändige „Wirtschaftliche Naturgeschichte

Abb. 57. Wallfahrtskirche zu Krossen im Ermland   (Zu Seite 122)

Ost= und Westpreußens" in Dessau herausgab: „Unter den vielen Wohltaten, mit denen Ost= und Westpreußen vor vielen Ländern von der Vorsehung über= häufet worden, muß man auch die beträchtliche Menge der Fische von so ver= schiedenen Geschlechtern und Arten zählen, so daß kaum ein Land sich dieses Vorzugs in solchem Umfange wird rühmen können . . ."

In bezug auf die landwirtschaftlich benutzten Flächen des Landes steht Ostpreußen unter allen preußischen Provinzen an zweiter Stelle. Nur von Schlesien wird es übertroffen. Dabei wiegt das Vorhandensein großer Betriebe vor. Die meisten derselben mit einem Umfange von 1000 ha und mehr finden sich im Regie= rungsbezirk Königsberg. Hier sind 47 % aller Betriebe über 100 ha, 37 % über

200 ha groß. In Masuren sind die Kleinbetriebe zahlreicher. Nur 13,2 % sind über 200 ha und 30 % über 100 ha groß, dagegen haben die ermländischen Kreise Braunsberg, Heilsberg, Rössel und Allenstein einen ausgesprochenen bäuerlichen Charakter. Nur 9—19 % gehören Betrieben von über 100 ha, 6—14 % solchen von über 200 ha an. Auch die beiden Kreise Tilsit und Niederung wie Heydekrug haben bäuerliches Gepräge. Deutlich tritt in den letzten Jahrzehnten der Rückgang der Großbetriebe und der großbäuerlichen zutage, der sich auf die ganze Provinz ohne Ausnahme erstreckt. Die aufgegebenen Güter unterliegen meist der Parzellierung. Veranlassung zum Verkauf sind im allgemeinen die gestiegenen Grund= und Bodenpreise, oft aber auch wirtschaftliche Not. Das Ergebnis ist gewöhnlich ein stark verkleinertes Restgut, während die Randparzellen von den Nachbarn zur Vergrößerung oder Abrundung ihres Besitzes, oder von Handwerkern, Neuansiedlern und Arbeitern zur Gründung neuer Kleinbauernstellen erworben werden. Soweit man schon erkennen kann, ist in den letzten Jahrzehnten eine wesentliche Vermehrung der klein= und mittelbäuerlichen Betriebe eingetreten. Das Pachtwesen ist im Lande noch wenig verbreitet. Der weitaus größte Teil der Betriebe wird von den Eigentümern selbst bewirtschaftet. Wenn dies auch zweifellos das Beste ist, so wäre doch für manchen Großbetrieb aus geldwirtschaftlichen Gründen die Verpachtung eines Teiles des Gutes vorteilhaft. Beide Teile, das Besitzer= wie das Pachtgut, würden dann unter Aufwendung geringerer Geldlasten und deshalb vielleicht ergiebiger als bisher bewirtschaftet werden können. Dem vielgeschmähten Großgrundbesitz muß man das Verdienst zubilligen, daß er durch seine musterhafte Wirtschaftsführung anregend und vorbildlich auf die bäuerliche Bevölkerung wirkt. Infolge der größeren Betriebskapitalien ist er imstande sowohl in der Felder= und Wiesenkultur wie in bezug auf Viehzucht, Obstbaumpflege und sonstige Nebenbetriebe Ausgezeichnetes zu leisten, und durch musterhafte Anlagen von Ställen, sonstigen Wirtschaftsgebäuden, Anschaffung bester landwirtschaftlicher Maschinen, Pflege und Züchtung hervorragender Vieh=sorten, Verwendung bester Pflanzen, Dünge= und Meliorationsversuche usw. zu Musterstationen im Lande zu werden. Es ist daher falsch, auf die restlose Auf=teilung der Großgüter hinzutreiben. Dort, wo sie vereinzelt vorkommen, sind sie sicherlich gut am Platze; nur in Gegenden, wo mehrere aneinandergrenzen, kann die Parzellierung eines Teils der Güter einen Vorteil bedeuten. Nicht unerwähnt sollen die Bemühungen der ostpreußischen Landgesellschaft bleiben, die es sich zur Aufgabe stellt, Bauern= und Arbeiterstellen durch die Aufteilung großer Güter zu schaffen, die Schuldverhältnisse zu regeln, bessere Organisation der kleinen Landwirte und Gemeinden, Befestigung des bäuerlichen Besitzes und Wohlfahrts= und Heimatpflege zu betreiben. Dank ihrer Tätigkeit sind aus dem eigenen Lande vor dem Kriege 667 Personen, aus dem übrigen Deutschland 566, deutsche Rückwanderer aus Rußland 356 und aus anderen Gebieten 8 (Frauen und Kinder ungezählt) auf aufgeteilten oder in Ödland neueingerichteten Stellen angesiedelt worden. Besonders hat man mit den deutschen Rückwanderern aus Rußland, die Geschlechter hindurch deutsche Sprache und Sitte bewahrt haben, gute Er=fahrungen gemacht. Aber auch die anderen Ansiedler haben sich gut eingewöhnt. Die Zahl der Haushaltungen mehrte sich, der Zustand der Landwirtschaft besserte sich erfreulich. Dies wird schon allein dadurch bewiesen, daß in einem Zeitraum von nur sechs Jahren die Zahl der gehaltenen Rinder und Schweine auf das doppelte stieg. Es ist die Tätigkeit dieser ostpreußischen Landgesellschaft wie auch des Moorkulturamts der Landwirtschaftskammer um so höher zu bewerten, als die Landflucht in Ostpreußen eine der übelsten Erscheinungen ist. Das Leben in den großen Städten und der volksbelebte Westen mit den angeblichen besseren Verdienstmöglichkeiten in der Industrie lockten seit Jahrzehnten eine außerordent=liche Anzahl von Landarbeitern und Handwerkern vom Lande fort. Viel trägt hierzu der vermeintliche geringere Geldlohn auf den Gütern bei. Die Landarbeiter

Abb. 58. Stadt und Burg Rößel im Ermland (Zu Seite 127)

erhalten einen Teil ihres Lohnes in Naturalien, deren Wert man leider nicht genügend einschätzt. Auf vielen Gütern wird für die Arbeiterschaft bestens gesorgt, es fehlt in manchen nicht an Bildungsmöglichkeiten, wie Lesestuben, Spielstuben für Kinder, Vereinszimmern u. dergl. Unter der Landflucht der Arbeiter, deren Entlohnung heute überall zeitgemäß ist, leiden besonders die mittleren und groß= bäuerlichen Betriebe, da die Kleinbauern ihr Land selber bewirtschaften, die großen Güter aber ihren landsässigen Stamm von Arbeitern haben. Immerhin muß auch auf diesen Gütern zur Zeit der Ernte zu ausländischen Hilfsarbeitern, meist Polen, gegriffen werden, da selbst die großen Maschinen nicht immer hinreichen, um die Ernte rechtzeitig zu bergen. Die Zunahme der Bevölkerung Ostpreußens ist gering. Sie beträgt etwa 1,1 % pro Jahr, welche aber vornehmlich den größeren Städten zugute kommt. Von einer erheblichen Zuwanderung aus anderen deutschen Ge= bieten nach Ostpreußen, vor allem auf das Land, ist keine Rede, wohl aber könnte manches geschehen, um die Rückwanderung von in der Fremde ansässigen Land= arbeitern zu befördern. Das Wichtigste in dieser Hinsicht wäre die Schaffung anheimelnder Wohnungen auf dem Lande. Viel ist in dieser Beziehung bereits geschehen. Gutsbesitzer wie Bauern nehmen Kredite in Anspruch, um Woh= nungen für ihre Arbeiter oder neu anzusiedelnde auszubauen oder zu schaffen. Es ist dies das einzige Mittel, um sich von den unzuverlässigen ausländischen Hilfskräften unabhängig zu machen. Dies ist in Ostpreußen längst erkannt worden, so daß nun auch schon kleinere Bauern dazu übergehen, zufriedenstellende Wohnungen für Gesinde und Arbeiter einzurichten. Der Erfolg ist bereits erkennbar. Denn während vor dem Kriege in der Landwirtschaft alljährlich etwa 20—30000 Ausländer beschäftigt wurden, waren 1923 nur etwas 11000 und 1924 etwa 8400 nötig. Unter diesen befanden sich bemerkenswerterweise etwa 3500 deutsche Rückwanderer, die dem Lande erhalten bleiben. Einige Zahlen, die über das starke Vorwiegen der landwirtschaftlichen Arbeiter Aufschluß geben, mögen dieses Kapitel beschließen. Leider müssen wir uns dabei auf Ergebnisse aus dem Jahre 1907 beziehen, weil jüngere zur Zeit noch nicht vorliegen. Von 841724 Erwerbstätigen in der Provinz Ostpreußen waren 591340 auf dem Lande und 250384 in der Stadt beschäftigt. Prozentual ausgedrückt ergeben sich für auf dem Lande beschäftigte Erwerbstätige 70,3 %, im Staate jedoch nur 44,4 %. Erwerbstätige in den Städten Ostpreußens waren insgesamt 29,7 %, im Staate dagegen 55,6 %. Auch folgende Gegenüberstellung ist lehrreich:

	in Ostpreußen:	im Staat:
Erwerbstätige in der Landwirtschaft (einschl. Gärtnerei, Forsten, Fischerei)	53,2 %	28,6 %
In der Industrie (einschl. Bergbau und Baugewerbe)	20,4 %	42,8 %
In den übrigen Berufen (Handel, Verkehr, Hausdienste, öfftl. Dienste, freie Berufe)	16,5 %	20,0 %
Berufslose Selbständige (Rentner usw.)	9,0 %	8,6 %

VII. Etwas vom Handel, Verkehr und von der Industrie

Wenn im vorigen Kapitel wiederholt betont worden ist, daß die einzelnen Zweige der Landwirtschaft einer Steigerung fähig sind, so ist dies im Hinblick auf die Fortschritte in anderen deutschen Landesteilen geschehen. Es soll damit dem ostpreußischen Volke kein Vorwurf gemacht werden. Denn Ostpreußen hat mehr als irgendein anderes Land Preußens hart um seine Existenz zu kämpfen, und nicht umsonst ist der Ostpreuße ernst und zeigt eine gewisse Nüchternheit, die die Dinge des Lebens nicht schönfarbig und verklärt betrachtet, sondern ihnen

Abb. 59. Bebaute Düne zu Kahlberg auf der Haffseite der Frischen Nehrung (Zu Seite 116)

klar und wahr entgegenblickt. Hierzu muß immer wieder auf die Ungunst der Lage an der 700 km langen Grenze des wirtschaftlich noch wenig aufgeschlossenen litauischen und polnischen Staatsgebietes und der großen Entfernung zu der lebensvollsten Straße Deutschlands wie Europas, dem Rheinstrom, hingewiesen werden. Ferner aber auch darauf, daß es ein verhältnismäßig noch junges Kolonialland ist. Vor dem Eindringen des Deutschen Ritterordens und der deutschen Kolonisten war von einer Kultur des Landes in unserem Sinne nicht die Rede. Rechnet man die Zeit der Kämpfe ab, so hat die deutsche Kultur in diesem Lande erst seit etwa 600 Jahren gewirkt, jahrhundertelang aber stark behindert durch die polnische Herrschaft im Lande, während die west= und süd= deutsche Kultur auf eine mehr als tausendjährige, durch keine Fremdherrschaft gestörte Entwicklung zurückblicken darf. Weiterhin kommt hinzu, daß Ostpreußen in jedem Jahrhundert mehrmals nachdrücklich von kriegerischen Ereignissen heim= gesucht wurde. Als im 19. Jahrhundert nach Beendigung des napoleonischen Krieges endlich eine Zeit der Ruhe gekommen schien, in welcher das Land immer kräftiger deutsche Kultur in sich aufnahm, (es war die Zeit der schnellen deutschen Fortschritte in Masuren und Litauen), da brach der Russensturm im Jahre 1914 über das Land herein, verheerte die blühenden Fluren und legte Städte und Dörfer in Asche. 1620 Zivilpersonen wurden ermordet, 433 durch die feind= lichen Truppen verwundet, 10725 durch die Russen verschleppt und 886752 Personen, etwa zwei Fünftel der gesamten Bevölkerung Ostpreußens mußte Hals über Kopf vor den Russen fliehen. Etwa vier Fünftel der Provinz war zeit= weise von den Russen überschwemmt. Mehr als 30000 Gebäude, hauptsächlich in den kleinen Städten und auf dem Lande fielen der Zerstörung anheim. Die Stadt Schirwindt wurde fast völlig zerstört. Schwer litten Goldap, Darkehmen, Eydtkuhnen, Domnau, Tapiau, Gerdauen, Soldau (jetzt leider polnisch), Ortelsburg,

Hohenstein und Lötzen. Es ist, als wäre alles nur so blühend geworden, um in wenigen Tagen gründlich zerstört zu werden.

Wer recht erkennen will, welche Fortschritte Ostpreußen bis zum Kriegsausbruch gemacht hatte und wie wohltuend und anheimelnd die deutsche Kultur dieses Landes wirkt, der muß eine Reise durch Litauen oder Polen unternehmen. Die auf dem östlichen Kriegsschauplatz beteiligt gewesenen Kriegsteilnehmer werden diesen Unterschied zur Genüge kennen gelernt haben und mir beistimmen, wenn ich behaupte, daß die Kultur dieser beiden slawischen Länder gegen jene Ostpreußens wie die Nacht gegen den Tag sich abhebt. Dort Wildnis und Verwahrlosung in Stadt wie Land. Überall nur roheste Uranfänge westeuropäischer Kultur, unendlich weite Strecken mangelhaft oder gar nicht bestellten Landes, elende Dörfer, unregelmäßige oder wenig ersichtliche Abteilung der Feldmarken und unerträgliches Ungeziefer in den Häusern. Auf deutschem Boden aber, bis hart an die Grenze, peinlich gepflegte Felder, schöne Wiesen, bestimmte und freundliche Abgrenzungen der einzelnen Feld= und Waldparzellen, freundliche Städte, saubere Dörfer und eine achtenswerte, arbeitsame Bevölkerung, kurz überall deutlich ersichtliches deutsches Kulturschaffen. Bewußt heben sich aus dem Lande die kleinen und größeren Städte, die für ihren ländlichen Umkreis in Wahrheit den kulturellen Brennpunkt bedeuten, denn hier ist die Stadt mehr denn in den volkreichen Industriegegenden des Westens der natürliche Mittelpunkt für die rund um sie herum liegenden ländlichen Ortschaften (Abb. 25). Ostpreußen zählt nach dem Stande vom 16. Juni 1925 2270283 Einwohner. Es besitzt außer der Großstadt Königsberg vier kreisfreie Städte (Allenstein, Elbing, Insterburg, Tilsit) und 73 kreisangehörige Städte von 900 bis 23000 Einwohnern. (49 Städte bis 5000, 15 Städte bis 10000, 5 bis 15000 und 3 zwischen 15000 und 23000 Einwohnern.) Trotz der Ungunst der Lage und der durch die Isolierung bedingten Erschwernis der Wirtschaftsverhältnisse bemühen sich alle Schichten der Bevölkerung, ein reges und würdiges Glied in dem Wirtschaftsleben des Deutschen Reiches zu sein. An Industrien sind, wie schon bemerkt, nicht viele vorhanden. Größere Werke sind in Königsberg, Danzig und Elbing vertreten, hier die weltberühmte Werft F. Schichau. Nennenswert sind wegen ihrer größeren Zahl die Fabriken landwirtschaftlicher Maschinen. Königsberg hat in seinem Meßgelände eine

Abb. 60. Am Frischen Haff bei Rosenberg (Zu Seite 120)

Gelegenheit geschaffen, durch Frühjahrs= und Herbstausstellungen Fabrikanten und Käufern eine Übersicht über die Erzeugnisse heimischen wie fremden Industrie= und Gewerbefleißes und Absatz= wie Kaufgelegenheiten modernster Art zu bieten. Im übrigen aber ist die einzig nennenswerte Industrie des Landes die der Verarbeitung des Holzes. Obwohl Ostpreußen nicht zu den waldreichsten Gebieten Deutschlands gehört, so besitzt es doch den Vorzug, daß auf seinem Boden eine Kiefer gedeiht, die ihres besseren Holzes wegen wertvoller ist als irgendeine Kiefernart in den übrigen deutschen Ländern. Ja, sie gilt sogar weit über deutsche Grenzen hinaus als einzigartig im Wert. Zahlreiche Sägewerke verarbeiten die Stämme dieser Kiefer zu Balken und Brettern, und in den größeren Städten befindet sich eine ziemlich rege Möbelfabrikation. Der Norden Ostpreußens aber verarbeitet in seinen Sägewerken außer ostpreußischen Hölzern auch die auf dem Pregel, der Memel und ihren Nebenflüssen herbeigeführten litauischen Waldstämme. Sie kommen aus Wäldern, die insgesamt ein dreimal so großes Gebiet bedecken (2,3 Millionen ha) als in Ostpreußen (700 000 ha). Vor dem Kriege kamen jährlich über 2 Millionen fm Rundholz von dort nach Ostpreußen, während in Ostpreußen selbst nur 1,5 Millionen fm Bau= und Nutzholz neben 1 Million fm Brennholz eingeschlagen wurden. Nach dem Kriege hat eine starke Abnahme der Einfuhr litauischer Hölzer eingesetzt. Dies hat zum großen Teil seinen Grund darin, daß die von der deutschen Heeresverwaltung in Litauen für den Heeresbedarf eingerichteten schönen Sägewerke bei dem übereilten Rückzug im November 1918 unzerstört zurückgelassen wurden und nun, von litauischen Kaufleuten übernommen, den ostpreußischen Sägewerken eine sehr empfindliche Konkurrenz bereiten. Die litauischen Hölzer werden zum großen Teil jetzt im Lande selbst geschnitten und, ohne die ostpreußische Industrie zu beschäftigen, auf den Weltmarkt gebracht.

Abb. 61. Feldseite des Hohen Tores in Allenstein (Zu Seite 122)

Abb. 62. Schloß Allenstein. Gemälde von W. Eisenblätter (Zu Seite 122)

Welche Bedeutung die ostpreußische Sägewerkindustrie für das Land hat, mögen einige Zahlen erhellen. Ostpreußen besitzt etwa 230 Sägewerke mit 530 Gattern. Die Jahreshöchstleistung betrug bei achtstündiger Arbeitsleistung und allen Werken insgesamt 2,3 Millionen fm. Im Jahre 1920 verringerte sich aus dem angegebenen Grunde die Leistung auf 1,6 Millionen fm Nadelholz und 90000 fm Laubholz. Auf diesen Sägewerken wurden 1921 durchschnittlich 11000 Arbeiter beschäftigt, die in demselben Jahr 100 Millionen Mark Lohn erhielten. In weiter verarbeitenden Nebenbetrieben wurden noch 2500 Arbeiter beschäftigt, die 32 Millionen Mark Lohn bezogen. Ferner waren in denselben Betrieben etwa 1000 kaufmännische und technische Angestellte, die im gleichen Jahr 20 Millionen Mark Gehalt erhielten. Mit Einrechnung der hier unberücksichtigten nicht organisierten Betriebe ernährte diese Holzindustrie einschließlich der Arbeiter, Angestellten und deren Familien etwa 90000 Menschen, das sind $4^{1}/_{2}\%$ der Gesamtbevölkerung und mehr als ein Fünftel der gesamten gewerblich tätigen Bevölkerung des Landes. Der gesamte Umsatz des Holzhandels und der Sägeindustrie Ostpreußens hat 1921 etwa 3 Milliarden Mark überschritten. Durch die Abschnürung der Provinz von dem Mutterlande ist der ostpreußische Holzhandel auf das schwerste geschädigt. Denn das Hauptabsatzgebiet war Mittel- und Westdeutschland, wohin sowohl Bau- und Nutzholz wie viel Holz für Schwellen und Bergwerke ging. Die hohen Frachtsätze schließen eine Konkurrenz heute fast ganz aus und außerdem können Danzig polnische Hölzer aus Polen, Westpreußen und Posen, sowie Memel litauische Hölzer billiger nach dem Ausland exportieren, so daß auch der Handel nach dem Auslande brachliegt. Erwähnt sei noch, daß Ostpreußen auch vier große Zellstoffabriken besitzt. Es sind dies die Königsberger Zellstoff-, die Norddeutsche Zellulosefabrik, beide im Besitz der Koholyt-A.-G., einer Gründung von Hugo Stinnes, die Zellstoffabrik Waldhof-Tilsit und jene zu Ragnit.

Abb. 63. Der Dom in Königsberg, Westfront (Zu Seite 132)

Ein für die geringe Dichtigkeit der Bevölkerung hinreichend großes Netz von Landstraßen und Bahnen sorgt für Verkehrserleichterung. Dazu kommen als besonders wesentlich auch Wasserwege, über die einiges mitgeteilt sei. Der Pregel ist von Insterburg an schiffbar, für größere Binnenfahrzeuge aber erst von Wehlau an (70 km von der Mündung). Besondere Wichtigkeit hat der Pregel dadurch, weil er in seinem Unterlauf bei Königsberg Seeschiffen Zugang erlaubt und somit Königsberg zu einem Seehafen macht. Königsbergs Hafen ist heute der Mittelpunkt sowohl des ostpreußischen Binnenschiffahrtsverkehrs wie des Seeverkehrs, da sein einstiger Konkurrenzhafen Danzig und Memel dem Staatsverbande nicht mehr angehören. Der Pregel ist unterhalb Königsberg erheblich breit und hat eine Tiefe von 6,50 m. Königsberg besitzt einen neuzeitlich angelegten Handelshafen, an dessen Ufern große Getreidespeicher stehen, darunter der größte Silo der Welt. Oberhalb Königsberg verringert sich die Tiefe des Pregels bedeutend, so daß nur Schiffe bis 100 t verkehren können. Wichtig ist die Verbindung des Pregels mit der Memel durch die Deime. Bei Tapiau zweigt diese vom Pregel ab und mündet kurz hinter Labiau ins Kurische Haff. Sie besitzt eine mittlere Wassertiefe von 2,1 m und hat, nachdem Memel zur Vertretung der litauischen Interessen gezwungen ist, den Zweck, die Mündung der Memel durch Gilge und Deime-Pregel nach Königberg zu verlegen, also den Schiffsverkehr dorthin zu lenken. Aus diesem Grunde wird für die gute Erhaltung und Vertiefung der Fahrtrinne der Deime gesorgt. Die unscheinbare Deime hat seit jeher eine bedeutende Rolle gespielt. Schon in der Ordenszeit lenkte sie den Frachtverkehr aus Litauen nach dem Pregel und somit zum Frischen Haff und nach Danzig. Heute bildet sie in der langen Schiffahrtsstraße vom Schwarzen Meer nach Königsberg das wichtige Endglied. Königsbergs wie Ostpreußens Hoffnung muß, entsprechend den veränderten politischen Verhältnissen, sich ganz auf die Belebung der alten guten Beziehung zu Rußland und der Ukraine richten. Nachdem Danzig durch eine Handelsunion mit Polen verbunden und Memel litauisch ist, bildet Königsberg den natürlichen Hafen für Rußland und die Ukraine nach der Ostsee hin. Zwar besitzt es keine Alleingeltung, doch kann es sich bei geschickter Anbahnung von Handelsbeziehungen eine sehr gewichtige Stellung als Transit=handelsplatz erringen, zumal sein Hafen gegen die nordbaltischen (Libau, Riga, Petersburg usw.) den Vorteil hat, daß er stets eisfrei ist, bzw. gehalten werden kann.

Die Verbindung des Pregels mit der See erfolgt durch das Frische Haff und den 6,5 m tiefen Seekanal. Durch das Pillauer Tief steht das Haff mit der See in Verbindung. Da der Seekanal auf 8 m Tiefe gebracht wird, so können in absehbarer Zeit die größten Seeschiffe bis Königsberg gelangen, ohne in Pillau leichtern zu müssen. Das 100 km lange Wasserbecken des Frischen Haffs stellt gleichfalls eine sehr wichtige Wasserstraße dar. Es verbindet den Pregel mit der Weichsel und somit Königsberg mit Danzig. Die Schiffe gehen aus dem Frischen Haff in die Nogat und von hier durch den Weichsel=Haff=Kanal nach Danzig. Leider steht die geringe Tiefe des Haffwassers dem Verkehr mit größeren Schiffen entgegen. Das Kurische Haff stellt die Verbindung mit Memel durch das Memeler Tief her. Neben dem Pregel ist die Memel die wichtigste Wasserstraße Ostpreußens. Sie hat eine mittlere Tiefe von 3,50 m, je=doch auf preußischem Gebiet; auf litau=ischem ist die Fahrt=rinne ungleichmäßig und leidet an Un=tiefen. Dem Ober=ländischen Kanal, der die höher ge=legenen Seen mit dem Drausensee und dem Frischen Haff verbindet, kommt eine größere Be=deutung nicht zu. Weichsel und Nogat sind wichtig für den Verkehr zwischen Polen und der Ost=see. Die Fahrtrinne hat eine Tiefe von etwa 2 m und dar=über. Wichtig ist die Weichsel als Ver=bindungsweg nach den mitteldeutschen Kanalstraßen (über Bromberg und den Warthe=Netzekanal) und durch die bil=lige Verfrachtung von Getreide usw. nach Mitteldeutsch=land wie der Ober=schlesischen Kohle nach Ostpreußen, wobei als erschwe=rend nur die ver=

Abb. 64. Wohnhaus Immanuel Kants in Königsberg (abgebrochen)
(Zu Seite 133)

Abb. 65. Pregel mit Fischbrücke in Königsberg. Gemälde von W. Eisenblätter (Zu Seite 134)

teuernde Fahrt durch Polen hinzutritt. Die Nogat ist reindeutsches Flußgebiet geblieben und der ansehnliche Hafen Marienburgs der einzige polenfreie Weichselhafen. Die masurischen Seen liegen etwa 100 m über der Ostsee. Mitten durch das Seengebiet zieht sich die Wasserscheide. Die Angerapp entwässert nach Norden in den Pregel, der Pissek führt das Wasser der masurischen Seen zum Narew in Polen. Ein Kanal dient hier den Verkehrsinteressen, namentlich der Verfrachtung des Holzreichtums der masurischen Wälder. Er nimmt seinen Anfang im Mauersee westlich von Angerburg und verläuft von dort in nördlicher Richtung nach Allenburg, wo er in die Alle mündet, die ihrerseits wieder zum Pregel führt. Die Mündung der Alle ist bei Wehlau, von wo der Pregel für Schiffe von 100 t fahrbar ist. Die Länge dieses Masurischen Kanals beträgt etwa 50 km, die gesamte Wasserstraße durch die Seen von Johannisburg bis Königsberg 211 km.

Eine besondere Stellung in dem Handel Ostpreußens nimmt die Gewinnung und Verwertung des Bernsteins ein, dessen an dieser Stelle etwas eingehender gedacht sei. Die ostpreußischen Bernsteinlager an der westlichen Samlandküste sind die einzigen Fundstätten der Welt, die durch ihre Reichhaltigkeit des Bernsteinvorkommens eine industrielle Ausbeutung lohnen. Welche Bedeutung der Bernstein im Altertum hatte, ist schon erwähnt worden. Die Gewinnung war damals wie auch noch zur Ordenszeit eine höchst einfache und beschränkte sich meist auf das Fischen und Tauchen, das heute fast ganz in Wegfall gekommen ist. Der Orden hatte sich das Vorrecht der Gewinnung und Verwertung des Bernsteins gesichert und die Strandbewohner waren bei den härtesten Strafen (sogar Tod durch den Strang) angehalten, jedes gefundene Stück gegen ein geringes Entgelt an die Ordensleute abzugeben. Die Ausbeutung des Bernsteins wurde in den Ordensbüchern zu den wichtigeren Einnahmen gerechnet. Nach der Ordenszeit verpachtete der Staat die Bernsteingewinnung an eine Danziger Familie von Jaski, die jahrhundertelang das

Abb. 66. Das Schloß in Königsberg (Zu Seite 133)

Handelsmonopol besaß. Erst das Jahr 1837 brachte den Strandbewohnern das Recht, selbst Pächter werden zu können, was denn auch ausgenutzt wurde und zu einem gewissen Wohlstand der Bewohner führte. Als diesen aber auch das Recht auf das Graben des Bernsteins zugestanden wurde und infolgedessen ein rücksichtsloser Raubbau, verbunden mit Verwüstung der Felder und Zerstörung der Erdhänge am Strande einsetzte, entzog man den Bewohnern das Recht auf das Graben des Bernsteins und betraute damit einen leistungsfähigen Unternehmer, Stantien & Becker in Königsberg. Es war dies von Vorteil. Hatte der Staat vorher jährlich nur 27000 Mark Pachtgelder bezogen, so stiegen nun die Erträge allmählich auf jährlich 837000 Mark, in welcher Summe nur noch 10000 Mark Pachtgelder der Gemeinden enthalten waren. Streitigkeiten mit der genannten Firma führten dazu, daß der Staat 1899 die Gewinnung des Bernsteins selbst übernahm. Für die Betriebseinrichtungen usw.

wurden der Firma etwa 9,5 Millionen Mark gezahlt. Das Verpachtungsrecht für die Gemeinden wurde wegen des geringen Pachterlöses 1907 gleichfalls aufgehoben. Die Bevölkerung ist angehalten, Bernstein, gleich ob am Strande oder im Lande gefunden, den staatlichen Bernsteinwerken abzuliefern. Welche Bedeutung schon diesen Funden beikommt, beweist, daß allein im Jahre 1913 als Finderlöhne an die Strandbewohner 1,25 Millionen Mark gezahlt worden sind. Die Ausbeutung des bergmännisch gewonnenen und in der See gefischten Bernsteins betrug im gleichen Jahr 450 000 kg. Die gefundenen Bernsteinstücke haben nur zum geringsten Teil eine derart reine Beschaffenheit, daß sie für Schmuckstücke oder Bedarfsartikel ohne weiteres in Arbeit genommen werden können. Die Mehrzahl sind teils körnige oder kleine Stücke, die der Preß= fabrikation zugewiesen werden, während das übrige unreine Material geschmolzen wird. Bei allem findet eine sorgfältige Sortierung der Stücke statt, so daß man eine Preisliste über 250 Sorten kennt, nach der die Käufer die für ihre Zwecke geeignetste Sorte wählen. In den Hauptbetrieben, die sich in Palmnicken an der westlichen Samlandküste befinden (Abb. 32), wird heute der Bernstein im Tagbau aus der sogenannten blauen Erde gewonnen. Diese Erde wird maschinell geschürft und durch Lowris in die Wäschereien geschafft, wo die Stücke in Behältern mit Siebböden herausgewaschen werden. Die ausge= waschenen Stücke werden durch „Waschen des Steins mit scharfem Sand in rotierenden Trommeln" gereinigt und rissige und unreine Stücke mit Hackmessern zersprengt und behackt, so daß reine Ware übrig bleibt. Die Sortierung erfolgt nach der Größe, Form und Wölkung der Stücke. Die Verarbeitung zu Schmuck= stücken und Bedarfsgegenständen, wie Mundstücken für Zigarrenspitzen und dergl. erfolgt in der Hauptsache in Königsberg, Danzig, Stolp, Berlin und Wien. Die verarbeiteten Stücke werden in alle Weltgegenden versandt. Viel geht nach dem Orient, nach Afrika und Indien. Auch das Kunstgewerbe hat sich des Bernsteins jetzt wieder in höherem Maße zugewandt, nachdem seit dem 18. Jahrhundert, bis zu welchem man größere Schmuckgegenstände, wie Schränkchen, Kruzifixe usw. zusammensetzte, die Verwendung in der Kunst eine Unterbrechung erlitten hatte. Das Preß= und Schmelzverfahren läßt zudem eine weit umfangreichere Verwendung als früher zu, da der mit hydraulischem Druck gepreßte Bernstein die Eigenschaften des Naturbernsteins behält und in verschiedenen Farben und Wölkungen hergestellt werden kann. Die gefertigten Stücke kann der Laie schwerlich von Gegenständen aus Naturstein unterscheiden. Viel wird der Bernstein auch als Isoliermittel für elektrische Apparate benötigt. Wohl etwa drei Viertel der gesamten Ausbeute er= geben das Material für die Herstellung des geschmolzenen Bernsteins oder Bernstein= kolophon, der von den Lackfabriken für die Herstellung eines besonders guten Lacks, des Bernsteinlacks, benutzt wird. Als Nebenprodukt ergibt sich bei der Schmelzung der Stücke Bernsteinsäure und ein ätherisches Öl, das Bernsteinöl. Die Säure wird in der Medizin und der chemischen Industrie, das Öl in den Lackfabriken benutzt.

Der Gewinn des Betriebs der Staatlichen Werke in Palmnicken beläuft sich auf etwa 1,25 Millionen Mark jährlich. Durch die Bernsteinindustrie finden etwa 1800 Menschen ihr Brot. Beschäftigt sind in Palmnicken etwa 290 Arbeiter und außerdem etwa 300 weibliche Hausgewerbetreibende.

VIII. Danzig und seine Umwelt

Es gibt in der Ostmark keine Stadt, die eine derartige Machtstellung im Mittel= alter sich durch eigne Kraft errungen hat und deren einstige Bedeutung noch heute so respektiert wird als Danzig. Selbst das wirtschaftlich bewußte Königsberg muß, wenn auch schweren Herzens, der schönen, heute etwas ver= träumt scheinenden Rivalin diesen Vorrang lassen. Man hat Danzig mit Nürn= berg, Augsburg, ja auch Venedig verglichen. In seiner mittelalterlichen Handels=

Abb. 67. In den Lastadien (Speicherviertel) zu Königsberg (Zu Seite 134)

bedeutung kam es diesen Kapitalen einstigen Verkehrs gleich. Trotzte es doch dem Orden und dem Dänenkönig und fürchtete sich sozusagen vor niemandem. Eine Zeitlang war es die Kornkammer Venedigs. Seine Ratsherren reisten mit prunkvollem Gefolge zu den Städtetagen der Hanse, und die Danziger Kauffahrteischiffe waren überall angesehen, seine Freibeuterschiffe wie die Pest gefürchtet. Sie verscheuchten die Rivalen und vertrieben sogar die gefürchteten Vitalienbrüder für immer aus der Ostsee. Sie boten selbst dem König von England Trotz. In dem Kriege der Hanse gegen diesen (1469—76) war Danzig der nachdrücklichste Kämpfer und beharrlicher Mahner zum Ausharren. Bei diesem Kriege war es auch, als der Danziger Freibeuterkapitän Paul Benecke mit seinem sagenumwobenen gefürchteten Schiff „Peter von Danzig" ein holländisches Schiff kaperte und damit Güter im Werte von $4^{1}/_{2}$ Million Mark nach unserm heutigen Geldwert erwarb. Unter diesen Gütern befand sich das von Hans Memling für Florenz gefertigte Gemälde vom „Jüngsten Gericht", das vom Danziger Rat und Volk mit Jubel begrüßt und zur größten Kostbarkeit der neuen Marienkirche wurde. Das starke Selbstbewußtsein der Danziger Bürger, gegründet auf kaufmännischen Reichtum, spiegelt sich noch heute in den Bauten der Stadt wider. Die Mottlau, ein Flußarm, welcher die Stadt in leicht ge=schwungenem Bogen durchzieht, ist breit und stattlich wie der Canale grande in Venedig. Feierlichkeit schwebt zu den meisten Zeiten über seinen glitzernden Wassern, wenn auch das Werktägige hier viel schärfer hervortritt als an dem wie für ewige Festzeiten geschaffenen Canal im palästereichen Venedig. Aber es gibt viel Stunden, besonders gegen den Sonnenuntergang und beim Dämmern wie im nächtigen Mondschein, wo feine und beinahe märchenhafte Stimmungen

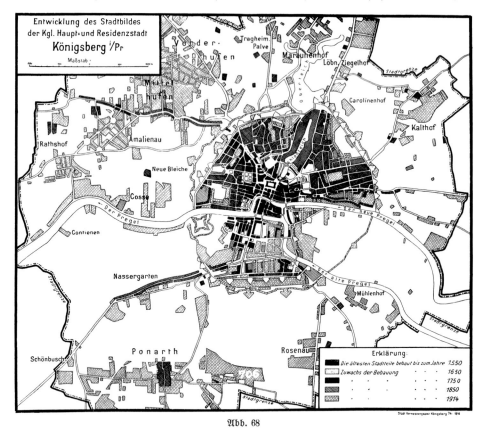

Abb. 68

auch dem großen Canal in Danzig zu eigen sind. Glänzende Paläste flankieren diese Wasserstraße nicht, doch ist sein Bild, in dem besonders das weit gegen das Wasser vorragende Krantor (Abb. 39) belebend hervortritt, malerisch genug, um Künstler und Photographen immer wieder zu neuen Wiedergaben zu reizen. Das aus der Ordenszeit stammende wuchtige Krantor, das 1444 umgebaut wurde, ent=hält in seinem Innern zwei riesenhafte Treträder zum Aufwinden von schweren Lasten und zum Einsetzen von Schiffmasten, zu welchem Zwecke es mit seinem Oberbau weit gegen das Wasser übergreift. Der Glanzpunkt Danzigs ist der Lange Markt, den man von der Mottlau durch das Grüne Tor betritt. Dieser Markt, der eigentlich mehr eine erweiterte Straße ist, präsentiert sich wie ein Festsaal unter freiem Himmel. Ich weiß keine Stadt, die einen gleicherweise prächtigen Freilichtraum besitzt. Er ist ein würdiges Gegenstück zum Markusplatz in Venedig. Der Stolz des Bürgertums tut sich hier kund in einer lückenlosen

Abb. 69. Am Pregel in Königsberg. Im Hintergrunde der Schloßturm (Zu Seite 134)

Reihe feinster Patrizierhäuser (Abb. 36 u. 37), die allesamt, wie es im Osten üblich ist, schmalfrontig sind und höchstens drei Fenster in jedem Geschoß besitzen, dafür durchaus prächtig im Aufbau mit stolzen Renaissancegiebeln und feinverzierten Wänden sich darbieten. Erker sieht man selten, dagegen sind zwischen den Fenstern Pilaster mit Figurenschmuck, und die Wände sind häufig mit Sgraffittireliefs überkleidet, die Wände zart bunt gehalten und die Verzierungen vielfach vergoldet. Das Erdgeschoß füllen durch hohe Oberlichter reichlich erhellte Dielen nach Lübecker Art. Die oberen Geschosse in den Häusern der Wohlhabenden enthalten vornehm ausgestattete Räume, von denen die hinteren nach einem Binnenhof gewendet sind. Man kann eine solche typische Danziger Hausanlage mit Binnenhof und Innen= einrichtung in dem Uphagenhaus der Langgasse kennen lernen und bewundern. Dieses allerdings erst im 18. Jahrhundert entstandene Haus zeigt Rokokoeinrich= tung und war die Wohnung des Ratsherrn Joh. Uphagen (Abb. 35). Vor den aufwandsvollen Portalen lagen zumeist erhöhte steinerne Plattformen oder Vor= plätze, die mit steinernen Brüstungen umgeben und mit der Straße durch frei= treppenartige Stufen verbunden waren. Viele dieser geräumigen und aneinander= grenzenden Beischläge sind noch heute erhalten. Die meisten erfreuen durch einen bald derben, bald zierlichen Schmuck der Steinbrüstungen und der schön ge= schwungenen Linien und Schnörkel der die Stufen einfassenden Eisengeländer. Sie bildeten nach Feierabend den Aufenthalt der Familien, die hier nach des Tages Sorgen auf den steinernen Bänken beisammen saßen und sich mit den Nachbarn unterhielten, wohl auch in dieser zwanglos gemütlichen Form Gäste bei sich sahen. Desgleichen steht noch mancher der alten Bäume, die früher in reicher Zahl die Gassen und ihre schönen Hausvorplätze beschatteten.

Kein Markusdom schließt den Langen Markt in Danzig ab, doch schmückt ihn eine kaum weniger schöne Architekturgruppe an der einen Ecke. Hoch und in echt nordischer Strenge ragt das fast englischgotische Rathaus, schlank, von noch schlankerem Turm überragt, ein mehr malerisches als stilgerechtes Gebilde, ein preisenswertes Werk des Niederländers Anthony von Obbergen. In dunklem Prunk, Braun, Rot und Gold, halten sich die gemäldeerfüllten Räume dieses Hauses. Hellere Pracht kennzeichnet das hochfenstrige Gesellschaftshaus nebenan, den berühmten Artushof (Abb. 38), in dessen Räumen Gemälde, Figuren und allerhand von weitgefahrenen Danziger Kaufleuten mitgebrachte Weltkuriositäten ein anziehendes, sehr mannigfaltiges Bild schaffen. Durch eine reich ausgestattete Diele kommt man in den hohen Saal, dessen Sterngewölbe von vier Granit= säulen getragen wird. Auch bei diesem im 15. Jahrhundert in der heutigen Form entstandenen Bau ist der niederländische Einfluß, der überhaupt fast alle Prunkbauten der Stadt kennzeichnet, offenbar. In der Lücke zwischen dem Rat= haus und dem Artushof ragt über ein paar anmutigen barocken Häusergiebeln der Turmkoloß der Marienkirche empor. Den kostbaren Bautenwinkel schmuck= voll betonend, haben niederländische Künstler einen Neptunsbrunnen davorgestellt, dessen erzene Figur von Adam de Vries stammen soll. So ward dieser Platz, in dem jeder Stein der alten Bauten vom Stolz der Danziger Bürger zu er= zählen weiß, der Festplatz, auf dem Schaugepränge aller Art stattfanden. Von den ritterlichen Turnieren zur Ordenszeit bis zu den Illuminationen und Fackel= zügen der letzten Hohenzollernschen Zeiten hat dieser Platz unendlich viele glän= zende Tage gesehen. Wuchtvoll wirkt die nahe Marienkirche, ihr Gepräge ist übermenschlicher, ich möchte sagen titanischer Ernst. Ist doch dieser Bau, der dem 14. und 15. Jahrhundert entstammt, einer der allergrößten Kirchenbaue der Welt (Grundfläche 4115 qm, bei 105 m Länge) (Abb. 34). Turm und viele lanzenspitze Mauertürmchen überragen samt dem 35 m breiten Dach das Häuser= meer von Danzig wie ein Christophorus die Meeresflut. Das heute leider ver= nachlässigte Innere wirkt majestätisch durch seine stark emporgehobenen Gewölbe und das weite, 66 m lange Querschiff. Malerisch stellen sich die verglasten

Logen des Rats und die aus den verschiedensten Zeiten stammenden Schmuck=
stücke in die hohen Räume. Gar manches Kunstwerk überragt bei weitem den
Durchschnitt, die Krone aller ist freilich das dreiteilige Gemälde Hans Mem=
lings, die farbenfreudige, äußerst lebendige Darstellung des Jüngsten Gerichts
in der peinlichen Technik der Spätgotik ausgeführt, jedoch packend in seiner groß=
zügigen Darstellungsart. Viel müßte von Danzigs Bauten noch erwähnt werden,
ich nenne nur das auch von dem niederländischen Baumeister Obbergen erbaute
sehr schöne Zeughaus mit reich vergoldeten Renaissancefassaden, die alte, noch
heute rumpumpelnde Ordensmühle und den hinter ihr aufragenden Bau der
Katharinenkirche, die von der Gasse an der Brigittenkirche her betrachtet mit
ihrem Turmschmuck fast moskowitisch erscheint. Das heutige Danzig, über
200 000 Einwohner zählend, leidet unter der Abtrennung vom Mutterlande.
Durch den Versailler Vertrag ist die Stadt seit dem 15. November 1920 von
Preußen gelöst und mit dem zu ihr gehörigen Gebiet (1900 qkm mit insgesamt
385 000 Einwohnern) als „Freie Stadt Danzig" erklärt worden. Verwaltet wird
Danzig von 22 Senatsmitgliedern. Das Volk ist vertreten durch den aus 120
Abgeordneten sich zusammensetzenden Volkstag. Die Rechte Danzigs unterstehen
dem Völkerbund; ein Kommissar desselben wohnt zur Schlichtung etwaiger Streitig=
keiten mit Polen ständig in Danzig. Das Verhältnis zu den Polen, die gern
Danzig zum Hamburg ihres Reichs gemacht hätten, regeln Verträge vom Jahre
1920. Die auswärtigen Angelegenheiten des Gebiets versieht Polen, zu welchem
Zweck ein diplomatischer Vertreter in der Stadt wohnt. Danzig ist dem polnischen
Zollgebiet angeschlossen, es gelten also die polnischen Zollgesetze. Der Zollver=
waltungsdienst ist jedoch autonom und wird durch Danziger Beamte ausgeübt.
Auch die Eisenbahnen im Danziger Gebiet werden von den Polen verwaltet.
Zwecks Gewährleistung einer reibungslosen Benutzung des Hafens durch Danzig
und Polen ist die Hafenverwaltung international. Der Ausschuß besteht zur
Hälfte aus Danzigern und Polen, den Vorsitz übt ein Schweizer Bürger aus.
Man sieht aus allem das Bestreben der Polen, das berühmte und schöne Danzig,
das sie allen geschichtlichen Tatsachen zum Trotz als „polnische" Stadt bezeichnen,
ihrem Staatsgebilde einzuverleiben. Doch, Danzig war und ist eine deutsche
Stadt und wird es immer bleiben. Wohl hat sie zuzeiten polnische Fremdherr=
schaft tragen müssen und hat Polens Könige gastfrei aufgenommen und welt=
männisch behandelt. Das Herz der Bürger aller Schichten aber ist nach wie vor
deutsch. Das beweisen nicht nur die Bauten und die Kunst Danzigs sondern
auch die überwiegende Mehrheit echtdeutscher Namen. Polen sieht man im
Straßenbilde heute natürlich sehr zahlreich, und es kann nicht verschwiegen werden,
daß, so selbstherrlich, wenn nicht mehr, diese Gäste auftreten, so still und duldend
die Deutschen sich verhalten. Möge der unwürdige Zustand, in den Danzig wider
seinen Willen versetzt worden ist, durch eine bessere Einsicht des Völkerbundes
ein baldiges Ende nehmen.

Der Stolz des neuzeitlichen Danzigs sind seine Hafenanlagen, neuen Kais,
die Danziger und Schichauer Schiffswerft, die alle dicht im Norden der Stadt
und an der Ausmündung der Toten Weichsel liegen. Sodann die in Langfuhr
gelegene Technische Hochschule, ein Renaissancegebäude, das 1900/04 entstand, mit
Gemälden von Dettmann ausgeschmückt ist, sowie das auf dem neu geschaffenen
Wallgelände sich erhebende Direktionsgebäude der Provinziallandschaft. Dieser
Bau klingt an die Strenge der alten Ordensbauten an und verbindet glücklich
alte Tradition und Neuzeit. Auch die Landesversicherungsanstalt ist ein zu be=
grüßendes Gebäude, zwar mit seinen zackigen Fensterumrahmungen und den leb=
haft zierlichen Barockschnörkeln seiner fünf Giebeln etwas zuckerbäckerhaft wirkend,
doch architektonisch gut durchgeführt. Langfuhr ist die Villen= und Gartenstadt
der Danziger. Eine prachtvolle Straße führt durch diesen Ort nach Oliva, das
durch seine stimmungsvolle, in ihrem Innern höchst überraschend wirkende Zister=

90

Abb. 70. Weinkellerstube mit schön geschnitzten Fässern im Blutgericht des Schlosses zu Königsberg (Zu Seite 133)

zienser-Klosterkirche eine besondere Anziehung besitzt. Der anmutig am Fuß reich bewaldeter Hügel gelegene Ort liegt nicht unmittelbar am Meere, doch eben deswegen schön ist der Blick von den Höhen hinter Oliva auf die ganz in der Bäume Grün gehüllte spitztürmige Klosterkirche, den wohlbebauten Plan des weiten Strandlandes, das türmereiche Danzig im Osten und das zart blauende Meer mit den weißen Schiffssegeln. In einem der Räume des Klosters wurde 1660 der Friede geschlossen, welcher den Schwedisch-Polnischen Krieg beendete und den Kurfürsten Friedrich Wilhelm I. von Brandenburg als unabhängigen Herzog von Ostpreußen bestätigte. Üppig ist der geschützte Park der einstigen Abtei. Man wundert sich über das Blühen und Prangen der Pflanzenwelt hierselbst und den sizilianisch anmutenden Palmenwinkel nahe einem träumerisch über kleine Kaskaden plätschernden Wässerchen. Wenige Kilometer nördlich treffen wir auf Zoppot, das einzige Seebad der Ostmark, welches weithinreichenden Ruf besitzt und in der Vorkriegszeit auch von Ausländern des westlichen Europa aufgesucht wurde. Es lagert sich zwischen den hier nahe an den Strand rückenden Waldhügeln und dem Meer und hat ein recht reges und beinahe kosmopolitisch anmutendes Geschäftsviertel in seinem Zentrum. Der Strand ist angenehm, und die oft auffallend heißen Sommertage täuschen über die nördliche Lage dieses Badeortes hinweg. Auch das Kurhaus ist von einer gewissen Eleganz, so daß es sich die Welt in der Zeit, als Zoppot noch nicht zur polnischen Einflußsphäre gehörte, sehr wohl gefallen lassen konnte (Abb. 41). Leider aber ist jetzt das Badeleben fast ausschließlich von Polen und galizischen wie polnischen Juden bestimmt, und durch das ungenierte und mehr als zwanglose Benehmen namentlich dieser jüdischen Badegäste das Bild zu einem unangenehm orientalischen gestaltet (Abb. 40). Man sieht und — flieht. Hoffen wir, daß die Szenerie am Strande bald wieder das frühere altgewohnte Bild bekommen wird. Nur eine halbe Stunde hinter Zoppot steht man an der polnischen Grenze. Die schönen Waldhügel, die wir bei Zoppot und Oliva bewundern, setzen sich nach Süden hin fort. Die auch südlich von Danzig anzutreffenden Höhen sind mit steilen Hängen versehen und vom Wald gekrönt, der auch die romantischen, stillen Schluchten erfüllt. Es ist ein Stück anmutiges deutsches Mittelgebirge, in das man sich versetzt fühlen kann. Hin und wieder ein kleines Bächlein, dann die stärkeren Wasserläufe der Radaune und Mottlau, freundliche Dörfchen mit kleinen Seen und Teichen. Diese Welt der unverhofften Berge setzt sich in das heute polnisch gewordene Gebiet Westpreußens fort und findet ihre Bekrönung in der überaus lieblichen Landschaft von Karthaus, dem seengeschmückten Marienparadies in der „Kassubischen Schweiz".

Die Mottlau mündet dicht im Norden der Stadt Danzig in die Tote Weichsel, die einst der Hauptmündungsarm derselben war, jedoch, seitdem sie sich zwischen Plehnendorf und Heubude am 1. Februar 1840 in wildem Kampfe einen Durchbruch durch die Meeresdünen geradenwegs ins Meer gebahnt hatte, zum „toten Arm" geworden ist. Es war eine der wenigen dankenswerten Taten des Weichselstroms. Man sperrte seitdem die Einmündung in die Tote Weichsel durch eine Schiffsschleuse ab, so daß Danzig nicht mehr wie früher von Eismassen der Weichsel bedroht ist. Sehr unterhaltsam ist eine Fahrt auf der Mottlau zur Toten Weichsel und auf dieser durch einen Kanal verkürzten Wasserstraße nach dem etwa eine Meile entfernten Meer, woselbst sich zu Neufahrwasser der neue Freihafen der Stadt Danzig befindet und Weichselmünde und das nahebei gelegene kleine Westerplatte nebst Brösen am Meer als stark besuchte, wegen des lebhaften Wellenschlags sehr beliebte Seebäder der Danziger unsere Aufmerksamkeit erregen.

Die durch Speicher, Kräne, Verladerampen, Hafenbassins und einen regen Schiffsverkehr belebte Wasserstraße Mottlau-Weichselmünde ist 50 bis 80 m breit und an ihrer Ausmündung in die Ostsee durch eine 800 m lange Ost- und über 200 m lange Westmole gesichert. Ein 700 m langes älteres Hafenbassin und der neue, 140 m breite Kaiserhafen bewältigen einen großen Teil des Schiffsverkehrs.

92

Abb. 71. Steilküste am Wachbudenberg. Gemälde von W. Eisenblätter (Zu Seite 137)

Östlich von der Mottlau und den erwähnten Waldhöhen breitet sich die Welt der Danziger Niederung, die nach Osten hin in der Elbinger und Marienburger Niederung ihre Fortsetzung und den Abschluß erhält. Es ist eines der eigenartigsten Gebiete Deutschlands. Urwälder bedeckten einst dieses alluviale Schwemmland der Weichselmündung, die man auf ein absolutes Alter von etwa 5000 Jahren schätzt. Vorher bewegten sich die Wassermassen der Weichsel im Urstromtal der Netze gen Westen. Reste der alten Waldungen sind noch stellenweise, besonders bei Culm, vorhanden. Der letzte Rest der alten Waldungen im Deltalande, unter dem Namen Herrengrebiner Wald bekannt, fiel erst um die Mitte des 19. Jahrhunderts. Heute sind nur vereinzelte Bäume und Baumgruppen erhalten und gemahnen melancholisch an die Zeiten, wo die Bruchwälder mit ihrem üppigen Unterholz und ihren gewaltigen Baumriesen bis vor die Tore Danzigs reichten und Bürger wie Bauern gern ihre Feste im Schatten der Wälder feierten. In diesem Gebiet, welches das Weichseldelta und den nördlichen Teil des östlichen Nogatufers ausfüllt, siedelten sich in der Zeit der pomerellischen Herzöge und noch stärker in der Ordenszeit, deutsche Bauern hier an, vom 16. Jahrhun=

dert an vorwiegend Bauern aus den Niederlanden (Mennoniten). Sie rodeten die Wälder, ohne sie ganz zu vernichten und gruben sich im Schweiße ehrlicher Arbeit hier eine neue Heimat. Heute ist das Land, im ganzen genommen, kahl und ein echtes Bauernparadies geworden mit aus dem Grün der umschattenden Obst= und Laubbäume hervorlugenden Gehöften, ausgebreiteten Feldern und Wiesen. Allenthalben aber sieht man vereinzelte Buschpartien und Bäume, überall auch kleinere und größere stille Wasserarme, die samt ihren Segelschiffen und gewölbten Brücken für diese Landschaft typisch sind. Einfache Kirchen, zum Teil noch in Holz= oder Fachwerkbau errichtet, jedoch innen mit bemerkenswerter Aus= stattung, gemalten Decken und geschnitzten Orgelgehäusen, Altären, Gestühlen und Brüstungen, vervollständigen das Bild dieses Bauernlandes. Früher hatte dies Gebiet viel unter der Gewalt der Frühjahrsüberflutungen der Weichsel zu leiden. Zwar hatte schon der Orden für eine Eindeichung des nur im Sommer und ersten Winter harmlosen, im Frühjahr aber um so mehr zu fürchtenden Stromes gesorgt und einen geregelten Deichdienst geschaffen. Trotzdem auch diese Bauten im Laufe der Jahrhunderte unentwegt verstärkt und vermehrt wurden, kamen Dammbrüche nur zu oft vor. Die im Süden (Galizien und Polen) schmelzenden Eismassen der Weichsel stoßen im Frühjahr vor, suchen sich ihren Abgang zum Meere, finden aber an den Eismassen der nördlichen, alsdann noch geschlossenen Decke des Stromes ihren Widerstand. Sie zertrümmern zwar diese Eismassen, aber es entstehen dadurch gewaltige Stauungen, durch die die nachfolgenden Wassermassen aufgehalten werden. Die drängenden Eis= und Wassermassen, hoch bis an die Krone der Deiche anschwellend, vermögen sehr wohl die Deiche an schwächeren Stellen zu durchnagen und ergießen sich dann durch die geschaffene Lücke in das Niederungsland mit seinem Bauernfrieden. Die sorgfältigste Umsicht und die angestrengteste Tätigkeit der Bewohner können solche Katastrophen nicht verhindern. Die Sandmassen veröden dann die Felder und Wiesen und machen diese auf Jahre hinaus ertraglos. Erwähnt sei hierbei noch, daß das Niederungs=

Abb. 72. Am Hafen zu Pillau. In der Mitte der Leuchtturm (Zu Seite 135)

Abb. 73. Strand mit Keitelkahn (Kurische Nehrung) Nidden. Gemälde von W. Eisenbätter (Zu Seite 142)

land eine von Süd nach Nord hin geneigte Ebene darstellt, deren Meereshöhe im Süden 9 Meter beträgt, während die nördlichsten Striche, durch Deiche und Dünen vom Meere getrennt, 1,8 Meter unter dem Meeresspiegel liegen! Erschütternd ist die Geschichte dieses Niederlandes im Banne der Weichsel. Unermüdlich, nicht achtend der Opfer an Gütern und Menschenleben, die der Strom fast alljährlich als Herrschertribut forderte, beseitigte man die Schäden und baute wieder auf, was zerstört war, kultivierte aufs neue, was zur Wildnis geworden. Am schreckensvollsten von den zahlreichen Durchbrüchen der neueren Zeit war jener zwischen Kossowo und Montau am 28. März 1855 und der bei Johnsdorf am Palmsonntag 1888. Die Verhütung solcher Überflutungen wird von Jahr zu Jahr sicherer. Deichverbände mit einem wohlorganisierten Heer von Aufsichtsführenden, Wächtern und Helfern sucht die Gefahr abzuwenden. Ergreifend hat ja der westpreußische, in Güttwalde geborene Dichter Max Halbe eine solche Katastrophe in seinem Schauspiel „Der Strom" geschildert. Heute bricht man mit besonders gebauten Dampfern die feste Eisdecke der Weichsel, die in harten Wintern bis 60 cm dick werden kann, beizeiten, damit die Schollen der unteren Weichsel ins Meer gelangen können und Raum für die nachrückenden Schollen der oberen Weichsel geschaffen wird. Nicht unpassend ist der Vergleich der Weichsel mit dem Nil. Denn wie dieser wird auch ihr Lauf von steilwandigen Höhen eingefaßt, die allerdings nicht lückenlos die beiden Ufer begleiten sondern wechselnd vorkommen. Ihre Deltabildung gleicht der des Nil und das Deltaland, wie das zwischen den Uferhöhen und dem Strom sich breitende, mit Weidengebüsch, Eschen und Pappeln bestandene Land sind Ablagerungen, die sie auf ihrem Wege mit sich brachte. Allerdings, ihr Gepräge ist ein nordisch düsteres. Die Weichselniederung und ihre Kultur aber mutet an wie ein nach hier versetztes

Stück Holland. Wenn man auch nicht den roten Backsteinbauten und den mit glänzenden Kacheln abgekleideten Wänden begegnet, so erfreuen doch die Sauberkeit der gefälligen Häuser, die Wohlgepflegtheit der Gärten, Felder und Wiesen, die Wohlhabenheit der Bewohner und die Üppigkeit der Pflanzenwelt und des Tierlebens in den Wassergräben des Landes. Mühlen und Schiffe verstärken diesen Eindruck des westpreußischen Holland, nicht zum letzten auch der Umstand, daß hier neben allerhand guten Käseorten in respektabler Menge auch Holländer Käse hergestellt wird und die „Quelle" dieser Käse echtholländisches Rindvieh ist.

IX. Weichselland

Bis 1920 umfaßte das deutsche Weichselland einschließlich des etwa 50 km langen Deltas 232 km der unteren Weichsel. Davon sind jetzt mehr als die Hälfte zum polnischen Staat geschlagen worden und der Rest gehört außerdem nur mit dem Ostufer zu Preußen. Das Westufer ist in seiner südlichen Hälfte polnisch geworden, in der nördlichen Hälfte gehört es zum Gebiet der Freien Stadt Danzig. Zu beiden Seiten der Hauptdeltaarme, nämlich der Dirschauer Weichsel und der Nogat, breiten sich die Niederungen, Werder genannt, und zwar zwischen den pomerellischen Hügeln und der nach Osten stark gekrümmten Dirschauer Weichsel die Danziger Niederung, von dort zur Nogat das Große Werder und jenseits östlich die Elbinger, südlich von dieser die Marienburger Niederung (Abb. 45). Von Marienburg aufwärts begleiten den Strom bald auf der einen, bald der anderen Seite steile, doch wenig anmutige Höhen. Sie treten an manchen Stellen hart an den Strom heran, an anderen bleibt ein breites flaches Schwemmland zwischen Strom und Höhen. Auch sandige Inseln, die früher mit Weidengebüsch, Erlen, Eichen und Pappeln erfüllt waren, gibt es noch vereinzelt. Sie sind heut meist kahl, weil die Stromverwaltung den Pflanzenwuchs dieser an sich romantischen Eilande beseitigt, um dem gefürchteten Eisgang ungehinderten Lauf zu verschaffen. Der Anblick des Stromes ist selbst im Sommer, auch bei niedrigem Wasserstande, eindrucksvoll. Begegnet man auch hier keinen so lebenstrotzenden Bildern wie auf dem Mittel= oder Niederrhein, so gewährt doch die blanke, breite Flut und die Ödnis der Ufer einen packenden Anblick. Spärlich ist der Segelschiff= und Dampferverkehr und gleichfalls nicht häufig zu erblicken sind die aus Polen und Galizien auf zusammengekoppelten Waldstämmen mit melancholischen Gesängen gemütlich meerwärts treibenden Flößer oder Flissaken. Auch die Zahl der Städte, die im Strom mit Burg und Kirche sich spiegeln, ist nicht groß, und statt der rheinischen Weinberge, Adelsschlösser und reizvollen Villen erblickt man hier nur stille einsame Uferhöhen, zum Teil mit der an die sarmatischen Gefilde mahnenden pontischen Steppenflora übergrünt. In seltsamem Gegensatz zu dieser Einsamkeit des Stromes steht die deutsch bewußte Art der wenigen Städte, deren Reigen im Süden das stattliche Thorn eröffnet. Darauf folgt nach einer eintönigen Strecke schöne Laubwaldung bei Ostrometzko, worauf die 1325 m lange Eisenbahnbrücke bei Fordon eine kleine Abwechslung in das Bild bringt. Uferhänge rahmen den Strom ein, dann kommt Niederungsland, durch Dämme gesichert, und malerisch taucht plötzlich auf der Höhe über dem Strom ein altersgraues Stadtbild auf: Culm. Schräg gegenüber Schwetz, gleichfalls auf hoher Warte über dem Fluß. Einst gedieh in der dahinter liegenden Niederung des Culmer Landes Weinstockskultur. Die durch italienische und griechische Weine verwöhnten Ritter würden ihn nicht gepflegt haben, wenn er nicht trinkbar gewesen wäre. Ja, sie versandten ihn sogar und kredenzten ihn stolz ihren Gästen, ein Beweis, daß er doch wohl gut gemundet haben muß. Noch heute baut man ihn im Klostergarten von Schwetz, und der westpreußische Dichter Johannes Trojan, der ihn als 70 jähriger das erstemal trank, bekundet, daß er süßer und angenehmer geschmeckt habe als mancher Mosel. Wir wollen ihm glauben. Hoch über grüner

96

Abb. 1. Burg Allenstein. Gemälde von W. Eisenblätter (Zu Seite 122)

Abb. 13. Rastenburg, Blick auf die Georgikirche. Gemälde von W. Eisenblätter
(Zu Seite 152)

Abb. 26. Heilsberg. Gemälde von W. Eisenblätter (Zu Seite 128)

Abb. 74. Auf der kurischen Nehrung. Gemälde von W. Eisenblätter (Zu Seite 139 ff.)

Weichselschlucht liegt Sartowitz, das sagenumzogene Teufelsdorf, dann kommt
Graudenz mit einem alten Turm der Ordenszeit und der Feste Courbière in Sicht.
Nicht weit davon ragt die malerischste Ordensburgruine des Landes: Rehden.
Jetzt folgen das anmutige Montau und die Fiedlitzer Höhen, und dann die
Niederung von Marienwerder, ohne daß man Stadt und Schloß erblickt. Beide
liegen etwa 5 km landeinwärts. Hier sind wir auf deutschem Boden, bis über
Montau hinaus aber betrauern wir polnisch gewordenes deutsches Land. Außer=
ordentlich fesselt uns der Anblick der überaus lebhaft gestalteten Gruppe der
bischöflichen Burg und des Domes von Marienwerder. Ursprünglich als Ordens=
burg erbaut, wurde sie 1254 Bischofssitz und etwas später Sitz des Domkapitels.
Mächtig springt vom steildachigen Schloß auf hohen Bogen ein 55 m langer
gedeckter Gang auf 5 kantigen Pfeilern vor, um mit einem schlanken Turm jäh
gegen das Land hin abzubrechen.

Rasten wir ein wenig im Schatten dieses deutschen Ritterstolzes, nachdem
wir auch den Dom, der einen kunstvollen Reliquienschrein mit gemalten Wänden
aus dem 14. Jahrhundert und sehenswerte italienische Mosaikgemälde aufweist,
betrachtet haben und vergegenwärtigen uns die Eigenart und Bedeutung der
Ordensburgen, zumal wir auf unserer weiteren Wanderung manches an ihnen sehen
werden. Schwer sind die gegen den deutschen Ritterorden erhobenen Vorwürfe.
Das Widersinnige in seiner Verbindung mönchischer Würde und weltlicher Be=
strebungen, das Unsinnige der Vereinigung friedliebender Mönchs= und harter
Kriegernatur, die spätere Verkommenheit seiner Mitglieder und der unnahbare
Stolz während seiner Blüte werden noch heute angeführt. Man vergißt zu leicht
dabei, daß jedes irdische Ding seinen Zweck und sein Ziel hat. Der Orden war
eine Geburt der Kreuzzüge. Religiöse und zugleich ritterliche Ideale, zwei Dinge,
die sich in jener Zeit eigentümlicher Auffassung des Christentums als etwas
ganz Natürliches und Löbliches ergaben, brachten die sonderbare Verschmelzung
von Mönchs= und Rittertum zuwege. Mit idealen Trieben erschien der Orden
an der Weichsel und führte seine Aufgabe glänzend durch. Was er geleistet
hat, geht daraus am besten hervor, daß er mit 10 Rittern unter Hermann
Balk seine Mission begann und selbst in den Zeiten der höchsten Blüte wie der
größten Not in den zahlreichen Burgen nie mehr als insgesamt höchstens 500
Ritter zählte. Alles übrige waren Laien und Söldner. Als dann die alten
Ideale sanken, sich allenthalben in den Schichten des Volks wie der Geistlichkeit
Verwahrlosung einschlich, da blieb auch das seelische Adeltum der Ritter nicht
unberührt. Von diesem Wurm der Zeit zerfressen, von dem nach Selbstherrlichkeit
strebenden Adel und der Städte im Lande bedrängt und angegriffen, verfiel der
Orden und verging schließlich im Strome der Zeit. Deshalb haben auch die
Worte Martin Luthers, die er 1523 an den Orden richtete, nur Geltung für
die Zeit des völlig in der Auflösung begriffenen Ordens: „Ewr orden fur war
eyn seltzamer orden ist, derhalben am meysten, das er zu streyt furen widder
die unglewbigen gestifftet ist, darumb er mus das welltlich schwerd furen und
welltlich seyn, und soll doch zu gleych auch geystlich seyn, keuschheyt, armut und
gehorsam geloben und halten wie ander männich. Wie sich das zusamen reyme,
leret teglich erfarung und vernunfft alltzu wol." (Aus der Schrift „An die
Herren deutsch Ordens, daß sie falsche Keuschheit meiden und zur rechten ehe=
lichen Keuschheit greifen".) So bewundernswert das Schaffen und die Durch=
führung der Kulturaufgaben des Ritterordens in Preußen sind (die Grausam=
keiten hörten stets mit dem Augenblick auf, wo sich die Bekämpften unterwarfen.
Sie geschahen also doch wohl aus dem Zwecke reiner Notwehr und der Ab=
schreckung zwecks schnellerer Eroberung und Erreichung des Friedens), so wundervoll
sind auch die Bauten dieses Ordens, die etwas ganz Einzigartiges in der Welt
darstellen. Die Burgen waren ritterliche Klöster. Sie ähnelten in ihrer Anlage
den geistlichen Klostersiedelungen, nur daß sie sich von diesen rein friedlichen Ge=

bilden durch ihr kriegerisches Gepräge unterschieden. Der Kern einer solchen Ordensburg war immer die Klausur: Ein Kreuzganghof, der nicht wie bei den Klöstern aus einem Arkadengeviert zu ebener Erde bestand, sondern sich mit zweigeschossigen Arkaden hoch emporreckte. Um den unteren Arkadengang schlossen sich Wohnstube, Küche, Kellerei und andere Wirtschaftsräume. Die Türen im oberen Geviert führten zu den Schlaf-, Speise- und Aufenthaltsräumen der Ritter sowie zur Burgkirche. Auch befanden sich in diesem Geschoß die Wohnräume für den Burgverwalter (Komtur) und den Schatzmeister. Ein mächtiger Bergfried erhob sich in einer Ecke, und neben der Kirche befand sich der Friedhof für die Ritter. Diese Hochburg war durch eine Vorburganlage hinlänglich gesichert, und zwar dergestalt, daß, wenn der Angreifer in die Vorburg eingedrungen war, er vor einer besonderen Burg stand und sich in einer sehr üblen Falle befand, da von der Hochburg die Vorburg allseitig zu beherrschen war. Diese Vorburg, die die Wohnungen für die Laienbrüder und Dienstleute des Ordens enthielt, wies Ställe, Scheunen und sonstige Wirtschaftsgebäude auf, da die Burgbesatzung sich durch eigenen Grund und Besitz erhalten mußte. Aufs beste waren die Gebäude und Umfassungsmauern mit Granitfindlingen fundamentiert, die Mauern selbst aber aus harten Ziegeln in straffer Einheitlichkeit und sparsamer, jedoch bewußter

Abb. 75. Am Strande des Seebads Rauschen an der Samlandküste (Zu Seite 138)

Anwendung von Schmuck so durchgeführt, daß man bewundernd vor diesen Schöpfungen ausgeglichener Kunst steht. Ähnlichkeiten der Anlage finden sich wohl allenthalben an romanischen Burganlagen in Italien, wo der mit Kaiser Friedrich II. befreundete Hochmeister damals seinen Sitz hatte. Für die architektonische Durchführung der Bauten und ihre ornamentalen Zierden wirkten wohl auch italienische, französische, englische und deutsche Anregungen mit, doch ist das im Preußenlande Gewordene trotzdem etwas ganz Eigenes. Mustergültig sind auch die hygienischen Anlagen. Wasserläufe wurden in das Burgreich gezogen, damit in Belagerungszeiten der Burggraben gefüllt werden konnte, der Brunnen im Kreuzganghof stets gutes Trinkwasser enthielt und die Danzker gespült werden konnten. Diese Danzker (diejenigen Marienwerders haben wir erwähnt), die weit hinaus vor die Mauern auf hohen Pfeilern sich erstreckten, waren die Abortanlagen der Ordensburgen. Auch für eine zentrale Heizung war gesorgt. Im Erdgeschoß wurden Steine erhitzt und die heiße Luft wurde durch Steinschächte unter den Fußböden der Räume aller Geschosse geleitet und fand durch vergitterte Öffnungen Eingang in die einzelnen Räume. Die verbrauchte Luft aber wurde durch einen anderen Schacht im oberen Teil des Raumes aufgenommen und fortgeleitet. So sehen wir mitten im Feindesland unter Bewältigung schwer durchführbarer Kulturaufgaben eine Bau- und Zierkunst auf das bedachteste und vorbildlichste pflegen, wahrhaft ein nicht verwelkendes Ruhmesblatt des Ordens und mit ihm des Deutschtums.

Abb. 76. Samlandküste zu Rauschen (Zu Seite 138)

Setzen wir nun unsere Weichselfahrt fort, die zugleich eine Pilgerfahrt zur Marienburg, der schönsten aller Ordensburgen sein wird. Das nahe Mewe drüben im heute polnischen Gebiet zeigt gleichfalls eine wehrhafte Burg. Dann taucht die Montauer Spitze auf, wo sich die Weichsel in die Dirschauer Weichsel (60 km lang) und die Nogat (45 km) teilt. Die Abzweigung zur Nogat ist heute künstlich zu einem Kanal verschmälert, um die Hauptmasse der Wasser und des Eises in die Dirschauer Weichsel zu leiten und so die Marienburger Niederung vor Überflutungen zu schützen. Unsere Fahrt geht durch die Nogat. Zu beiden Seiten dehnen sich die fruchtbaren Niederungen des Marienburger Werders, wahrhaft ein Land, wo Milch und Honig fließen, aber auch der Weizen in Pracht gedeiht (Abb. 44).

Doch, da erscheint bereits unser Ziel, Türme zeichnen sich vom Horizont ab, und beim Näherkommen sehen wir zusammengepicht am flachen Uferrande altertümliche Häuschen, dahinter ein höchst malerisches Durcheinander niedriger und höherer Türme und Burgmauern, bis sich mit jedem Augenblick des Näherkommens das Bild klärt und zu der imposantesten Burganlage entwickelt, die je irgendwo der deutsche Boden trägt. Jetzt schweben wir an den einzelnen Bauteilen vorüber, den äußeren Umfassungsmauern und dem stark vorgeschobenen Danzker, dem kubusartigen Hochschloß mit dem schlankkräftig darüber hinausragenden Bergfried, zu Füßen, vor der Nogat, die beiden runden Tortürme der einstigen Nogatbrücke, dem weit vortretenden Palast des Hochmeisters und seinen wieder zurücktretenden Nebengebäuden. Ja, das ist lebendige Kunst, stolze, deutsche Wacht haltend an der Weichsel, umspielt von Wind und Wetter, verkörpernd die geistige Überlegenheit seiner Schöpfer, die die Kultur in dieses Land pflanzten.

Der Platz, den wir von der Nogat her überschritten, gehörte zu der ausgedehnten Vorburg. Am Nordende der Burg betreten wir durch ein hohes Portal den Hof des Mittelschlosses. Er ist von starken Baummassen umfriedet und außen rundum durch tiefe Gräben gesichert. Geradeaus nimmt hier unsern Blick die hohe Baumasse des Hochschlosses und die rechts im Hofe sich erhebende, reichgegliederte Front des Hochmeisterpalastes in Bann. Hinter uns schließen Krankenhaus und Komturei den Hof und an der linken Seite die niedrigen Baulichkeiten für die einstigen Gäste der Burg. Über den ansteigenden Hof hin betreten wir das Hochmeisterhaus, das nach den Plänen des rheinischen Baumeisters Nikolaus Fellensteyn aus Coblenz 1398 vollendet wurde. Es enthält im oberen Geschoß als bewundernswerteste Gemächer den Winter und den nach der Nogat hin gelegenen Sommerremter, zwei benachbarte Räume mit quadratischem Grundriß, der erste 12,5 m, der andre 14 m im Geviert messend bei 10 bzw. 8 m Höhe. Beide sind durch je einen sehr schlanken Granitpfeiler gestützt, der in ein hochedles Palmengewölbe übergeht und das in überaus klassischer Gotik gestaltete Sterngewölbe des Raumes trägt. Diese beiden Prachträume des Hochmeisterhauses sind in der Welt unübertroffene Blüten der gotischen Baukunst. Das in ost und westpreußischen Kirchen häufig anzutreffende Sterngewölbe der Burgen, Kirchen und Rathäuser ist meist höchst kunstvoll ausgebildet und scheint preußischbodenständige Kunst zu sein, während das Palmengewölbe, dem wir in seiner feinsten Gestaltung im Hochmeisterhaus der Marienburg begegnen, englischen Ursprung verrät. Man hat solche Palmengewölbe in Salisbury und Lincoln schon vorher errichtet, und bei den regen Wechselbeziehungen des Ordens und Englands, den öfteren Besuchen angesehenster Persönlichkeiten Englands im Ordenslande und umgekehrt ist es anzunehmen, daß geistiger Austausch von Plänen und Entschlüssen auch auf dem Gebiete der Kunst erfolgt sind. Der Rittersaal im Hochmeisterhause, der beinahe 30 m lang, 14 m breit und 9 m hoch ist, wird von drei roten Granitpfeilern mit gleichen Palmengewölben getragen, wodurch der Eindruck einer gotisch stilisierten Palmengruppe auf das überraschendste erreicht wird. Die Stärke der Pfeiler dieses Saales beträgt nur 38 cm!

Das Hochschloß, rundum durch einen tiefen Zwinger isoliert und durch hoch und im Winkel führende Brücken zugängig, zeigt den Typus der Ordensburgen in edelster Verkörperung (Abb. 42 u. 43). Hochragend, glatte, verschlossen wirkende Wände mit strengen Fenstern und finsteren Wehrluken unter dem Dach, überragt von dem ritterlichen Turm. Am Eck die Burgkirche, mit dem Chor gegen das Land hin vorspringend. Die äußere Chorseite trägt das mehr eigenartige wie schöne Riesenmosaikbild der Gottesmutter in deutsch-gotischer Auffassung, aber durch italienische Mosaiktechnik wiedergegeben. Das etwa 8 m hohe Bild leuchtet blendend ins Land hinein. Zur Seite der Kirche zwischen Burg- und Wehrmauer liegt verborgen der stille Parcham, der Friedhof der Ritter. So recht ein Sinnbild der Natur dieses Ordens wie der einzelnen Ritter ist diese Burg. Nach außen hin hart, streng, kriegerisch sich gebend, das Innere aber erfüllt von religiösen Idealen und deutscher Gemütstiefe. Denn so unnahbar und abweisend das Äußere der Burg sich gibt, betritt man den Hof des Hochschlosses, die Klausur, so ist man von einem Reich der Verträumtheit befangen. Im zweigeschossigen Hof, der durch schöne Arkadenfenster geschmückt ist, der überdachte Brunnen, das Ganze in seiner ziegelrot leuchtenden Schönheit ein Bild der Entspannung, des frohen Geborgenseins. Durch die Türen des oberen Geschosses betritt man wundervoll gewölbte Räume, Säle mit verschiedenen Bestimmungen für die Gemeinschaft der Ritter und die anheimelnden Gemächer des Schatzmeisters und Hauskomturs. Stimmungsvoll in seiner dunkelbunten gotischen Pracht ist der dämmerige Kapitelsaal und wundersam die Kirche mit ihren kostbaren Malereien, die zum Teil Meister Wilhelm von Köln zum Urheber haben sollen. Die weit umfassende Welt des Ordens brachte es mit sich, daß er sich der Kunst der verschiedensten Gebiete bediente, alles aber bewußt einem preußischen Grundzug einordnete. So sehen wir auch hier niederdeutsche Malerei, italienische Mosaiken, arabische Terrakotten mehr oder weniger ins Ordenspreußische umgeprägt. Ein besonderes Schmuckstück ist die goldene Pforte, der Eingang zur Kirche, ferner die daruntergelegenen Eingänge zur Annenkapelle, in welcher 11 Hochmeister ihren ewigen Schlaf halten. Verhältnismäßig spät wurde die Marienburg errichtet. Sie bildete den Ab-

Abb. 77. Strand bei Warnicken an der Samlandküste (Zu Seite 137)

Abb. 78. Wolfsschlucht zu Georgenwalde an der Samlandküste. Im Hintergrunde das Meer
(Zu Seite 137)

schluß und die Bekrönung der Burgenbauten, die zur Sicherung des Erworbenen entstanden. Ihre Lage als Schlußstein und Sitz der obersten Verwaltung des Ordens ist wohl bedacht. Denn sie ist dort errichtet, wo sich die beiden Grenzlinien der Ordensmacht im Winkel treffen: im Knie der Weichsel- und der Frischen Hafflinie. Im Jahre 1309 wurde die ältere Marienburg von dem Hochmeister Siegfried von Feuchtwangen bezogen, nachdem bis dahin die Ordenshochmeister in Italien (zuletzt Venedig) gewohnt hatten. Erst im Laufe des 14. Jahrhunderts entstand die Marienburg in ihrer heutigen Gestalt, hauptsächlich unter der Regierung des Hochmeisters Winrich von Kniprode.

Die Stadt Marienburg breitet sich südlich und westlich des Ordensschlosses. Sie war im Gegensatz zu anderen Städten des Ordenslandes stets dessen treue Stütze und hat sich noch manches bedeutsame Gebäude aus jenen Zeiten erhalten, in denen sie dem Orden die Treue auch dann noch bewahrte, als dessen Untergang schon besiegelt war. Besonders bemerkenswert ist das Rathaus, das sich in seiner ursprünglichen Form (14. Jahrh.) bis heute erhalten hat. Auch die Laubengänge der Markthäuser sind zum Teil noch vorhanden, desgleichen auch zwei Stadttore. Schon während der Erbauung der ersten Veste an der Nogat hatte sich in deren Schutz eine städtische Siedelung entwickelt, die bereits 1276 Stadtrecht erhielt. Durch die glänzende Hofhaltung der Hochmeister, die vielen angesehenen Besuche entwickelte sich naturgemäß auch das Handelsleben der Stadt und die Pflege der Wissenschaften und Künste. Beherbergte doch Marienburg eine Zeitlang eine Rechtsschule (juristische Fakultät). Mit dem Verfall des Ordens sank auch die Stadt immer mehr zur Bedeutungslosigkeit hinab, zumal wie überall, so auch hier in der Zeit der polnischen Herrschaft nichts für die Förderung der Städte getan wurde. Kein Bautum, keine Stätte zur Pflege der Wissenschaften und Künste entstand unter der Polenherrschaft, nur Verfall und Verwahrlosung waren die Zeichen der Fremdherrschaft. Günstiger gelegene Städte zogen Handel und Verkehr an sich, und als vollends im 19. Jahrhundert wegen absichtlicher Ableitung die Wasser der Weichsel nicht in alter Fülle durch die Nogat fließen konnten, da versandete die Nogat, und der letzte Rest der Schiffahrt erlosch. Erst in jüngster Zeit nahm die Stadt erneuten Aufschwung. Die führenden Männer der Stadtverwaltung legten sich energisch für die Hebung der Verhältnisse ein. Diesen Bemühungen ist es zu verdanken, daß kurz vor dem Kriege die Nogat wieder für 400 t-Schiffe fahrbar gemacht wurde, und die Stadt selbst tat ihr Möglichstes zur Förderung. Sie legte umfangreiche neue Hafenanlagen an, die den Transport der landwirtschaftlichen Erzeugnisse des fruchtbaren Hinterlandes,

Abb. 79. Wanderdünen der Kurischen Nehrung. Zwischen den unvermittelt zum Haff (links) abfallenden Dünen eine Oase. In der zweiten Bucht gleichfalls ein Vegetationsfleck (Zu Seite 140)

Abb. 80. Kurische Nehrung bei Rossitten. Vorn die Ebene an der Meeresseite, mit Buschwald und Moor ausgefüllt; dahinter die zur Haffseite ansteigenden Wanderdünen (Zu Seite 140)

namentlich Zuckerrüben, vermitteln, sie sorgte dafür, daß die Schleusenanlagen bereits für 600 t-Schiffe ausreichend sind und schuf neben dem Hafen auch ein in der Nähe des Hauptbahnhofs gelegenes ausgedehntes Industriegelände, das eine namhafte Industrie ins Leben rief. Nicht weniger als 16 neue Betriebe haben sich hier angesiedelt, unter denen die Holzindustrie vorwiegt. Durch die seit 1920 geschaffenen neuen Grenzverhältnisse ist überdies ein reger Transitverkehr entstanden, da jenseits der Nogat das Gebiet der Freien Stadt Danzig liegt und nahe Dirschau schon polnisch ist. Eine beachtenswerte Zahl von Eisenbahnlinien gehen durch Marienburg. Es verkehren täglich nicht weniger als 20 D-Züge und 60 Personenzüge in den verschiedenen Richtungen. Ein Luftschiffhafen sorgt für den regelmäßigen Flugzeugverkehr zwischen Marienburg und Danzig, welche Strecke in 13—24 Minuten durchflogen wird. Wie stark überhaupt der Verkehr zwischen den drei fremden Gebieten ist, beweist, daß über die neue Nogatbrücke täglich mehr als 7000 Fußgänger, über 1100 Fuhrwerke und 700 Kraftwagen verkehren.

X. Durchs Oberland bis zur Passarge

Oberland, das klingt beinahe süddeutsch, wenn nicht gar alpin! Nun, wenn es sich auch im ostpreußischen Oberland nur um Hügel handeln kann, so liegt dies Land, wie der Name besagt, doch eben höher als das Unterland am Meer bzw. am Haff. Und die Wasserwege von den Seen des Oberlandes (Abb. 46) steigen über Kanalstufen volle 100 m innerhalb nur zweier deutscher Meilen hinab. Das ist doch schon etwas. Reisen wir also getrost mit Berggedanken ins Oberland, frischweg wie einst die Ordensleute, wenn auch nur um Schönheit einzufangen und prächtige Blicke auf Hügel, Wälder und Seen zu erobern. Wir fahren durch die fetten Auen der Marienburger Niederung und kommen dabei durch stattliche Dörfer, denen aber die oft nur aus Fachwerk errichteten Kirchen des 18. Jahrhunderts wenig entsprechen. Vielfach steht der Kirchturm allein und ist ein schlichtes hölzernes Glockengerüst. Dafür aber überraschen manche dieser Kirchen wie die zu Katznase und Stalle durch ihr Inneres. Doch schöner im äußeren sind die Bauernhäuser hierzulande, mit reichem an die Frankenlande erinnernden Fachwerk, recht bäuerlich stolz, wozu die großen Laubenvorbaue an der der Straße zugewandten Langseite viel beitragen. Diese Laubenvorbaue sind so geräumig, daß ein breites Fuhrwerk ungehindert hindurchfahren kann und sie gewähren den Vorteil, daß man vor etwaiger Wetterunbill geschützt den Wagen besteigen bzw. ihm entsteigen kann. Außerdem ist dem Vorbau, der auf starken Holz= bohlen steht, ein Stockwerk aufgesetzt, dessen Giebel dieselbe reiche Musterung des Fachwerks zeigt und dessen weitvorspringendes Dach den Vorbau selbst beinahe zum Hause macht, jedenfalls oft die Hälfte der Breitseite des ganzen Hauses einnimmt. Bewohnt wird dieses Obergeschoß der Laube nicht; es dient stets nur zur Aufbewahrung von Feldfrüchten oder Gerät. Öfter finden sich kleine Vorgärten, doch auch wenn diese fehlen, ist der Vorplatz freundlich durch Gebüsch, Blumen, Rasen und sauber gehaltene Wege, vor allem auch starke, schattende Bäume ausgezeichnet, wie denn überhaupt die Bauernhäuser dieser Gegend wie auch des gesamten Oberlandes sich durch Reinlichkeit hervorheben. In manchen Gegenden, zu denen auch die Werder im Weichseldelta gehören, ähnelt die An= lage der etwas von der Straße zurücktretenden Bauernhäuser und ihre peinliche Sauberkeit und Gepflegtheit der wohl unübertrefflich schmuckhaften Bauerngegend an der Unterelbe, namentlich bei Glückstadt, wie im Altenlande und den Vier= landen. Kein Wunder, kreist doch in den Adern der hiesigen Bauern auch reichlich niedersächsisches Blut. (Abb. 44, 45.) Weiter führt uns der Weg über das in frucht= barster Gegend gelegene Städtchen Stuhm. Hier erblicken wir schon „Berge", denn Stuhm, in dem uns umfangreiche Reste der alten Ordensburg auffallen, liegt in einer buckeligen Welt zwischen zwei Seen. Über anmutiges Hügelland gelangen wir südöstlich nach dem sehr hübschen Städtchen Riesenburg (etwa 5000 Einw.), gleichfalls des Schmuckes eines Sees nicht entbehrend. Von der Riesenburg sieht man nur noch wenige Mauerstücke, doch vermag das Städtlein durch eine genügende Zahl ansehnlicher alter Bürgerhäuser zu entschädigen. Die Burg, bereits 1277 gegründet, war lange Zeit Sitz der pomesanischen Bischöfe, deren Domkapitel in Marienwerder residierte. Mehr praktisch als pietätvoll ist es, daß die Riesenburger einem schönen alten Stadtturm einen in keiner Weise passenden Aufbau gegeben haben, der als Wasserbehälter dient. Besondere An= ziehungskraft übt die waldreiche Umgebung aus, namentlich beliebt sind in ihr die zwischen schluchtendurchzogenen Hügelwelten gelegenen Luftkurorte Neue und Alte Walkmühle. Am Sorgensee, wenig nördlich von der Stadt, birgt sich in träumerischer Abgelegenheit die älteste Ordenskirche des Landes, Riesenkirch ge= nannt. Sehr reich ist die ganze Gegend, wie aber auch alle übrigen Teile Ostpreußens, an vorgeschichtlichen Fundstätten und Burgwällen.

Südlich führt eine Bahn nach dem Städtchen Freystadt, in dessen Nähe Gut Neudeck liegt, das Familiengut der Herren von Beneckendorff und Hindenburg, aus dem der Befreier Ostpreußens stammt. Südöstlich von Riesenburg treffen wir auf ein Städtchen mit dem schönen Namen Rosenberg, dessen aus dem 14. Jahrhundert stammende Pfarrkirche einen beachtenswerten Giebel wie auch eine sehr schöne Innenausstattung (18. Jahrh.) besitzt. Nördlich von Rosenberg, am Gaudensee, überrascht Finkenstein, eins der stattlichsten Schlösser Ostpreußens. Es ist im Stile Ludwig XIV. und XV. erbaut, gehörte früher den Herren von Finkenstein und ist jetzt im Besitz der Burggrafen von Dohna=Schlobitten. Der Park ist in französischem Stil gehalten und gewährt Prachtblicke auf den von etwa 300 wilden Schwänen und vielen andern Vögeln belebten kleinen See. Da einer der Grafen von Finkenstein Ober=Gouverneur des jungen Kronprinzen und

104

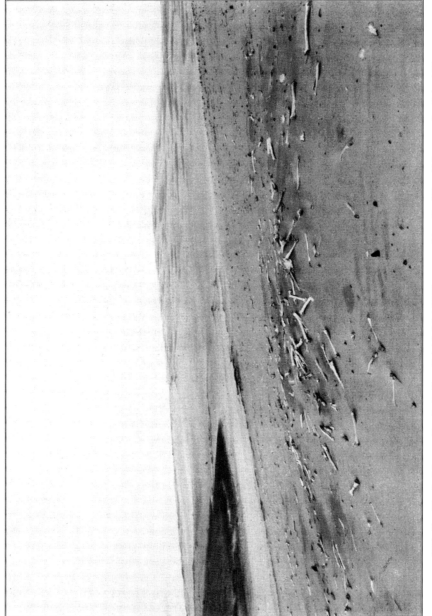

Abb. 81. Wanderdünen mit aufgedecktem Friedhof bei Pillkoppen auf der Kurischen Nehrung (Zu Seite 140)

Abb. 82. Der Predinsberg in den Wanderdünen der Kurischen Nehrung. Rechts oben das Kurische Haff
(Zu S. 140)

nachmaligen Königs Friedrichs II. von Preußen war, so ist manches Kunstwerk als Geschenk der königlichen Familie nach Finkenstein gekommen. Unter den zahlreichen Gemälden fesselt besonders ein höchst seltenes Jugendbildnis Friedrichs II. als Kronprinz und seiner Schwester Amalie. Eine Reihe von Zimmern bewohnte monatelang Napoleon I. in der Zeit zwischen den Schlachten von Eylau und Friedland. Das Bett, das er benutzt hat und die eisernen Türriegel, die sein Gefolge zur größeren Sicherheit anbringen ließ, sind samt den Gemächern im ursprünglichen Zustand erhalten. Südlich, mit der Bahn von Rosenberg aus zu erreichen, liegt die anmutige Dorfidylle Sommerau an der Ossa, eine halbe Stunde von dort entfernt Schloß Schönberg, das im 14. Jahrhundert von den Ordensleuten erbaut wurde, und von dem noch die alten vier Türme und die gemauerte Bogenbrücke erhalten ist. Die Domherren von Pomesanien wohnten einst hier. Heute gehört das Schloß, in späteren Zeiten umgebaut, den Burggrafen von Dohna. Hier wie überall im Lande entzückt die ungestörte Weihe einer gepflegten Natur. Keine Wildnis im eigentlichen Sinne ist vorhanden, aber Wälder und Feldfluren, Bäche wie Seen, Täler und Höhen tragen ein durchaus ländliches Gepräge, in dem nur in der Nähe von Städten das nüchterne Gesicht der neuen Zeit auftaucht. Frische und Würze weht über den Fluren, und üppig ist die Blumenpracht der Wiesen und Wälder, in denen die Rotbuchenbestände besonders zahlreich sind.

Der Schienenweg leitet uns von Sommerau weiter nach dem von der polnischen Grenze heute nur noch eine deutsche Meile entfernten Deutsch-Eylau, einem Bollwerk des Deutschtums. Die rege Stadt, die heute durch und durch deutsch ist (die 5% Polen, die in der Abstimmung im Jahre 1920 für Polen stimmten, sind verzogen), zählt 10000 Einwohner und füllt eine am Südende des

Geserichsees vorspringende Halbinsel. Noch steht die schöne alte Ordenskirche, umblüht von geschmackvollen Anlagen; vom Zuge der neuen Zeit kündet die architektonisch gut wirkende Stadthalle, die 1000 Personen faßt und in der hier, hart an der polnischen Grenze, während des Winters die Werke deutscher Dichter und Musiker auf das Herz des sonst so leicht rauhen Grenzlers wirken. Auf dem See herrscht je nach der Jahreszeit reger Ruder-, Segel- oder Eissport. Der 38 km lange Geserichsee eignet sich auch vorzüglich zu solchen Zwecken. Er und seine bis Saalfeld führenden Fortsetzungen bilden die westlichste der drei nordsüdlichen Hauptseenrinnen des Oberlandes westlich der Passarge. Als zweite ist die gleichlaufend gerichtete Seenreihe zu betrachten, die in Osterode mit dem Drewenzsee beginnt und dem Rötloffsee endet. Die dritte Reihe wird von dem Eissingsee im Süden und dem nördlich sich anschließenden Mahrung- und Nariensee gebildet. Dann folgt östlich die vielgeschlängelte Passarge. Zwischen den Seenreihen hügelt sich das Land recht mannigfaltig und birgt eine Fülle kleinerer Seen. Nachdem wir noch einen Abstecher nach dem hart an der polnischen Grenze belegenen, aber doch vollständig in deutschem Gebiet befindlichen Karraschsee unternommen haben, der besonders reich an Wasservögeln und wilden Schwänen ist, streben wir mit einem Dampfer auf dem Geserichsee nordwärts. Reizvoll ist der Wechsel der zahlreichen Buchten und der Laub- und Nadelwaldungen, und vielleicht haben wir das Glück, etwas von der Fülle der Wasservögel, unter denen sich auch Reiher befinden, zu sehen. In der nördlichen Hälfte, wo der See die weiteste Ausbuchtung zeigt, biegt nach Osten hin der oberländische Kanal ab, um bei Liebemühl in den Bärtingsee zu münden. Nördlich vom Geserichsee taucht Saalfeld auf, ein Städtchen, von dem nichts zu sagen ist, als daß es wie viele andere südostpreußische Orte an einem See liegt, wie alle ein recht fühlbares Straßenpflaster besitzt und sein Name daran erinnert, daß die Begründer des Städtchens aus dem oberen Saaletal stammen.

Abb. 83. Stranddistel auf der Kurischen Nehrung (Zu Seite 140)

Etwa eine Stunde nordwestlich erheben sich über einem kleinen See der einsame Turm und die Fundamente der 1329 erbauten starken Ordensfeste Preußisch=Mark. Sie diente im 15. Jahrhundert den Komturen von Christ=burg als Residenz. Von hier bietet sich eine angenehme Wanderung am großen Mottlausee entlang zur schöngelegenen Försterei Danielsruhe und weiter durch Wald am inselgeschmückten Gembensee vorüber nach Christburg. Auch dieses war, wie der Name andeutet, einst Komtursitz, hat aber heute wenig mehr von alter Zeit aufzuweisen. Die Bahn mag uns von hier über Miswalde nach Mohrungen, der Geburtsstadt Herders führen. Der Marktplatz trägt ein formen=schönes gotisches Rathaus, auf dessen Dach ein starker Turm mit geschicktem Renaissancehelm sitzt. Die aus der Ordenszeit stammende Kirche weist wie alle gotischen Kirchen des Landes ein Sterngewölbe auf und eine barocke Ausstattung. Letztere ist zum Teil, namentlich Altar und Kanzel, von dem Nürnberger Bild=schnitzer Gellert im 17. Jahrhundert meisterlich gefertigt. Nahe westlich der Stadt befinden sich ausgedehnte Waldungen, darunter die 10000 ha große Forst des Fideikommisses Gr. Bestendorff mit überaus herrlichen Eichen= und Buchenbe=ständen. Östlich aber gelangt man in einer Stunde zum Nariensee, einem der reizvollsten aber auch tiefsten Seen des Oberlandes. An verschiedenen Stellen hat man eine Tiefe von 50 m ermittelt. Doch ist der nordöstlich vom Narien=see, in der Nähe von Liebstadt befindliche Wuchsnigsee noch tiefer. Man hat in ihm Tiefen bis zu 64 m gemessen. Das Wasser dieses wie vieler anderer ostpreußischen Seen zeichnet sich durch eine auffällige Klarheit, bzw. Durchsichtig=keit aus. Diese ist durchschnittlich größer als bei den oberbayrischen und dem Bodensee und kommt den Schweizer Alpenseen gleich. Sie beträgt beim Wuchsnig=see im Sommer 10 m und ist damit der Durchsichtigkeit des Genfer Sees gleich. Schöner noch als der Nariensee ist der südlich davon sich ausdehnende Mahrung=see mit seinen wechselvollen Blicken auf Buchten und Waldhügel. Von hier den langgestreckten Schillingsee überquerend, gelangen wir nach der seeumwehrten Stadt Osterode (16000 Einw.). Man hat die Wahl, von hier mit dem Dampfer auf dem Drewenzsee nordwärts zu fahren oder eine angenehme Waldwanderung an den Seen entlang zu unternehmen, um in Liebemühl einen neuen sehr reizvollen Punkt zu erreichen, von dem aus sich „unbegrenzte" Möglichkeiten zu Wande=rungen und Wasserfahrten ergeben. Aus einer um eine Ordensmühle entstandenen Siedelung an dem „Liebe" genannten Wässerchen ist das Städtchen geworden, das sein kleinstädtisches Gepräge niemals verleugnet hat, auch heute nicht, wo man erkannt hat, daß es, so recht in der Mitte des schönsten Gebietes gelegen, der günstigste Standort für Fahrten und Wanderungen im Oberlande ist. Prächtig sind schon die nahen südlichen Umgebungen, namentlich der Kesselsee, an dessen Ufern in einem alten, schönen Park das Gut Karnitten sich birgt. Auch der Gehlsee mit seinen bewaldeten Halbinseln ist ein lohnendes Ziel, nicht minder das nordöstlich in einer Stunde erreichbare Dorf Tharden, wohin auch die Bahn Liebemühl=Mohrungen führt. Bei Tharden glänzt der Bärtingsee auf, einer der allerschönsten Seen des Oberlandes, von dunklen Waldungen umkränzt, wahrhaft ein Auge der Natur. Fast ganz umwaldet ist auch der inselbelebte Rötloffsee, mit dem Bärtingsee durch den von den Kronen hoher Laubbäume überschatteten Dutzkanal verbunden. Außerordentlich schön ist auch der kristallklare Zopfsee, in dessen Wassern sich hohe Eichen und Buchen widermalen und der Eylingsee, den jahrhunderte alter Stolz von Waldbäumen umrahmt. (Abb. 47.)

Die Landschaft von Liebemühl stellt eine Wasserscheide dar. Von hier senken sich die Wasser nach Süden wie nach Norden. Nach Süden entleeren sich die Seen in der Hauptsache zur Drewenz, nach Norden hin steigt der Oberländische Kanal in die Elbinger Tiefe. Die Befahrung dieses Kanals ist wegen seiner technischen Einrichtungen lohnend. Führt er stellenweise auch durch eintönige Strecken, verwehrt zeitweise auch der Damm die Aussicht, so gibt es doch genug

108

Abb. 84. Eine Düne der Kurischen Nehrung mit Kupstengelände (Zu Seite 140)

Strecken, in denen der Blick auf die fruchtbaren, von Wäldern unterbrochenen Gefilde sehr viel Freude gewährt. Er senkt sich auf einer Strecke von 15 km, zwischen dem Pinnausee und dem Drausensee 108 m tief, und ist nach dem Vorbilde des Morriskanals in Nordamerika durch den Elbinger Baurat Steenke geschaffen worden. Die Strecke zwischen dem Pinnau= und dem Drausensee ist in sechs treppenartig übereinander liegende Teilstrecken zerlegt. Jede Teil= strecke liegt etwa 20 m höher als die andere. Der Höhenunterschied wird nicht durch Schleusen bewältigt, sondern durch Erddämme mit einer Doppel= gleisanlage (Abb. 48). Die Gleise führen bis zur Kanalsohle und soweit ins Wasser hinein, daß ein auf Rädern laufender dockartiger Schiffswagen tief genug im Wasser steht, um einem schwimmenden Schiff die Einfahrt in den Wagen zu ermöglichen. Der mit dem Schiff beladene Wagen wird nun durch ein starkes Seilgewinde auf dem Gleis zur Höhe gezogen und senkt sich jenseits über den schrägen Damm zur nächsten Kanalstrecke hinab, die jedoch 20 m höher (von Norden her gesehen) liegt. Im gleichen Zeitmaß bewegt sich auf dem Nachbargleis von der entgegengesetzten Kanalstrecke ein Schiffswagen zur Höhe und hinab zur anderen Kanalstrecke. Die Kraft wird durch das Wasser des Kanals selbst bewirkt. Das Wasser wird durch eine Röhrenleitung in ein Maschinenhaus geleitet, wo es auf ein 9 m Durchmesser besitzendes Wasserrad fällt. Die Wassermassen, von denen pro Sekunde 1,2 cbm auf die Schaufeln des Rades fallen, erzeugen eine Hubkraft von 20 m für 77 000 kg. Das Wasserrad bewegt ein Seilgewinde. Es können solcherweise Schiffe von 60 t Ladegewicht befördert werden. Die Länge der Schiffe ist 24 m bei 3 m Bord= breite. Der Kanal selbst ist 1,25 m tief und hat eine Sohlenbreite von 7 m und eine Wasserspiegelbreite von etwa 15 m.

Eine Stunde östlich vom Kanal thront auf einem Hügel, weit ins Land ausschauend, das Städtchen Preußisch=Holland. Aus alten Zeiten sind noch ein paar Stadttore vorhanden, darunter das malerische Mühlentor, auch Teile der Stadtmauern, an denen entlang eine schattige und wegen ihrer Ausblicke er= quickende Promenade zieht. Das Rathaus ist auffallend durch seine vorgebaute gotische Laube und den recht sinnigen Spruch an der Sonnenuhr: Ut umbra sic vita fluit, dum stare videtur („Wie der Schatten, so fließet das Leben, während es zu stehen scheint"). Die würdige Ordenskirche hat einen aufwands= voll geschnitzten Altar von Meister Isaac Riga (1686) mit einer Kreuzigung und einem Stadtbild im Hintergrunde, das eher das mittelalterliche Pr.=Holland als Jerusalem sein könnte. 1290 ist diese schöne Stadt, die in ihrem viereckigen Grundriß deutlich auf die Zeit der frühen Städtegründungen der Ordenszeit hinweist, von dem Landmeister Eberhard von Querfurt errichtet und von Hol= ländern besiedelt worden.

XI. Vom Drausensee zum Frischen Haff

Mancher könnte nach der Lesung des vorigen Kapitels zu urteilen veranlaßt sein, daß das ostpreußische Land der Eintönigkeit doch nicht entbehrt. Denn Wälder, Hügel und Seen ergeben schließlich immerhin irgendwie verwandte Bilder, und die kleinen Städte mit ihren Kirchen, Burgen oder Ruinen aus der Ordenszeit, ihren niedrigen, wenig kunstvollen Häusern und dem schlechten Straßen= pflaster desgleichen. In gewissem Sinne ist dies zutreffend, wenn man vergißt, daß der Wechsel der Tage und Stunden doch eine unendlich große Mannigfaltig= keit an Stimmungen in der Landschaft zuwege zu bringen vermag, selbst wenn man von dem Wechsel der Jahreszeiten absieht. Und das gerade ist es, was Ost= preußen auszeichnet: Die Klarheit der Luft, der Glanz der Farben des Landes und Wassers, weitreichende Ausblicke und die oft ganz fremdartig berührende Wärme der Farben. Man glaube nicht, daß man hier oben nur nordisch kalte

110

Abb. 85. Wasser- und Steißvögel an einer Teichanlage der Vogelwarte Roffitten auf der Kurischen Nehrung (Zu Seite 142)

Stimmungen antrifft. Von dem Wege zwischen Pr.-Holland und Hirschfeld im Bereich des Oberländischen Kanals sah ich den Höhenzug der Elbinger und Cadiner Hügel nebst den Rehbergen und war überrascht von der Schönheit der Färbung und der Erhabenheit des Anblicks. Viel stattlicher, als die absolute Höhe dieser Hügelwelt erwarten ließ, schienen diese Erhebungen, und sie prangten in rosafarbenen und duftbläulichen Tönen, daß ich lebhaft an einen abendlichen Blick in der Vega von Andalusien erinnert wurde, den ich vor Jahren genossen und bewundert hatte. Man wird lächeln. Wie kann man Ostpreußen und Andalusien in eine Linie stellen! Und doch ist es so. Ich kann Ungläubigen nur raten: Kommt und seht!

Die Niederung an den unteren Stufen des Oberländischen Kanals, etwa zwischen Hirschfeld und Blumenau, besonders aber die Landschaft am Südende des Drausensees, gemahnte mich eines Abends, als goldene Lichtströme der untergehenden Sonne durch das dunkelgrüne Laub der Baumgruppen sprühten, zwischen denen auf buschumsäumten Wiesen schwarzweiße Rinder weideten, an altholländische Landschaften. Kleine Wasserläufe ziehen sich von allen Richtungen her zum Drausensee, der am Westhang des erwähnten Höhenzuges sich ausdehnt und durch flache Deiche in weitem Bogen umfriedet ist. Dieser See ist eine der eigenartigsten Erscheinungen des Landes. Er war früher beträchtlich größer, reichte bis Pr.-Holland und Elbing, wo in der altpreußischen Zeit und gewiß schon zur gotischen eine rege Handelssiedlung bestanden haben muß, die unter dem Namen Truso (vielleicht daher der Name des Sees?) verschiedentlich in der antiken Literatur erwähnt wird. Der See, durch den der oberländische Kanal führt und der im Elbingfluß eine Verbindung mit dem Frischen Haff besitzt, war einst, als die Nogat noch ihre ursprüngliche Wasserfülle besaß, eine Art Hinterwasser dieses östlichen Weichselarmes. Heute verlandet er immer mehr, und im Sommer, wenn sein Wasserstand am niedrigsten ist, kann ihn ein Unkundiger vergeblich

Abb. 86. Kanal in der Memelniederung (Zu Seite 144)

Abb. 87. Düne und Strand an der Ostsee bei Memel (Zu Seite 146)

suchen. Breite schwammige Flächen von feuchten Wiesen und Binsenflächen umgürten ihn und seine Tiefe beträgt dann selbst in der mittleren Fahrrinne nicht mehr als einen Meter. Er ist ein Dorado von Pflanzen, Vögeln und — Jägern. Letztere dringen im Sommer auf kleinen Booten in die Rohrwildnisse, die den innersten Gürtel und Rand des Wassers umkränzen und fahren damit in kleine schilfgedeckte Überdachungen, um hier die Nacht zu verbringen und Enten zu schießen. Drollig ist die gemütliche Art dieser Entenjagd. Die Jäger, die sich in den einzelnen Buchten des Sees verteilen, binden auf nur wenig aus dem Wasser tauchenden Pfählen, die eine kleine Holzscheibe tragen, zahme Enten als Lockvögel an. Diese können nur im kleinen Umkreis des Pfahles sich schwimmend vergnügen und quakeln die ganze Nacht, währenddessen der Jäger sich zur Ruhe oder zu einem Nickerchen im Kahn ausstreckt. Hören nun die vom Lande heimkehrenden Wildenten die vergnügte Unterhaltung ihrer Blutsverwandten, so lassen sie sich neugierig und unbesorgt auf das Wasser nieder, um die fröhliche Sippschaft kennenzulernen. Im gleichen Augenblick aber verstummt der Lockvogel und zieht sich auf seine Sitzscheibe zurück und die Wildenten sind über das Gebahren des Gastes verdutzt. Dieses Aufhören des Entengeschnatters läßt den Jäger erwachen, der mit ein paar Schüssen den Überraschten auf die Beine hilft. Das wiederholt sich ein paarmal und das Geknalle geht am ganzen See herum. Ein Dutzend Enten ist die Ernte der nächtlichen Jagd, wenn sie huldvoll verläuft. Allerdings trifft nicht jedes Schrotkügelchen, und böse Leute, natürlich keine Schützen, behaupten, daß die Unmassen des in den See fallenden Bleis zur Verlandung des Sees wesentlich beitragen. Unter den Pflanzen kommen alle bekannten Sumpf- und Seegewächse vor, und schön vor allen andern sind die gelben und weißen Teichrosen. Außerdem gedeiht hier aber auch die kleinste Blütenpflanze Europas, die nur stecknadelkopfgroße Wolffia arrhiza, die in dichten Massen den Wasserspiegel überzieht. In dem nur etwa 1 bis 2 km breiten und 10 km langen Wasser sind die Triebkämpen häufig, schwimmende Inseln mit Rohr und zuweilen sogar Eschen und anderen Bäumen. Es sind Teile des Strandes, die sich meist durch Hebung des Eises im Winter gelöst haben und mit oft meterdicker Humus= und Wurzelschicht im Wasser treiben. Auch die Ufer bestehen aus solchen Kämpen, unter denen das Wasser quillt, so daß man über auf und nieder schwankenden Boden gehen muß, ehe man an das offene Wasser des Sees gelangt.

Wenig nördlich vom Drausensee erscheinen die Türme von Elbing, unter denen besonders der 90 m hohe Turm von St. Nikolai als Wahrzeichen weithin sicht= bar ist (Abb. 51). Elbing war einst eine bedenkliche Rivalin Danzigs und wurde sowohl von dem Deutschen Ritterorden, wie auch später von dem Polenkönig Kasimir durch reichliche Landschenkung und Vorrechte begünstigt, von letzterem aber mehr aus kleinlich persönlichen Gründen, um Danzig, das ihm Trotz bot, zu schädigen. Schon unter dem Landmeister Hermann Balk wurde sie im Verein mit Lübecker Bürgern 1237 gegründet. Der damals viel größere Drausensee bildete eine Verbindung mit der Marienburg, und der Orden unterhielt eine kleine Kriegsflotte auf ihm, die auch das Baumaterial für die Ordensburg zu Elbing herbeischaffte. Diese Burg war später der Sitz des Ordensspittlers und galt nächst der Marienburg als die schönste des Landes. Sie wurde von den Elbinger Bürgern so gründlich zerstört und die Baumassen als Steinbruch aus= genutzt, daß man heute kaum mehr weiß, wo sie gestanden hat. Eine Zeitlang, unter der polnischen Herrschaft, bestand die Niederlassung der Englischen Handels= sozietät hier, weil König Kasimir seinen Untertanen jeglichen Handel mit Danzig untersagt hatte. Diese Verschiebung des Schwergewichts des Handels brachte Elbing nur eine vorübergehende Blüte. Auf die Dauer machte sich die günstigere Lage Danzigs wie auch Königsbergs immer fühlbarer und drückte die Bedeutung Elbings stetig zurück. Dazu kam, daß im 19. Jahrhundert die Wasser, die sonst durch die Nogat flossen, in die Dirschauer Weichsel geleitet wurden, so daß die Nogat versandete und die Schiffahrt hier ganz zum Erliegen kam. Damit erlosch das „zweite Auge" des Weichsellandes, wie Elbing im Verein mit Danzig zur Hansazeit genannt wurde. Erst die neueste Zeit brachte eine Wendung zum Besseren. Ferdinand Schichau, der Sohn eines Gelbgießermeisters in Elbing, brachte durch eigene Kenntnisse und Energie, ähnlich wie Krupp im Westen, aus den bescheidensten Anfängen eine letzten Endes weltberühmt gewordene Maschinen= und Schiffsindustrie zur Blüte. Hier bestellten das Deutsche Reich wie zahlreiche ausländische Staaten Kriegsschiffe aller Größen und Arten sowie jegliche Maschinen. Das Werk, am Elbingfluß angelegt, umfaßt ausgedehnte Werkanlagen und be= schäftigte in Elbing und den Zweigwerken in Danzig und Pillau vor dem Kriege allein 12 000 Arbeiter. In diesem wie den übrigen industriellen Werken Elbings, unter denen die Maschinen= und Schwerkraftwagenfabrik F. Komnik und die mustergültige Zigarrenfabrik Loeser & Wolff zu nennen sind, fanden drei Fünftel der Bevölkerung Elbings, das über 70000 Einwohner zählt, ihr Brot. Wie schwer Elbing durch den Ausgang des Krieges getroffen wurde, läßt sich denken, da die Hauptbesteller, die Deutsche Marine und die auswärtigen Staaten, fehlen und das Werk sich auf andere Erzeugnisse umstellen muß. Ein etwaiger Ausgleich ist dadurch erfolgt, daß Danzig aus dem Deutschen Reichsverband ausgeschieden ist und Elbing somit zur zweiten Handels= und Hafenstadt Ostpreußens wurde, so daß es für sein breites Hinterland erhöhte Bedeutung gewinnt. Durch den Kraffohl=Kanal ist Elbing mit Nogat und Weichsel verbunden, und nachdem die Fahrtiefe der Nogat mit der Entwicklung der industriellen Bedeutung Elbings für 400 t=Schiffe hinreichend gemacht wurde und auch der Elbingfluß eine Fahrrinnentiefe von 4 m erhielt (das Frische Haff 3,20 m) wird jetzt auch, um größeren Schiffen Zugang nach Elbing zu ermöglichen, die Fahrttiefe des Haffs auf durchweg 4 m erhöht. Desgleichen ist beabsichtigt, den Oberländischen Kanal zeitgemäß auszubauen und ihn bis Allenstein zu verlängern, wo er mit dem

Abb. 88. An der Dangemündung in Memel (Zu Seite 146)

masurischen Schiffahrtsweg in Verbindung gebracht werden soll. Von alter Bauten Herrlichkeit sind in Elbing außer einem Torturm zwei recht stattliche Kirchen erhalten, Nikolai und Marien, und auch an repräsentativen Bürgerhäusern aus der Blütezeit Danzigs fehlt es in den zum Elbingfluß hin sich wendenden Gassen nicht. Sie tragen noch ihre stolzen Giebel und haben zum Teil auch noch die alten Beischläge.

Die Umgegend von Elbing ist mancher Reize voll. Den Freund der Niederung locken die Nähe der in zahlreichen Armen mündenden Nogat und die Strandebenen des Haffs. Südwärts gewendet gelangt man in das Bereich des weidmannslustigen Drausensees und holländischer Landschaftsidyllen, nach Osten hin aber hügelt sich mit ansehnlichen Schluchten, in denen zum Teil klare, forellenbelebte Bäche raunen und plätschern, das Gebiet der Trunzer Berge, mit Vogelsang, den Panklauer Höhen, den Rehbergen usw. ein recht mannigfaltiges Gehügel, das sehr wohl eine Gebirgswelt im Kleinen darstellt. Weit reichen dank der kristallenen Klarheit der Luft die Umblicke von einigen der Höhen. Vom Butterberg bei Trunz, der nur 192 m Höhe besitzt, schweift das Auge bis an die Nogat und über das Frische Haff und die Nehrung zum Meer, und ein gutes Auge vermag wohl die 40 km entfernten Türme der Marienburg und den 50 km entfernten Leuchtturm an der Landspitze von Hela zu erspähen. Sehr malerisch sind die kleinen Dörfchen, deren stroh- oder schilfgedeckte Fachwerk- und Bohlenhäuschen durch ihre Ärmlichkeit und die recht ungehindert sie umblühende Natur überaus reich an Idyllen sind. Herrlich ist von den Höhen bei Cadinen der Blick auf das Meer. Bei Sonnenuntergang kann man Stimmungen erleben, die auch Verwöhnte und Weitgereiste zu Schwärmern wandeln können. Das Eigenartige ist der Gegensatz oder besser gesagt, die Verbindung einer echten, wenn auch kleinartigen Gebirgsnatur, erfüllt von feierlichem abendlichen Waldschweigen mit dem golden oder rötlich aufglänzenden weiten Meer, zwischen das sich der glänzende Schild des Frischen Haffs, die friedlichen Feldhänge und aus baumerfüllten Schluchten hervorlugende Strohdächer der Bauernhäuser einfügen.

Dicht zu Füßen dieser Welt, einem sehr schönen Park eingegliedert, dessen hinteren Teil schon die Berge in ihren Schutz nehmen, liegt das kaiserliche Gut Cadinen, ein Mustergut von durchaus ländlichem Gepräge (Abb. 53). Das Schloß ist kaum anders als das eines adeligen Grundbesitzers im Lande. Das nahe Tolkemit ist uns schon als Schildbürgerstädtchen bekannt. Nachgetragen sei noch, daß aus ihm auch der berüchtigte Geschichtsfälscher, der Dominikaner= mönch Simon Grunau (16. Jahrhundert) stammt, der die Geschichtswissenschaft in große Verwirrung gebracht hat, und ferner, daß Tolkemit auch eine Töpfer= stadt ist und die Tolkemiter Töpfe allenthalben im Lande sich eines guten Rufs erfreuen. Doch allen diesen Ruhm verdunkelt der kleine Hafen, der schöner als tausend andere ist, denn er ist von Wiesen und Blumen flankiert und von hohen Eschen und Pappeln umstanden. In der bescheidenen Hafenbucht ruhen schwarze Haffkähne mit roten Segeln, und dahinter ragt Tolkemit und seine burgartige Kirche. Fährt man durch das gelbgrüne Haffwasser, so erscheint in einiger Ent= fernung das Ganze wie ein Gemälde, grün in Grün gemalt. Alles dünkt uns von einem grünlichen Schleier leicht verhüllt, selbst die grauen Häuser und roten Dächer von Tolkemit.

Die Fahrt über das Haff nach dem gerade gegenüber von Tolkemit gelegenen Nehrungsdorf Kahlberg ist an schönen Tagen wie eine wache Träumerei (Abb. 49 u. 59). Die Nehrung, auf der man nur nach Norden hin einige kahle Dünenpartien entdeckt, ist heute bewaldet, und vor allem auch Kahlberg verdient seinen alten Namen nicht mehr (Abb. 50). Kein Ort könnte dichter im Schutze eines schönen Waldes liegen als dieser. Die Küste ist schlickig, stellenweise dringt die Düne mit sandigen Hängen ans Ufer, wo ein kleiner Streifen Wiesen und Binsen gedeiht und Fischerhäuschen stehen. Auch im hauptsächlichen Teil von Kahlberg sind alle Wege vom Sand der Nehrungsdünen erfüllt, jedoch breiten sich die Kronen hoher Laub= und Nadelbäume darüber und beschatten die Dorfhäuser und die zahl= reichen Gastwirtschaften. Weiter droben, wo tiefe Mulden in die Waldpracht sich senken, ist kaum eine Lücke. Hoch und dicht ragen hier die Waldbäume und auf dem an Unterholz reichen Boden haben sich neuzeitliche geschmackvolle Sommerhäuschen und Villen in dem Helldunkel des sonnendurchblitzten stolzen Nehrungswaldes ihren Standort nach Belieben gesucht, von sauberen Zäunen umfriedet, von reizenden Blumenanlagen umkost (Abb. 54). Die größte Über= raschung aber ist der Kurgarten, dessen Plan von einigen antiken Figuren ge= schmückt und dessen Hang zu einer Blumenkaskade gestaltet ist, in welcher je nach den Monaten die Farbenpracht wechselt und die besonders entzückend zur Zeit der Rosenblüte ist. Waldlichtungen mit weichem Gras und völlig vor den Stürmen geschützt, tun sich hier auf, daß man vermeint, in irgendeinem inner= deutschen Gebirgswinkel zu weilen.

Jenseits des Waldes aber tritt man auf wilddurchwühlten Sand hinaus, und es empfängt uns die Majestät der rauschenden grünlichen Brandung. Weithin ist's dasselbe Bild: Weißsandige Flanken, zu beiden Seiten eines dunkelgrünen Wald= rückens, der hin und wieder zu etwa 80 m Höhe ansteigt. Unbelebt von Schiffen ist der Strand, nichts herrscht als das seiner Kraft bewußte Meer. Auf der 96 km weit sich streckenden Nehrung außer Kahlberg, das der beliebteste Ausflugsort der Elbinger ist, nur ein paar arme Fischerdörfer und einsam gelegenen Förstereien. Heute besteht nur im Pillauer Tief eine Verbindung zwischen den Wassern des Haffs und des Meeres. Im Laufe der Jahrhunderte aber gab es auch an anderen Stellen Durchbrüche. So gegenüber von Elbing, nicht weit von Kahlberg ent= fernt. Im 14. Jahrhundert ist dieses Tief, durch das einst die Hansaschiffe nach Elbing segelten, versandet; ferner bestand eine zeitlang ein Tief gegenüber von Rosenberg und eins bei Lochstädt, das anscheinend das älteste war. Alle schlossen

Abb. 89. Blick vom Turm der deutschen Kirche zu Tilsit auf die Memel (Zu Seite 148)

Abb. 90. Landschaft bei Stallupönen   (Zu Seite 149)

sich mit der Zeit. Das Pillauer Tief aber bildete sich durch eine gewaltige Sturmflut erst während der Zeit der Deutschordensherren. Die Entstehung des Haffs wie der Nehrung denkt man sich wie folgt: Durch den Rückgang des eiszeitlichen Meeres hob sich das Land, und die Flußmündungen versumpften. Durch das Widerspiel der Wellen des Meeres und der Flußwasser entstand eine mit der Zeit wachsende Barre oder Sandbank. Die Nehrung in ihrer heutigen Gestalt ist eine noch sehr junge Erdbildung. Sie war ursprünglich Niederung und weithin mit Wald bedeckt. Die gefürchteten Wanderdünenbildungen stellten sich erst ein, als man die Nehrungswälder abholzte, was teils im 17. Jahrhundert, besonders aber zur Zeit der Könige Friedrich Wilhelm I. und II. geschah. Dörfer und Wälder wurden unter den anwachsenden Sandwogen spurlos verschüttet. An manchen Stellen, so bei Schmeergrube und Neukrug, haben die weiterrückenden Dünen die Wälder stellenweise wieder freigegeben. Die Stämme sind inzwischen halb versteinert und bilden sonderbare, felsähnliche Gebilde. Seit Jahrzehnten hat man künstliche Vordünen geschaffen, die ein Weiterrücken der Sandmassen vom Meeresstrande aus tunlichst verhindern sollen. Eine 26 m hohe Wanderdüne zwischen Strauchbucht und Forsthaus Grenz, die nicht bewaldet ist, erhält man als Naturdenkmal. Überwältigend ist der Anblick der einsamen Nehrungswelt im Winter, wenn die Waldmassen und die Wanderdünen unter einer Last von makellosem Schnee verhüllt liegen und die hölzernen Fischerhäuser zusammengeduckt und halb bis an das niedrige Dach begraben sind. Das alsdann meist ganz zugefrorene Haff sieht einen regen Sportbetrieb, obwohl die Eisfläche durchaus nicht glatt und eben ist, vielmehr höchst unterschiedlich gehoben und gesenkt erscheint, es auch an wenig gefrorenen und offenen Stellen, namentlich an den Flußmündungen, nicht fehlt. Neuerdings befaßt man sich mit der Absicht, das Haff trocken zu legen und nur Schiffahrtskanäle zu unterhalten. Es würde unstreitig dadurch ein erheblicher Landgewinn erreicht werden, der in seinem Werte wohl noch höher zu veranschlagen ist als der Wert der Fische des Haffs, den man auf etwa 50 Millionen Mark schätzt.

XII. Im Ermland und seinen Nachbargebieten.

Das Ermland bildet den katholischen Landesteil Ostpreußens. Es grenzt mit Frauenburg und Braunsberg an das Frische Haff und erstreckt sich, nach Süden hin allmählich breiter werdend, bis über Allenstein hinaus. Sein Kleinod am Haff ist das Städtchen Frauenburg (Abb. 55, 56), über dessen breitgegiebelten Marktplatzhäusern der Dom mit schwerer Wucht auf der Höhe eines Hügels thront. Der im 13. Jahrhundert errichtete Bau bildet eine Art Kirchenburg. Eine starke Mauer mit einem von zwei Rundtürmen gesicherten Tor, das sich nach der schwächsten Seite hin wendet, umgibt ihn. An der Südwestecke der Landseite steht der starke Glockenturm, ein steinerner Riese. Der Dom selbst trägt einen friedlichen Charakter, und seine an den vier Ecken lanzengleich aufragenden Türmchen bedeuten nur zierhafte Beigaben. Das Innere hat eine buntbarocke Ausstattung von geringem Wert, doch sind einige Kunstwerke aus älteren Zeiten erhalten. Der größte Schmuck des Domes aber ist Nikolaus Kopernikus, der, in Thorn von deutschen Eltern geboren, nach einem vielbewegten Wanderleben in Italien in Frauenburgs stillen Mauern als Domherr lebte und durch seine kühnen Behauptungen und Beweise der Erdbewegung, sein tapferes Wort „und sie bewegt sich doch!" viel Aufsehen und Anfeindung erregte. Er starb 1543 hierselbst, jedoch ist seine Ruhestätte merkwürdigerweise nicht bekannt. Man glaubt sie in der im 18. Jahrhundert dem südlichen Seitenschiff angebauten Szembekschen Kapelle. Sehr ansprechend ist die gebirgige Umrahmung des kleinen, am Haff gelegenen Städtchens. Violette Heide, dunkle Kiefernwaldungen, blaßgrüne Hügel begleiten uns nach dem etwa 10 km entfernten Städtchen Braunsberg, der wissenschaftlichen Zentrale des Ermlandes. Alte Häuschen, einzelne ganz für Maler geschaffen, stehen an der Passarge, die sich dem nahen Haff entgegenrollt und von Braunsberg an für kleine Schleppkähne schiffbar ist. Die schöne altgotische Kirche steht reckenhaft an der Stadtmauer (Abb. 52) und schaut über diese und einen Wehrturm zum einstigen tiefen Wehrgraben hinab, der heute von schönen

Abb. 91. Windmühle im Pregelland, östlich von Gumbinnen (Zu Seite 148)

Obsthainen und Blumengärten erfüllt ist, und auf dessen Rasen katholische Ordens=
schwestern Wäsche bleichen, ein Bild alttraulichen Spitzwegfriedens. Die Kirche
hat wie der Frauenburger Dom ein wundervolles Sterngewölbe. Nahe dem
Rathause steht das berühmte Collegium Hosianum, eine katholische Universität
mit zwei Fakultäten (Theologie und Philosophie) zur Ausbildung des Nachwuchses
der katholischen Geistlichkeit. Die Akademie enthält einen Botanischen Garten,
eine christlich=archäologische Sammlung, die seltene Stücke enthält und desgleichen
eine Antikensammlung mit Originalen und Abgüssen. Gegründet wurde sie 1568
als Jesuitenkolleg durch den Kardinal=Bischof Stanislaus Hosius, einem ent=
schiedenen Gegner der Reformation. Außerhalb der Stadt ist dicht an der
Passarge gelegen ein Zentralkirchenbau, die Kreuzkapelle, eines der bemerkens=
wertesten kirchlichen Barockgebäude Ostpreußens. Südlich von Braunsberg dehnt
sich das Gelände der beiden großen Rittergüter Schlobitten und Schlodien.
Das erstere liegt an der Bahnlinie Elbing=Braunsberg am Fuße der Trunzer
Hügel, das andere an der Passarge; jedes gehört einer anderen Linie der Burg=
grafen von Dohna und ist durch ein repräsentables Schloßgebäude des 18. Jahr=
hunderts und entsprechend herrliche Parks ausgezeichnet. Wiederum 10 km von
Braunsberg gegen Osten entfernt, liegt das Städtchen Heiligenbeil mit seinen
typischen Kleinstadtgäßchen, von wo aus man in einer halben Stunde nach dem
Fischerdörfchen Rosenberg am Frischen Haff gelangt (Abb. 60). Hier kann man
nach Herzenslust an stillen wie an belebten Uferszenerien sich ergötzen. Fischboote
kommen und gehen, und ein packender Anblick ist's, die schwankenden schwarzen
Kähne auf den bewegten Wassern mit geblähten Segeln heimkehren und dann
dicht nebeneinander im kleinen Hafen anlegen zu sehen.

Am Strande hin kommt man in einer Stunde zu der auf über 30 m hohem
Strand sich erhebenden Ruine der Ordensfeste Balga (Abb. 104). Sie war ur=
sprünglich eine altpreußische Erdburg, wurde durch Verrat von den Ordensrittern
eingenommen und nach manchen Wechselfällen als wichtiger Stützpunkt für weitere
Eroberungen behauptet und ausgebaut. Noch im 17. Jahrhundert tat sie als
Burg ihren Dienst. Dann verfiel sie und ist heute eine wunderschön umblühte

Abb. 92. Hauptstraße in Ortelsburg mit Aufbauhäusern   (Zu Seite 124)

Abb. 93. Aufbauhäuser in Stallupönen (Zu Seite 149)

Ruine. Stimmungsvoll ist diese zerfallene Burg am meerähnlichen Haff; weithin überschaut man die geschwungene Strandlinie und kann in der nördlichen Ferne den Leuchtturm von Pillau ohne Mühe erkennen. Zartes Blau kleidet meist das Haffwasser, wenn es nicht zu manchen Stunden gar bis zum tiefen Ultramarin sich verschönt, von dem die weißen Leiber auf- und niederschwebender Möwen sich abheben. Meist umgibt uns hier sonntägliche Feierlichkeit, denn kein Menschenlaut und kein Menschenwerk stört diesen Frieden des Strandes und der zerfallenden Burg. Lebhaft wurde ich an Stunden erinnert, die ich am südlichen Gardasee bei Desenzano und Garda erlebte. Solche Stimmungen und Stunden verbinden am besten das Jetzt mit dem Einst. Denn die Ritter, die hier wachten und stritten, waren südlandsgewohnt, und die Wellen des Frischen Haffs wie des Gardasees singen dasselbe melancholische Lied von deutschem Sehnen und Hoffen. Idealen strebten die Ritter mit dem schwarzen Ordenskreuz auf ihren Mänteln nach, im heißen Südlande wie im oft recht eisigen Norden, und so kriegsgrimmig sie auch schienen, es lebte ihnen in der Brust doch nur der Gedanke, um jeden Preis dies Land so schnell als denkbar der Unkultur zu entreißen.

Gehen wir den Flüßchen nach, die bei Heiligenbeil sich vereinen, um im Frischen Haff ihr kurzes Dasein zu beschließen, so gelangen wir zu waldbedeckten Höhen. Diesen „Stablacker Höhen" genannten Erhebungen fehlt das Gebirgsgepräge der Trunzer Hügel, vor allem vermißt man die romantischen Schluchten. Dafür aber übertreffen sie die Trunzer Höhen noch um einiges an Größe, denn sie steigen im Schloßberg bei Wildenhof bis zu 216 m empor. Am schroffsten senkt sich die Höhe nordwestlich gegen Preußisch-Eylau hin. Nach allen Seiten entfließen Bäche und bilden moorige Waldpartien und Teiche. Eins der kleinen Rinnsale heißt Walsch und bereitet uns, wenn wir ihren Lauf talwärts gegen Westen verfolgen, eine sehr angenehme Überraschung. Es vertieft sich nämlich zu einer steilwandigen Waldschlucht, einer Art Waldcañon, der bei dem hoch über dem Tale horstenden Stadt Mehlsack die größte Schönheit entfaltet. Prächtig schaut das Städtchen mit seiner neuen katholischen Kirche zur Schlucht hinab. Der Turm ist etwa 60 m hoch und hat eine Staffelhaube, das gesamte Bauwerk (1895 errichtet) aber erfreut wie selten sonst ein neugotisches Gotteshaus. Die größte Freude wird einem beim Betreten des durch acht Sandsteinpfeiler in fünf Schiffe geteilten Raumes, der überaus edel in altgotischem Geist gedacht ist, sich aber von den meisten anderen altgotischen Bauten Ostpreußens durch die befreiend wirkende Helligkeit und Freundlichkeit des Raumes unterscheidet. Das aus dem 18. Jahrhundert stammende Rathaus ist durch einige Häuschen nach einer Seite hin malerisch verdeckt. Lustig wirkt das Wappen des Städtchens, das drei Mehlsäcke auf einer Wetterfahne aufweist. Sehr zu empfehlen ist es, einige der Aussicht bietenden Höhen am Walschtal zu ersteigen, so etwa den Weißen Berg. Aber mit diesen Ausblicken ins Oberland hinein und ins Tal hinab wetteifert die Schönheit des Tales selbst; die grünen Rasenflächen und Wälder sind von Blumen durchbuntet, unter denen manche selten vorkommende Art uns begegnet. So z. B. der Frauenschuh, die prächtigste Orchideenart (Cypripedium Calceolus) und die Vogelnestorchis (Neotti Nidus avis). Viel tragen zum Schmuck auch die sonst im Lande häufigen tiefroten Pechnelken, die gelbleuchtenden Königskerzen und im feuchten Waldschatten der Sturmhut, die große blaue Glockenblume und der mit starken Stämmchen bis Mannshöhe gedeihende Riesenschachtelhalm bei.

Setzen wir unsere Reise südlich fort, besuchen den stimmungsreich im Walde geborgenen Tafter See und das unweit gelegene Dorf Kleefeld, in welchem noch eine Anzahl altermländischer Bauernhöfe zu sehen sind, die im allgemeinen denen des Oberlandes ähneln. Nahe dem Passargeflüßchen trifft man auf das abgelegene Stegmannsdorf, das eine im Innern recht bemerkenswert ausgestattete Wallfahrtskirche besitzt. Am unteren Lauf des auch von den Stablacker Höhen kommenden Drewenzbaches ist die 6000 Einwohner zählende Stadt Wormditt gelegen. Bischof Eberhard von Neiße gründete sie Anfang des 14. Jahrhunderts und besiedelte sie mit Schlesiern aus der Gegend von Neiße und Breslau. Das altgotische Rathaus, das noch recht gut erhalten ist und die nahe dem Marktplatz sich erhebende umfangreiche Johanniskirche entstammen dem Ende des 14. Jahrhunderts. Backsteinornamente zieren das Äußere der Kirche; das Innere hat eine barocke Ausstattung, die über das Handwerkliche hinausgeht. Die Wände sind zum Teil mit steifen byzantinischen Malereien geschmückt, und über dem Westportal ist eine orginelle Dreifaltigkeitsdarstellung zu sehen, ein Kopf mit zwei Augen, drei Munden und drei Nasen. Dreiviertel Stunden von Wormditt entfernt ist Dorf Krossen mit der im Anfang des 18. Jahrhunderts erbauten zweitschönsten barocken Wallfahrtskirche des Ermlands gelegen (Abb. 57).

Durch gehügelte Gegend können wir im Passargetal aufwärts wandern oder östlich hinüberstreifen zu dem an der Alle sich erhebenden Städtchen Guttstadt, dessen schönster Schmuck die Kirche mit Staffelgiebeln, das mit einem kleinen Baldachin am Giebel geputzte Rathaus, vor allem aber auch die nahen Wälder sind, die in die Gassen hineinleuchten. Sie gehören zu der von der Alle und Simser wie einigen träumerischen Seen umfangenen Wichertshofer Forst, einem der herrlichsten Waldreviere im Lande. Ein würdiges Gegenstück zu diesem Prachtwalde nördlich der Stadt ist die gehügelte, seendurchflochtene Gegend im Süden derselben, wo tief im Tale des Quehlbaches der Wallfahrtsort Glottau sich birgt, dessen in einem schluchtartigen Garten angelegter Kalvarienberg in den Sommertagen viel fromme Besucher anlockt.

Es lohnt sich, im Tal der Alle südlich, zu wandern, bis man die von Wäldern umfangene Stadt Allenstein erreicht (Abb. 61 u. 62). Das Vorwiegen slawischer Bohlenhäuser und polnischsprechender Bevölkerung ist nun immer merklicher geworden. Dicht vor Allenstein gelangt man durch den auf hügeligem Gelände angelegten, 1100 ha großen und sorglich gepflegten Stadtpark und einer sehr

Abb. 94. Am Marktplatz in Pillkallen (Zu Seite 148)

guten, gepflasterten Straße in die freundliche und durchaus deutsche Stadt. Ihr Mittelpunkt ist der großartige neue Rathausbau, an dessen Renaissanceerker einige Reliefs an den Russeneinfall 1914 erinnern. Noch vor etwas mehr als 3 Jahrzehnten war Allenstein ein unbedeutendes Städtchen, wie viele im Lande. Heute aber, nachdem die Hauptbahn Berlin=Thorn=Graudenz nach Tilsit und Memel über Allenstein geleitet und die Stadt zum Knotenpunkt auch für den Verkehr nach Orten anderer Richtungen wurde, wie Wormditt=Braunsberg, Mohrungen=Elbing, Neidenburg=Ortelsburg, ist seine Einwohnerzahl auf 40000 gestiegen. Die Stadt enwickelte sich um die 1348 zum Schutz gegen die Litauer errichtete Burg, in der das ermländische Domkapitel residierte und in welcher auch eine zeitlang Kopernikus als Verwalter der Güter des Domkapitels wohnte. Neben der Kirche, dem Hohen Tor, einem erhaltenen alten Stadttor und dem neuen Rathaus ist dieses Schloß der eindrucksvollste Bau der Stadt, beherrscht durch einen starken Rundturm.

Allenstein war bei dem Russeneinbruch in den Augusttagen 1914 stark beteiligt; es gehörte mit zu dem riesenhaften Schlachtengelände von Tannenberg. Letzterer Name bezieht sich auf ein etwa 700 Einwohner zählendes Ansiedlerdorf, das etwa 50 km südwestlich von Allenstein über das Städtchen Hohenstein hin erreicht wird (Abb. 6). Dort hatte sich bereits in der Ordenszeit eine entscheidende Schlacht abgespielt. Das 15000 Mann starke Heer der Deutschen Ordensritter kämpfte gegen die vereinigten Polen und Litauer unter den König Jagiello am 15. Juli 1410. Nach anfänglichen Erfolgen machte sich die Übermacht des feindlichen Heeres, das sich auf 40000 Mann bezifferte, geltend und zwar um so mehr, als viele der preußischen Landritter samt ihren Leuten, namentlich jene aus dem Culmer Land, während der Schlacht fahnenflüchtig wurden. Da verblutete der Stolz des Ordensheeres, und tausende der deutschen Städter und Bauern bezahlten hier ihre Treue mit dem Leben. Der Hochmeister Heinrich von Jungingen leistete mit seinen Rittern Widerstand bis zur völligen Erschöpfung und fiel. — Einsam und ärmlich ist die Umgebung dieses Dorfes, doch um so reizvoller das Gebiet der seenreichen Hügel östlich davon. Eine besonders dichte Kette derselben erstreckt sich in der Richtung von Allenstein nach dem etwa 50 km südlich gelegenen Städtchen Neidenburg. Sie waren die verführerischen Wasser, auf die der Retter Ostpreußens in den letzten Augusttagen 1914 seine Hoffnung aufgebaut hatte. Die Armee Samsonow, die in einer Breite von nur 50 km, aber beträchtlicher Tiefe, von Polen her gegen Allenstein und Osterode vordrang, um die untere Weichsel mit Elbing und Danzig zu besetzen, glaubte keine erheblichen Streitkräfte vor sich zu haben, da die deutschen Hauptruppen von der russischen Armee Rennenkampf, die bei Insterburg beiderseits des Pregel stand, zurückgedrängt worden waren. Der in der höchsten Not auf den östlichen Kriegsschauplatz berufene pensionierte General Hindenburg, der noch im Verlaufe der Schlacht zum Generaloberst ernannt wurde, schlug hier die genialste Schlacht, die je die Welt gesehen hat. Er wiederholte in großem Maßstab die Schlacht bei Cannä. Trotzdem die Russen mit 205000 Mann den deutschen Streitkräften weit überlegen waren, benützte er die Unkenntnis des Gegners, um diesen zu umzingeln. Er lockte ihn durch einen Scheinrückzug mit der Hauptmasse in das bezeichnete Seengebiet und über dieses hinaus, so daß die Seen im Rücken der Russen sich befanden. Die Umgehung umfaßte das Gebiet von Tannenberg und Mühlen im Westen, Allenstein, Bischofsburg im Norden, Ortelsburg (Abb. 92), Willenberg im Osten und Soldau, Neidenburg im Süden. Bei Soldau begann die Schlacht und setzte sich nach Norden und Osten im Ring fort. Während die Russen immer noch keine Umgehung ahnten und vergeblich nach den hier schwer leidenden deutschen Truppen bei Tannenberg und Hohenstein durchzubrechen versuchten, schloß sich der Ring immer mehr. Ein Entsatzheer, das von Warschau aus anrückte, wurde durch eine vorgesehene schwache Abteilung zurückgewiesen, desgleichen war die Gegend gegen

124

Abb. 95. Hubertuskapelle zu Rominten (Zu Seite 149)

die Armee Rennenkampf gesichert, der ahnungslos nur zwei Tagemärsche weit mit seiner Armee entfernt untätig stand. Die Russen wurden von allen Seiten in die Seen hineingedrückt, in welchen zahlreiche Batterien von den russischen Kanonieren versenkt wurden und zahllose Soldaten den Tod fanden. Nur ein geringer Teil des Heeres konnte entweichen. Auch General Samsonow war ge-

Abb. 96. Im Hofe des Jagdschlosses Rominten (Zu Seite 149)

fallen, und 100000 Russen fielen in die Gefangenschaft, 40000 Russen lagen tot auf dem Schlachtfeld. Diese Tragödie, die Ostpreußen und das Weichselland vor einer Besetzung durch die Russen mit unabsehbaren Folgen bewahrte, spielte sich am 26.—30. August ab. Sie ist um so höher zu bewerten, als dieselben Truppen, die hier in außerordentlichen Mühen den Erfolg erkämpften, teils schon durch anstrengende Märsche und Kämpfe der vorhergegangenen Schlachten gegen die Armee Rennenkampf ermüdet waren, teils von der gleichfalls kampferfüllten Westfront kamen und nach der Schlacht von Tannenberg sofort wieder sich gegen die Armee Rennenkampf in Bewegung setzten, diese zur Flucht aus Ostpreußen nötigten, um dann zum größten Teil und ohne Verzug nach Galizien geschickt zu werden, wo es galt, die eingedrungenen russischen Heeresmassen zurückzuwerfen.

Das Städtchen Hohenstein, das am stärksten gelitten hatte, weist heute keine Spuren der Kampftage mehr auf. Die Landschaft ist nach Osten hin ein rechter Lustgarten, daß einem die dämonischen Schlachttage, die sich hier abgespielt haben, wie ein Gewitter erscheinen, das über eine sonnig friedliche Landschaft hingezogen ist. Das Städtchen Soldau, im 14. Jahrhundert vom Deutschen Orden gegründet und noch Reste der alten Burg aufweisend, gehört jetzt zu Polen. Die südlichste Stadt des heutigen Ostpreußen ist Neidenburg, 1381 gegründet und von der recht ansehnlichen Burg überragt (Abb. 108). Aus diesem Städtchen ist der bekannte Verfasser der italienischen Reiseschilderungen und der Geschichte der Stadt Rom, Ferdinand Gregorovius (1821—91), gebürtig. In der Nähe der Stadt ragt ein mächtiger Granitfindling, der Tartarenstein, aus der Feldflur empor. Von hier nach Willenberg (Abb. 105) im Osten führt uns die Bahn zuerst durch schöne, dann aber recht öde Gegend voll magerer Äcker und dürrer Heide. Jedweder Boden ist übersät mit Steinen, die an den Rändern der Felder aufgehäuft sind und auch viel zu Wege= und Gehöfteinfassungen benutzt werden. Birken fassen die Wege ein und umstehen, dürftigen Schatten gebend, die meist recht ärmlichen Gehöfte mit ihren abseits gelegenen Scheunen und Stallungen. Die Bauten sind durchweg aus Holz errichtet und mit Stroh gedeckt, die Leute sprechen polnisch, antworten aber auf deutsche Fragen deutsch. Jeder versteht deutsch zu reden und zu lesen und fühlt sich auch als Deutscher. Durch gleiche anspruchslose Gegend gelangt man nördlich nach Ortelsburg, das in den Kämpfen schwer gelitten hat. Heute sind auch hier alle Spuren getilgt, und das Auge wird wie anderwärts durch ansprechende Neubauten erfreut, welche ein gut bedachtes Zusammengehen der in Frage kommenden Behörden bezeugt. Denn alle Bauten sind, Gott Dank, nicht kasernenhaft übereinstimmend, wohl aber einheitlich durch ihren immer gewahrten baulichen Geschmack.

Nördlich von Ortelsburg setzt wieder das mannigfache Zusammenspiel von Hügeln, Seen und Wäldern ein und macht die Wanderung durch die Damerauer Höhen und an den in allen Größen und Formen uns entgegenblinkenden Seen unterhaltend. Diese Gestaltung der Landschaft hält an, bis wir an dem schönsten aller ermländischen Wallfahrtsorte, Heiligelinde, anlangen. Ein See und prächtige Wälder umgeben hier eine Kirche, die man wohl in Franken und Bayern häufig findet, hier im Norden aber nicht vermutet. Auch das Innere dieser Anfang des 18. Jahrhunderts entstandenen Kirche ist großzügig, stilvoll und mit Ausstattung durchaus nicht überladen. Die Pfeiler sind mit blau-weißen Scheindraperien belebt, die Kapitäle vergoldet, die Decke wundervoll ausgemalt. In den Zwickeln der Gewölbe wächst Figurenschmuck aus der Malerei heraus, und die Orgel ist nicht nur für Ostpreußen das aufwandvollst geschmückte Orgelwerk, sondern sucht seinesgleichen auch in Deutschland weithin. Nur eine Stunde entfernt ragt auf steil abfallendem Hügelklotz Burg und Stadt Rößel (Abb. 58). Vom Glockenturm der Pfarrkirche aus bietet sich ein Anblick, dem an verblüffender Wirkung kaum etwas anderes im Lande gegenübergestellt werden kann. Man sieht hier im Vordergrunde die einst bischöfliche Burg samt der Burgkirche zu einer überaus wirkungsvollen Gruppe vereint und darüber hinaus von einem Hintergrunde umbettet, der durch seine Verteilung von Gassenreihen und Feldfluren reizvoll ist. Doch darf man nicht versäumen, den Blick von der hinter dem Burgberg sich aufwölbenden Höhe über den Stadt- und Burghügel, der hier wie eine Akropolis anmutet, schweifen zu lassen. An der schroffen

Abb. 97. Holzabfuhr in der Rominter Heide (Zu Seite 149)

127

Wand des Hügels vorbei, der von der schöngiebeligen Kirche bekrönt wird, geht der Blick weit in die Ferne. In der Landtiefe, die durch den Zainebach berieselt wird, liegt das Gut Molditten, das einst von August dem Starken, König von Sachsen und Polen, öfter besucht wurde. Er hatte hier eine Mätresse untergebracht, deren Kinder den Namen „Grafen von Zeigun" erhielten. Im Herrenhaus sind noch Bilder dieser Familie vorhanden. Die kleinen Orte Bischofsburg, Bischofstein, Seeburg bieten, je nachdem, wie man sich zu Natur- und Kleinstadtschönheit stellt, nichts oder vieles. Man muß mit den himmlischen Gestirnen, mit Wind und Wolken, Schnee und Maienblüte verbündet sein, wenn man nicht armselig nur an bombastisch wirkende Schönheit in Natur und Menschenwerk geklammert sein will und dann allerdings dazu verdammt ist, lange Reihen von Tagen und ausgedehnte Landschaften für „entsetzlich langweilig" zu finden. Wer aber Schönheit in der wechselvollen Verbindung zwischen Stoffen und Elementen sieht, wem auch der einzelne Mensch der Beachtung wert ist, auch wenn er nicht in „malerischen" Trachten daherstolziert oder in bunte Lappen gekleidet ist wie etwa die Völker des Orients und endlich, wer in jedem Bauwerk und Menschentun das Produkt oder Entwicklungsglied einer oft recht langen und wechselvollen Geschichte erkennt, dem bieten sich wie allerorten so auch in dieser Landschaft schier unerschöpfliche Unterhaltungsmöglichkeiten. Die Stadt Heilsberg an der Alle besitzt eine sehr umfangreiche Burganlage, die noch einen gut erhaltenen zweigeschossigen Säulen- und Arkadenhof umschließt und in den Remtern Reste von Malereien aufweist. Bis 1772 war die Burg Sitz der Bischöfe von Ermland. Der hochgelegene Marktplatz ist von Laubenhäusern umzogen, und das Reiterdenkmal auf dem Platze, ein Husar, erinnert an das Gefecht, das vier Tage vor der Schlacht bei Friedland unweit Heilsberg stattfand und in dem Russen und Preußen unter v. Bennigsen gegen die Franzosen kämpften. Das würdige Gegenstück zu der Burg ist die im 14. Jahrhundert erbaute imposante Pfarrkirche mit ihrem 70 m hohen Turm, dessen dreigeschossige Renaissancehaube ein vergoldetes Standbild des Erzengels Michael trägt (Abb. 26).

Das gedrungene Hohe Tor gehört mit den verbliebenen Toren in Allenstein und Bartenstein wie einigen anderen Städten zu den wuchtigsten städtischen Wehrzeugen der Vergangenheit. Sehr anziehend ist eine Wanderung durch das Simsertal zum Simser See im Gebiet des schon erwähnten Wichertshofer Forstes.

Talwärts führt uns die Alle nach der Stadt Bartenstein, deren Kirche eine prachtvolle Innenwirkung besitzt und durch eine teils aus der gotischen, teils aus barocker Zeit stammende Ausschmückung mit aufwandsvollem Altar- und Orgelwerk wie mannigfachen Gemälden, Gestühlen usw. malerisch wirkt. Von hier bis zu dem etwa 30 km nördlich liegenden Städtchen Pr.-Eylau durchquert man eine reiche Ackerbaulandschaft, die wegen ihrer zahlreichen Großgrundbesitze die „Grafengegend" benannt wird. Es wird uns nicht gereuen, einen Umweg einzuschlagen, zuerst das bergige Städtlein Landsberg aufzusuchen und von hier durch das hübsche Elmtal am Hange der Stablacker Höhen Preußisch-Eylau zu erreichen. Der Ort hat der blutigen und unentschieden ausgegangenen Schlacht den Namen gegeben, in welcher am 7. und 8. Februar 1807 Napoleons Truppen gegen Russen und Preußen unter v. Bennigsen und Lestocq kämpften. Das Schlachtgelände befindet sich eine Viertelstunde südöstlich der Stadt. Napoleon hielt sich auf dem Friedhof von Pr.-Eylau auf und wäre dort beinahe von einer stürmenden russischen Grenadierdivision samt seinen Generalstäblern gefangen genommen worden, wenn er nicht eilends in Sicherheit gebracht worden wäre.

Die schöne Kirche zu Landsberg, die einen großartigen Barockaltar mit einer in spätgotischer Auffassung gehaltenen geschnitzten Kreuzigung und viel Wandschmuck enthält, ist wie eine Vorbereitung auf das, was uns die äußerlich stattliche, immerhin aber nicht besonders auffällige Kirche des Dorfes Mühlhausen

128

Abb. 98. Masurischer Waldsee bei Lyck (Zu Seite 152)

in ihrem Innern beschert. Es hat dieses Gotteshaus unter allen Dorfkirchen die prunkhafteste Ausstattung. Deckenmalerei und geschnitzter Orgelprospekt, gemalte Brüstungen, Gestühl, Kanzel, Altar, Taufkammer vereinen sich zu einem beinahe unbeschreiblichen Bilde. Derartigen Innenräumen, bei denen Malerei und Plastik in recht geschwisterlicher Verbindung wirken, begegnet man in den Kirchen zwischen der Weichsel und Memel recht häufig, wenn auch nicht überall in der gesteigerten Schönheit, wie sie die Dorfkirche zu Mühlhausen aufweist. Verschiedentlich handelt es sich um wirkliche Kunstwerke, vielfach ist es aber nur eine achtenswerte hand= werkliche Leistung. Man geht nicht fehl, wenn man diese ausschließlich im 17. und 18. Jahrhundert entstandenen Werke ostpreußischen Kunsthandwerkern und Künstlern zuschreibt. Einzelne der Namen sind bekannt, so beispielsweise die Brüder Pörzel, Isaak Riga und sein Sohn, Zakowitz, Preike und Schmidt in Rössel. Gewöhnlich stehen die Malereien im Werte unter den Plastiken, bei denen vor allem die geschickte Umrißlinie gefällig wirkt. Die Farben der Schnitzereien sind immer kräftig. Meist ist der Grundton weiß, die Verzierungen sind golden, blau, rot, gelb, schwarz. Was diese Werke echter Volkskunst eigen= artig macht, ist, daß sie immer verständlich bleiben, immer dem naiven Volks= empfinden Rechnung tragen und, wenn auch die Malereien oft recht naiv und stümperhaft ausarten, doch in dem Gesamteindruck, dem Zusammenhang der Formen und Farben überaus glücklich wirken. In der Kirche zu Mühlhausen, in der die Plastiken gleichfalls weit wertvoller sind als die meist recht unbeholfenen Malereien, hängen als besonderer Schmuck zwei Gemälde von Cranach, Luther und seine Tochter Margarete darstellend. Letztere war hier mit Georg von Kunheim ver= heiratet, starb 1570 und ist vor dem Hochaltar der Kirche beerdigt.

Etwas westlich ragt das Städtchen Creuzburg auf einer Anhöhe, mit malerischen Gäßchen und einem riesenhaften Marktplatz. Ihm und seiner schönen waldreichen Umgebung zuliebe machen wir einen Umweg und durchwandern das Keistertal, dessen Reize dem Walschtal bei Mehlsack ähneln und dessen Wälder von wilden Rosen und Efeu durchwuchert sind, während an den Bäumen der wilde Hopfen sich emporrankt. So gelangen wir durch liebliche Gegend nach Tharau, dessen Kirche und Pfarrhaus auf einem Hügel ganz unter dem Schutze hoher Bäume verborgen sind. Die Kirche ist ein wuchtiger gotischer Bau der Ordenszeit, das Innere überaus preisenswert wegen seiner edlen Verhältnisse und der guten barocken Zierde. Vornehmlich ist der Altar durch seine gediegene Form und seine künstlerische Plastik zu rühmen (Abb. 115). Das nahe Pfarr= haus aber, in dessen Garten eine gewaltige Linde steht, ist die Heimat der berühmt gewordenen Pfarrerstochter Ännchen (Abb. 114). Ihr zu Liebe entstand an ihrem Hochzeitstage das inzwischen zur allbeliebten Volksweise gewordene Lied „Ännchen von Tharau". Der Dichter, ein Freund des Pfarrhauses, Simon Dach, verfaßte es ursprünglich in ostpreußischem Platt, so daß das Lied mit den Worten begann: „Anche van Tharau ös, de my gefölt". Ännchen war die Tochter des Pfarrers Andreas Neander zu Tharau und wurde 1619 geboren. Sie heiratete mit 18 Jahren den Pfarrer Johannes Partatium in Trampen und war, wie ihr nachmaliger Schwiegersohn schreibt, eine anmutige Erscheinung. Hochbetagt (1689) starb sie zu Insterburg und liegt dort auch begraben.

Von Tharau bis Königsberg, das unser nächstes Ziel ist, sind es etwa zwei deutsche Meilen.

XIII. Königsberg und das Samland

Königsberg ist durch eine vorzügliche Lage begünstigt. Es liegt an dem äußersten südöstlichen Winkel der Ostsee, also dort, wo die Küste nach Norden umbiegt. Sein Hafen ist nicht von so langer Frostperiode heimgesucht wie die nördlicher gelegenen baltischen und finnländischen Häfen. Seine Hafenbecken werden außer= dem von dem Pregel gespeist, haben also stets ruhiges Wasser. Der Zugang zur See durch den Haffkanal ist auch für Überseeschiffe genügend tief. Das Hinterland bildet Ostpreußen, dessen Produkte von hier aus am bequemsten nach den deutschen wie außerdeutschen Häfen der Ostsee und weiterhin verfrachtet werden können. Außerdem aber ist Königsberg der gegebene und günstigste Hafen für die großen sarmatischen Länder und spielt für diese etwa die Rolle, welche Rotterdam und Amsterdam für Westdeutschland und Mitteleuropa besitzen. Ferner bildet Königsberg die kürzeste Verbindung zwischen der Ostsee und dem Schwarzen Meer (Luftlinie bis Odessa etwa 1150 km, Wasserweg etwa 2000 km). Aus diesen Tatsachen ergibt sich die Notwendigkeit, lebhafte Handels- und Verkehrsinteressen mit den slawischen Ländern zu pflegen. Vor dem Kriege bestand eine rege Geschäftsverbindung ostpreußischer und besonders Königsberger Handelskreise mit denen Mittel- und Südrußlands, die zum großen Teil auf persönliche Bekanntschaft sich stützte. Diese alten, bewährten Beziehungen wieder anzuknüpfen und neue zu finden, ist man seit Beendigung des unseligen Krieges bestens bestrebt. Beim Kriegsausbruch war Königsberg der zweitgrößte preußische Ostseehafen. Die seewärtige Ein- und Ausfuhr betrug bis 1914 pro Jahr etwa 1 Million t Güter. Die Binnenschiffahrt nebst Flößerei erreichte einen Umsatz von 1 200 000 t, die Eisenbahn beförderte von und nach Königsberg etwas über 2 Millionen t. Hervorhebenswert ist, daß dreiviertel der gesamten seewärtigen Ausfuhr aus russischen Waren bestand, teils Rohstoffen, teils in Ostpreußen hergestellten Fabrikaten russischer Herkunft. Obwohl Rußland in der Vorkriegszeit bestrebt war, seine eigenen Ostseehäfen, wie Riga, Reval und Libau durch Tarife und entsprechenden Ausbau seiner Bahnlinien zu begünstigen, errang sich Königsberg eine Vormachtstellung, die nicht nur dadurch bedingt war, daß sein Hafen länger eisfrei ist als die nordbaltischen Häfen, sondern die auch durch die vorzüglichen neuzeitlichen Einrichtungen der Hafenanlagen und der Aufbewahrungs- und Sortierungsmöglichkeiten der Waren geschaffen wurde. Namentlich für russische Hülsenfrüchte bedeutet Königsberg den gegebenen Platz aus diesem Grunde. Ebenso wurde auch viel russisches Getreide durch Königsberg geführt, wo es, mit ostpreußischem Getreide gemischt und vermahlen, über See nach Westdeutschland und außerdeutschen Ländern gebracht wurde. Großzügig sind die Hafenanlagen. Der Krieg und seine Folgen haben die Ausführung sehr erschwert, so daß nur ein Teil der Projekte zur Ausführung gekommen ist. Von den sechs großen Hafenbecken dient je eines als Freihafen, ein anderes als Holz-, ein drittes als Getreidehafen. Königsberg ist ferner das Zentrum für die wichtigsten ostpreußischen und russischen Bahnlinien. Die Strecken von Berlin, Wien und Warschau treffen sich mit denen von Moskau und Petersburg. Danzig und Memel bedeuten heute mehr als früher eine erhebliche Konkurrenz, doch ist die Stadt rege genug, um ihrerseits die erhöhte Betriebsamkeit Danzigs und die Bestrebungen Memels, wie ihre eigene günstige handelsgeographische Stellung durch energischen Wettbewerb klug zu werten. Mit Erfolg sind eine große Zahl von Industrien veranlaßt worden, sich in Königsberg ansässig zu machen oder Filialen und Lager zu errichten. Die von der Stadt getroffene Einrichtung einer Ostmesse nebst Schaffung eines Flughafens hat weitere Vorteile geschaffen, um Königsberg im Wettbewerb der verschiedenen benachbarten in- und ausländischen Plätze nicht ins Hintertreffen geraten zu lassen.

Im Gegensatz zu Danzig, wo selbst die Vergangenheit trotz der neuen Bauten und Stadtteile noch überaus betonend in den Vordergrund tritt, zeigt sich Königsberg als eine Stadt, in der das Alte schon schattenhaft geworden ist und dafür das neue Leben überaus rege, wie sonst an keinem Orte zwischen Weichsel und Memel, pulsiert. Es ist erfrischend, die Straßen und das Treiben in ihnen zu betrachten. Lebhaft ist der Schiffsverkehr auf dem Pregel und seinen Armen. Hier ist es der Kleinhandel der Binnenschiffahrt, der Königsberg mit landwirtschaftlichen Produkten versorgt und deren Verkauf zum Teil schon an den Ufer-

Abb. 99. Masurische Dorfstraße (Zu Seite 153)

straßen erfolgt, dort sind es die Flöße und Holzschiffe, vor den großen Speichern ganze Gruppen Dampfer aus aller Herren Ländern, die bei den neuzeitlichen Kränen und Speichern anlegen, während vor den malerischen Speichern der Lastadien die kleineren Dampfer und die kräftigen Schleppschiffe mit ihren gemütlichen Familienszenen an Heck ankern. Strahlend ist die Lichtflut der Straßen des Abends, und

Abb. 100. Entwicklung im östlichen Ostpreußen. Links Bohlenhaus, in der Mitte bescheidenes Ziegelhaus, rechts neuzeitliches, nach dem Kriege entstandenes Wohnhaus. Die beiden älteren Gebäude sind Stallung und Nebengebäude geworden. Försterei Chelchen bei Marggrabowa (Zu Seite 152)

man staunt über die Gediegenheit und die große Zahl eleganter Geschäfte. Ländliches Leben spielt sich in den Stunden des Wochenmarktes zu Füßen des hochaufstrebenden Schlosses und auf dem benachbarten Marktplatz ab, wo man die Landleute auf ihren leichten Fuhrwerken sitzen oder stehen und die Waren vom Wagen herunter verkaufen sieht. Elegantes Leben aber umgibt die Schloß=terrasse und den Schloßteich, dessen Bäumen man einen schöneren architektonischen Rahmen wünscht. Gut sehr gut, sind die neuen Bauwerke Königsbergs und wirk=lich sehenswert die Vororte mit ihren geschmackvollen neuen Villenbauten. Viel altstädtische und kleinbürgerliche Straßen und Gassen gibt es naturgemäß in der weitauseinandergezogenen Stadt, die erst 1784 aus drei besonderen Orten, Kneip=hof, Altstadt und Löbenicht, zusammenschmolz, noch genug. Manche Perlen alter Bautenschönheit birgt sich in diesen Straßen wie denen der innersten Stadt. Ich erinnere nur an das prächtige Zschokksche Stift mit seinem Rokokogarten und den stilvollen Räumen im Hause. Breitdachig sind die beiden Gotteshäuser Altroß=gärter und Neuroßgärter Kirche. Sie bieten im Innern mehr als das Äußere ver=muten läßt. Das gewaltigste kirchliche Bauwerk der Stadt ist der Dom (Abb. 63). Äußerlich präsentiert er sich nicht besonders geschickt, nur die Turmfront ist ein=drucksvoll. Das Innere aber ist beinahe beispiellos edel in der architektonischen Gestaltung seiner Hallen und der beinahe mystisch erscheinenden Trennung oder Aneinandersetzung des wie ein selbständiger Raum erscheinenden Langhauses und des wie eine feierliche Gruftkapelle anmutenden, durch einen Einbau völlig vom Langhaus isolierten Chors. Prunkende Grabdenkmäler, darunter das 11 m hohe und 12 m breite, für den Herzog Albrecht von Brandenburg (mutmaßlich von C. Floris, Antwerpen, 1572) errichtete Denkmal aus dunklem Kalkstein und Alabaster schmücken diesen Raum. Hochmeister und Landesfürsten späterer Zeit ruhen hier, so auch der Kurfürst Georg Wilhelm von Brandenburg. Und mit

ihnen teilt die gleiche Erde der Fürst der Geister, der unübertroffene Immanuel Kant (1724—1804), Königsbergs wie Ostpreußens größter Sohn. Seiner geistigen Präzision entspricht das in den einfachsten und doch würdigen Formen errichtete Denkmal an der Außenseite des Chores (errichtet an Stelle einer älteren Kapelle im Jahre 1881). Vielseitig sind die Bildungsgelegenheiten der Stadt. Aller Schulen Krone ist die Universität in der inneren Stadt, die als Gebäude (nach Plänen von Stüler 1862 erbaut) etwas veraltet und nicht sehr ansprechend wirkt. Die Universitätsbibliothek mit 320 000 Bänden, die nicht minder bedeutende Stadtbibliothek, die Gemäldegalerie, das Prussiamuseum, welches dem Studium der Geschichte Preußens dient, das Kunstgewerbemuseum, die Bernsteinsammlung und manches andere geben nicht nur den Fachleuten sondern auch Laien überaus wertvolle Anregungen. Mit Interesse wird man sich erinnern, daß in Königsberg außer dem Philosophen Kant, dessen Wohnhaus leider schon vor Jahren abgerissen worden ist (Abb. 64), auch ein E. T. A. Hoffmann geboren wurde (Haus Französische Straße 25) und desgl. der Magus des Nordens, Johann Georg Hamann (Haus Hamannstraße 1). Den Mittelpunkt der Stadt bildet das hochgelegene Schloß, die einstige Burg der Deutschordensherren, errichtet 1257 und in den nachfolgenden Jahrhunderten vergrößert und umgebaut (Abb. 66). Machtgebietend ist das Äußere, halb nüchtern, halb malerisch der geräumige Hof, in welchem einst Schaugepränge aller Art stattfanden. Ein reizvoller Winkel ist die nordwestliche Ecke mit dem zweigeschossigen arkadengeschmückten Vorbau zum Blutgericht. Der Keller enthält schöngewölbte und mit Prunkfässern gefüllte Räume, in denen es genügend stille Winkel und Nischen für ganz ernste Denker wie für weinfrohe Gemüter gibt. Jedenfalls bieten die prächtig geschnitzten Fässer (Abb. 70) mit geschichtlichen Bildern, Königsberger Ansichten und ostpreußischen Städtebildern und die Wände mit den verwitterten alten Malereien und gedunkelten Gewölben einen überaus würdigen Hintergrund für alle Temperamente und Stimmungen. Die Schloß=
gemächer vermitteln ein gut Teil preußische Geschichte. Erinnerungen an die ersten Könige, wie an die Königin Luise und Friedrich Wilhelm IV., sind mannigfache vorhanden. Durch seine Größe erregt der Moskowitersaal (83 m

Abb. 101. Der kleinere Teil des Marktplatzes zu Marggrabowa (Zu Seite 152)

133

lang und 18 m breit), einer der größten Deutschlands, die Aufmerksamkeit, nicht
weniger aber das winzige Eckgemach, das Herzog Albrecht von Brandenburg durch
seinen Hofkünstler Georg Binck 1543—1548 ganz mit kostbaren, verschiedenfarbig
eingelegten Hölzern bekleiden ließ. In diesem Zimmer, einem der allerköstlichsten
der Frührenaissance, wurde der nachmalige König Friedrich I. geboren.

Aufseufzend müssen wir uns zum Weiterweg entschließen. Vieles wäre noch
an alter wie neuer Kunst aus dieser Stadt, die heute etwa 265 000 Einwohner
zählt, zu erwähnen. Ich nenne nur noch einige leuchtende Punkte, wie das einzig=
artige Speicherviertel, die alten bunten Lastadien (Abb. 65, 67 u. 69): Bauten im
Fachwerkstil, von denen jedes eine besondere Farbenzusammenstellung aufweist,
jedes auch seine besondere Hausmarke in Steinmetztechnik besitzt, deren Studium
allein schon Freude bereitet. Weiter wären anzuführen die alte Kantapotheke,
ein wundervolles Werk der Renaissance, der Bogenschütze an der Schloßteich=
promenade, das Schillerdenkmal auf dem Theaterplatz (Prof. St. Cauer), das
kleine Königsdenkmal von Schlüter in der Nische gegenüber dem Schloß, das
Kantdenkmal von Buch, dem eine bessere Aufstellung dienlich wäre. Und indem
wir uns zögernd aus dem Stadtbereich lösen, sehen wir noch das hübsche Gast=
haus Südpark=Ponarthen, die Landhäuserkolonie Neuhaus=Tiergarten mit ihren
ebenso billigen wie geschmackvollen Bauten, besuchen auch Maraunenhof und
fahren dann, den Blick oft nach dem links von uns befindlichen schiffsbelebten
Pregel und seinem Riesen=Silo, dem größten Silo der Welt gerichtet, durch
Heide, Wald und Dorf mitten ins Samland hinein, um in Metgethen vor einer
neuen Überraschung zu stehen: einer Villenkolonie mitten im schönsten Föhren=
walde. Wo bleibt da noch unerfüllte Sehnsucht? Nicht Eibsee noch Watzmann
wünscht man sich angesichts dieser schmucken Häuser, von Gärten und wonnigen
Lauben umgeben, alles umschattet und überschattet von den Waldbäumen,
zwischen denen hin gepflegte Wege führen. In der Nähe liegt Dorf Wargen
mit seiner uralten Kirche und dem friedlichen See. Wenig nördlicher kommen
wir zu den Hängen des Alkgebirges und ersteigen der lohnenden Aussicht wegen
den 111 m hohen Galtgarben, die bedeutendste Erhebung des Samlandes. In
Kumehnen entdecken wir eine mit Schnitzereien und Malereien ausgeschmückte
Kirche, und indem wir über Medenau wieder in die herrlichen Wälder des süd=
lichen Samlandes hineinlenken, erkennen wir bald, daß nicht nur die gerühmte
Nordküste sondern auch das innere Samland vieles bietet. Das Samland ist
wie ein ins Meer hinausgeschobenes Riesenspielzeug voll Miniaturgebilden, wie
schönen Wäldern, wohlgepflegten Feldern, fleißigen Leuten, blühender Heide und
Baumparadiese, mit Föhren und wundersamen Eichen und Linden, Dörfchen und
Schlössern, weidenden Rinderherden und äsendem Wild. Trockene Waldpartien
wechseln mit sumpfartigen, in denen dunkelgrünes Dämmer mit smaragdenen Lich=
tungen verflochten ist. Auf lichtblauen Fluren sieht man Birkenalleen und gealterte
Bauernhäuschen mit weißem Gefach, dunkelgrünen Strohdächern und von einer
ländlichen Blumenfülle umgeben wie greise Mütterchen, die ja bekanntlich Blumen=
freunde sind. Storchnester sind auf den Giebeln; lebendige Hecken mit Brenn=
nesseln, Hopfen, Ebereschenbäumchen bilden die Umzäunung der Vor= und
Nebengärtchen. In den Gärten selbst aber sind Kaiserkronen, Jungfrauenschuh,
Sonnenrosen, Königskerzen. Unter den großen Gütern fesselt manches Muster=
gut. Prächtig ist's, dies alles von den Höhen am Galtgarben oder am Haff zu
überschauen, besonders gegen Abend oder nach dem Sonnenuntergang, wenn sich
die blaue Stunde über Land und Meer niedersenkt und beide nur durch die ab=
gestufte Färbung der Wälder und Täler und den Glanz des Meeresspiegels sich
unterscheiden.

Über Fischhausen, in dessen Nähe der erste Glaubensbote des Christentums,
der Böhme Adalbert, von den Preußen erschlagen wurde, geht unsere Wanderung.
Das Portal der verwitterten, dunklen Kirche, die innen wertvolle Malereien auf=

134

Abb. 102. Auf dem Spirdingsee (Zu Seite 156)

weist, beleben die bronzenen Figuren des Missionars Adalbert und des Bischofs Georg von Polentz, der 1523 die Reformation bei den Preußen mit großer Mäßigung einführte. Für die Schönheit dieser Gegend am Frischen Haff um Fischhausen zeugen die Bezeichnung „Schön Wiek" und „Rosental". In Lochstädt befinden wir uns schon auf dem etwa 10 km langen Stück der samländischen Nehrung, das uns nach Pillau leitet. Von der alten Ordensburg zu Lochstädt sind zwar noch Bauteile erhalten, doch präsentieren sie sich wenig schön und erinnern äußerlich nicht daran, daß Lochstädt einst mit der Marienburg an stilvoller Pracht rivalisierte. Die mächtigen Gewölbe der Küche mit einem 7 m im Umfang messenden Pfeiler, ferner ein sehr schönes Fenster im Hofe in bunter Ziegelmosaik ausgeführt und endlich die Reste gotischer Malereien in den Gemächern des Komturs zeugen noch von der einstigen Schönheit.

Pillau, an der Spitze der samländischen Nehrung gelegen, ist wie alle kleinen Hafenorte recht still, und die Weite des Meeres wie die Ruhe des Landes dämpfen alle Geräusche. Der Hafen ist als Vorhafen für Königsberg von Bedeutung, auch besitzt die Weltfirma F. Schichau hier ein Schwimmdock mit Reparaturwerkstätte (Abb. 72). Zur Zeit des Großen Kurfürsten von Brandenburg war Pillau der Stützpunkt der kurbrandenburgischen Flotte, die von hier am ersten Maitag 1657 nach Afrika segelte. Das Denkmal des Kurfürsten und drei kurbrandenburgische Geschütze aus dem Fort Groß=Friedrichsburg in Westafrika erinnern an jene ruhmvolle Zeit des kleinen Staatswesens. Weniger bekannt ist, daß der bedeutendste Barockmaler Schlesiens, Michael Willmann, dessen Werke überaus zahlreich und, wenn auch vielfach flüchtig, so doch genial sind, hier geboren wurde. Nach einer anderen Meinung soll er in Königsberg beheimatet sein. Doch ob hier oder in Pillau geboren, er ist ein Ostpreuße und als solcher mithin der bedeutendste ostpreußische Barockmaler, der auch für den Großen Kurfürsten tätig war. Träumerei liegt über den Hafenwassern, in denen sich die Segel und Netze der Fischerkähne spiegeln, und die nahe Nehrung winkt zur Überfahrt. Wir widerstehen der Versuchung und kehren um, nicht ohne den seedurchwürzten Wald und die freundlichen Straßen von Neuhäuser durchwandert zu haben. Der kleine Ort hat wegen seines steinlosen Strandes und der Wälder einen recht regen Zuspruch

135

Abb. 103. Nikolaiken. Gemälde von W Eisenblätter (Zu Seite 156)

als Badeort. Dann fahren wir wieder der kompakten samländischen Landmasse zu, die Ferdinand Gregorovius ebenso originell wie boshaft „ein ungeheuer großes Stück Bernstein mit allerlei Braunkohlen, Eisenocker, weißem Sand und blauem Ton, worauf sich Samländer und Bernsteinjuden niedergelassen haben", nannte. Immer aufs neue bannen uns die Wälder, üppige Bestände von Kiefern und Fichten mit reichem Unterholz, Moosen, Farn, Tümpeln, Bächen und leuchtenden Waldwiesen. Besonders zu rühmen ist die Kaporner Heide, in der die sagenumflüsterte Vierbrüdersäule steht, erinnernd an vier dem Orden treue Brüder aus dem Pruzzenstamm, die, weil sie gegen ihre Landsleute kämpften, von ihnen an dieser Stelle erschlagen wurden. Diese Wälder mit dem stimmungsvollen Vierflutkanal und dem Kaporner Kirchweg müssen einst sehr wildreich gewesen sein. Die preußischen Könige jagten hier mit ihren Gästen, und von Friedrich Wilhelm I. wird berichtet, daß er 1718 an einem Tage nicht weniger als 40 Elche, an einem anderen sogar 56 dieser Vorzeittiere erlegte.

Aus der Poesie, die das Land erfüllt, reißt uns erst Palmnicken mit seiner fabrikmäßigen Ausbeutung der Bernsteinschätze (Abb. 32). Das Werk, das weithin schon durch zwei hohe Schornsteine kenntlich ist, beschäftigt zur Zeit etwa 1000 Arbeiter. Etwas landeinwärts sieht man die gewaltige, etwa 10 m tiefe Ausschachtung, in welcher Bagger tätig sind, um die Erde von den Wänden zu schürfen und Kippwagen zu füllen. Diese werden von Lokomotiven zu der am hohen Strande befindlichen Wäscherei gezogen. Hier wird der Bernstein aus der Erde durch Wasser in Rüttelsieben ausgeschlämmt. Der graubläuliche Schlamm stürzt durch ein Rohr auf den flachen Strand und bedeckt diesen weithin. In ihm waten Kinder des Orts, um kleine Bernsteinstücke zu finden. An Tagen mit starker Brandung sieht man Männer und Kinder auch im seichtem Strandwasser mit an Stangen befestigten Netzen nach dem vom Meere angespülten Bernstein

Abb. 104. Burgruine Balga. Gemälde von W. Eisenblätter (Zu Seite 120)

fischen. Wild ist die Szenerie der Strandhöhen beim Orte. Regengüsse und Bachwasser haben die Erdhänge zerwühlt, aber sowohl in den kleinen Tiefen wie an den Hängen gedeiht eine wetterfeste, buschartige Strandflora. Dann folgt Ostpreußens und des Samlands Stolz, die Steilküste von Brüsterort bis Rauschen und Neukuhren! Im Wachbudenberg ragt die Küste bis 70 m über den Meeresspiegel auf und fällt von hier nur allmählich gegen Osten hin (Abb. 71). Kleine Buchten öffnen sich landein, der Strand bildet jedoch eine wenig geschwungene Linie und ist von wechselnder Breite. An einigen Stellen, besonders bei Warnicken, fehlt er gänzlich, und die zum Teil lotrechten Erdhänge sind durch die Meeresbrandung nur durch ein mehr oder weniger großes Gehäuf von Granitblöcken getrennt. Gegen sie und das grobe Geröll, das an einzelnen Stellen den Strand erfüllt, donnern die breiten Wellen, jedoch erreichen sie nur bei Sturmfluten die Erdwände und vermögen an ihnen zu nagen und zu höhlen. Die weitaus größeren Zerstörungen verursachen Regengüsse und Fröste mit schmelzendem Schnee und Eis. In Groß-Kuhren hat sich durch das Spiel der Winde und Wetter ein eigentümlich geformter Hügel, der Zipfelberg, gebildet, der als Rest einstiger Festlandsmasse übrig geblieben ist. Stark ist die Schluchtenbildung bei Georgenswalde und Warnicken (Abb. 77, 78), aber auch bei Groß-Kuhren und Rauschen. Auf den Höhen, an denen der Wind selten einmal gänzlich ruht, grünt die Strandweide in dichten Gebüschmassen. Ihr mattsilbriges Aussehen erinnert lebhaft an das Laub der Oliven, besonders wenn der Wind die Blätter wendet und erzittern läßt. Die südländische Vision wird an heißen Sommertagen oder an schönen Sommerabenden noch durch die Leuchtkraft des Meeres und die Glut der Sonnenuntergänge erhöht. Nirgendwo auf dem Erdball kann man die Sonne feuriger, lohender ins Meer tauchen sehen als hier am baltischen Strand. Die geradezu märchenhafte Wirkung ist unbeschreiblich. Das Meer ist weithin in

Abb. 105. Dorfidylle bei Willenberg in Masuren (Zu Seite 126)

schimmerndes Rot oder Rosa getaucht, das erst weiter nach Norden hin ins Opal=
farbene und Stahlblaue spielt; dort aber, wo die Sonne das Meer berührt,
schimmert blendend pures Gold auf und schwimmt in breiten Reflexen auf dem
glatten Meeresspiegel. Doch auch, wenn Wolken den Horizont säumen, ergeben
sich durch die alsdann mannigfaltigen Farbenspiele die zauberischesten Anblicke,
wie denn überhaupt eines in diesem „öden" Lande nicht besteht: die Eintönig=
keit! Wind und Wolken, Jahreszeiten und Tagstunden sorgen genügend für Ab=
wechslung, und es bedarf nur einer gewissen Selbstschulung seiner Sinne, um nicht
mit blinden Augen durch all die Schönheit Ostpreußens zu wandeln. Und gerade
am Samlandstrand bilden Farbenreize eine große Rolle. Die entblößten Hänge
des samländischen Festlandsklotzes sind infolge der verschiedenen Schichtenaufschlüsse
nicht eintönig gelbgrau, sondern durchsetzt von rötlichen, bläulichen und bräunlichen
Tönen. Am Strande glänzen die bunten, vom Wellenschaum überspülten Steine,
und im vielfach abgestuftem Grün leuchten die buschige Pflanzendecke der Hänge
und Höhen wie die sonoren Wälder der Schluchten. Sonne dringt nur hier und da
durch die von alten Bäumen erfüllten Wälder. Viele der Stämme haben eine stark
geneigte, manche sogar eine horizontale Wuchsrichtung. Viele Stämme sind, noch
stehend, vermorscht, und Farne und Moose wie Gesträuch entwachsen den sterben=
den Bäumen. Im Schatten der Schluchtsohle aber glänzt amethystfarben zwischen
großen und kleinen Steinen der Bach, der langsam zum nahen brausend aufatmen=
den Meer rinnt, und Sonnengefunkel ruht hier und da auf Stein und Wasser.

Idyllisches Badetreiben ist in den weniger besuchten Plätzen der Küste zu
beobachten, elegantes Leben aber beherrscht den Strand und die sehr gepflegt
durch schönsten Wald führenden Straßen des Seebades Rauschen (Abb. 75 u. 76).
Ganz seltsam, beinahe unwahrscheinlich durch den starken Gegensatz, berührt die
verschiedene Eigenart des sonnenüberstrahlten grellfarbigen Strandes und das
wohlige, kühle Waldmärchen des zum verträumten Mühlenteich sich wendenden
Teiles des Orts, wo stundenweit Wege durch Fichten= und Föhrenwälder gehen.

Nach Osten hin verflacht sich nun der Hang immer mehr. In dem freundlichen Badeort Neu-Kuhren gibt es noch Schluchten und Höhen, von denen der Blick bis zu dem scharfen Kap von Brüsterort schweifen kann, dann aber folgt weithin flachster Strand, mit Waldesgrün verbrämt, und man gelangt in das Bereich des sehr beliebten Seebades Cranz, das wegen seines feinsandigen Strandes und des besonders lebhaften Wellenschlags gern besucht wird.

XIV. Memelland

Unmittelbar östlich vom Seebade Cranz beginnt eine der eigenartigsten deutschen Landschaften: Die Kurische Nehrung, ein, wie man häufig und nicht mit Unrecht anführt, nach dem Preußenlande versetzter Streifen Sandsahara. Mit Ausnahme des südlichen Teiles ist die ganze Nehrung mit Sandmassen erfüllt, die von der Meerseite her allmählich ansteigen, nach dem Haff hin, an das sie ausnahmslos dicht herantreten, schroff abfallen. Diese vom Seewind angehäuften Sanddünen besitzen nach der Haffseite hin schlangenlinig gewundene Kimmungen mit vom Winde gebildeten Einbuchtungen, in denen hie und da oasenhaftes Grün von Büschen und Bäumen auftaucht. Die Dünen sind ausnahmslos auf der östlichen Hälfte der Nehrungsbreite aufgehäuft. Die westliche Hälfte, die also dem Meer zunächstgelegene, zeigt am Strande eine niedrige Sandschwelle, die sogenannte Vordüne, die mit Strandgräsern bewachsen ist; dann folgt ebenes Gelände, das meist von Gehölz bedeckt ist. Dieses bricht plötzlich ab und weicht wirr durcheinander gewürfelten Sandmassen, mit Heidepflanzen bewachsen oder mit Strandgräsern bepflanzt, worauf sich dann die Hauptdüne in großartiger Steigung erhebt. Übermächtig und mit unwiderstehlicher Gewalt vorwärtsdrängend erscheint diese Hauptdüne, ganz aus reinstem Sande bestehend. Ersteigt man eine solche, so wird man sich, wenn es zum ersten Male geschieht, eines unbehaglichen Gefühles nicht erwehren können, weil einem alle Erscheinungen höchst

Abb. 106. An der Cruttina in Masuren (Zu Seite 154)

ungewohnt und verwirrend vorkommen. Nachdem man geraume Zeit unter sich nichts als flirrenden und beim leisesten Luftzug sich bewegenden Sand, vor sich eine in ungewisser Entfernung hinziehende Kimmung und über sich den leeren Himmel hat, nimmt man plötzlich wahr, daß die Düne auf der Höhe ein Ende erreicht und mit sehr steilen, häufig fast lotrechten Wänden 20 und mehr Metern zu einem schmalen Vorlande am Haff abstürzt. Verschiedentlich reichen die Dünen bis unmittelbar an das Haffwasser. Erwähnte ich, daß die Ersteigung der Haff= düne verwirrend wirkt, so meine ich damit folgendes: Eintönig in Färbung und Form dehnen sich die Dünen in pompösen Wogen zur Höhe und täuschen unsere Schätzungskraft. Man ist völlig im Unklaren, ob die Höhe der Düne in zwei oder zwanzig Minuten erstiegen werden kann. Optische Täuschungen, denen man in Wüsten begegnet, spielen hier die gleiche Rolle. Entferntes scheint nahe und groß, Nahes fern und klein zu sein. Der Meersstrand ist völlig unbewohnt, dagegen sind auf der Haffküste Fischerdörfer an Stellen, wo die Dünen unter= brochen sind oder eine größere Bucht bilden. Manches Haus der Ortschaften steht auf dem trügerischen Sandboden der Dünen, wird von ihnen umbettet und mit der Zeit immer bedrohlicher umhäuft, falls es nicht gelingt, beizeiten die Düne durch Anpflanzungen von Sandgewächsen wie durch Faschinen zu befestigen.

Über die Entstehung der Dünen haben Bezzenberger, Berendt, Heß von Wichdorf berichtet (Abb. 79—84). Nach ihnen ist folgendes anzunehmen: Die Sanddünen der Kurischen Nehrung sind eine alluviale Bildung. Sie ruhen auf einer diluvialen Bodenschicht, deren oberste vom Meere weggespült worden ist. Über den diluvialen Mergeln dieser Grundlage und unter dem heutigen Dünen= gewoge liegt diluvialer Heidesand und eine bis 1,5 Zoll dicke Moostorfschicht. Draus ist zu schließen, daß nach Beginn der alluvialen Zeit eine allmähliche Senkung der Unterlage der heutigen Kurischen Nehrung und ihrer Nachbarschaft erfolgte und daß hierbei eine auf feuchter Bodenoberfläche gebildete Vegetation nach wiederholten Übersandungen und Neubildungen durch eine Schicht Heidesand gänzlich erstickt wurde. Durch die aufeinanderprallenden Meer= und Flußfluten bildete sich eine Sandbarre, die, als der Meeresboden sich wieder hob, auftauchte. Die Untersuchungsergebnisse sprechen sogar für eine zweimalige Senkung und Hebung des Bodens. Die aufgetauchten Barren ergaben das Skelett für die sich bildenden Dünen, die mit der Zeit 15—66 m Höhe erreichten. Die Dünen bildeten sich jedoch nicht in der heutigen Form. Vielmehr war die Nehrungs= höhe in alten Zeiten vorwiegend mit Wald bedeckt, der nach den aufgefundenen Resten zu urteilen ganz außerordentliche Stämme aufgewiesen haben muß. Die heutigen Dünen sind in der Hauptsache ganz jugendlichen Alters, ja vielfach kaum 200 Jahre alt. Sie entstanden als die Folge der umfangreichen Abholzungen, die nach dem 30 jährigen Kriege und besonders in der Zeit Friedrich Wilhelms I. und II. vorgenommen wurden. Der Wald, der als Bannmauer die Dünenbildung aufgehalten hatte, fehlte nun, und der Wind trieb ungehindert den Sand über die Stubben der Wälder, deckte sie ein und benutzte sie als Kern für die Bildung von Hügeln. Jeder Wind trieb die leichten Sandkörnchen milliardenweise vor= wärts, dem Haff entgegen. So ziehen die auf der Oberfläche der Dünen lagernden Sandmassen ständig westwärts zur Höhe der Dünen und, auf der Kimmung angekommen, fallen sie an den steilen Seiten hinab, nicht ohne durch den Wind oder Sturm auf den Kimmungen zu gewaltigen rauchähnlichen Wolken empor= gewirbelt zu werden. Durch diesen Vorgang erfolgt also eine stete Umlagerung der Sandkörnchen; die Oberhaut der Düne zieht sich stetig von West nach Ost, immer neue, ältere Schichten bloßlegend und auch diese sofort wieder nach oben und ostwärts zu drängen. Auf solche Weise wandert die Düne, ohne wesentlich an Form und Höhe einzubüßen, wohl aber an Höhe zuzunehmen, sofern sie vom Meere her neuen Sand erhält. Das Fortschreiten der Dünen beträgt an einzelnen Stellen pro Jahr 4—7 m. Daß die heutigen Dünen recht junge Bildungen

140

Abb. 107. Zigeunerrast im Trappöner Forst (Zu Seite 148)

darstellen, beweisen die Forschungen. So besteht die 58 m hohe Wanderdüne des Wingkap aus einem etwa 40 m hohen Kern bewaldeter Parabeldünen, deren Kiefernstämme noch jetzt auf der ehemaligen Oberfläche vorhanden sind und der darüber aufgebauten heutigen Düne von 18 m Höhe. Die alten, in den heutigen Dünen steckenden Waldböden enthalten überaus reiche Fundstätten menschlicher Siedlungen aus neolithischer Zeit. Aus der paläolithischen Zeit hat man keine Fundstätten ermittelt, dagegen aus der neolithischen mehr als 100 auf dieser heute so armen Nehrung. Die Funde bestehen aus Tonkrügen und Schmuckgegenständen, letztere meist aus Bernstein, sowie Waffen und Arbeitsgerät aus Diorit, seltener Granit. Unter letzteren fand man Äxte, zum Teil durchbohrt, Netzsenker, Mahlsteine, Kornquetschen, Bohrzapfen. Die Ziergegenstände ähneln in Stil und Technik ganz denen in der Schweiz, in Böhmen, Südrußland, Griechenland, nur daß sie dort nicht aus Bernstein sondern einheimischen Gesteinen gefertigt sind, ein Beweis, daß in jenen frühen Zeiten ein reger Zusammenhang zwischen riesenhaft entfernten Gegenden bestanden haben muß. Diese Funde sind in das zweite Jahrtausend vor Christus zu verlegen, jedenfalls noch vor den Fall der Stadt des Priamus.

Seit einigen Jahrzehnten ist man mit der planmäßigen Eindämmung der Wanderdünen beschäftigt (Abb. 33). Man legt den losen Sand durch netzartige Anpflanzung des Strandhafers fest. Im nächsten Jahr, wenn diese bedürfnislosen und fest in den Sand sich einklammernden Gräser genügend eingewachsen sind, setzt man in der Mitte eines jeden dieser Strandhafergevierts ein Kieferpflänzchen und gibt ihm als ersten Halt und Nahrung ein Klümpchen Baggererde. Obwohl diese Kieferbäumchen später die ausschließliche Nahrung aus dem Feuchtigkeitsgehalt der Luft ziehen, gedeihen sie recht gut. Sie werden nie groß, umfassen vielmehr buschartig die Düne, die von Millionen dieser Kiefernbäumchen in Schach gehalten wird.

Im ersten Teil bis Sarkau tritt der Dünencharakter wegen der dichten Bewaldung nicht hervor, dann aber leuchten die gelben Wüstenberge um so greller auf und wechseln mit jedem Unterschied der Beleuchtung auch ihr Aussehen. Bald schimmern sie blendend gelb, bald bräunlich, bei wirbelndem Sandsturm beinahe schneeig, des Abends aber überziehen sie sich mit rosigen Tönen, und die schattigen Buchten der Haffseite leuchten vom feinsten Azur bis zum tiefsten Violett in allen Abstufungen des Blau. In den Sandmulden zu Füßen der Steilwände am Haff gedeihen die verschiedensten Strandpflanzen, unter denen die amethystfarbene Stranddistel (Abb. 78) besonders auffällt, ein wunderschönes Gewächs, das mit Recht unter staatlichen Schutz gestellt ist.

Heute zählt die Nehrung acht Dörfer, früher waren es 16. Die Hälfte ist also im Laufe der Jahrhunderte verschüttet worden. Dazu gehören das bei Rossitten gelegene Kuntzen, das 1825 völlig versandete, Neustadt, das 1600 unterging, Grawaiten 1797, Alt=Negeln um 1700, Neu=Negeln 1846; Lattenwalde hörte 1762, Preden 1839 zu bestehen auf. Die heutigen Niederlassungen sind von Süd nach Nord: Sarkau (500 Einw.), Rossitten (450 Einw.), Pillkoppen, Nidden, das größte Nehrungsdorf, mit 1000 Einw., Preil, Perwelk, Schwarzort (400 Einw.) und das Kurhaus Sandkrug an dem äußersten Nordende der Nehrung, gegenüber von Memel. Bei den einzelnen Dörfern ist Kulturland geschaffen, einige magere Felder und ausgedehntere Wiesen, von Wald umgeben. Die Dorfhäuser stehen meist unter Bäumen oder sind vom Nehrungswald umschattet. In den Ortschaften und deren Nähe sind die Bäume breitkronig und stattlich, nach dem Meere zu und im Bereich der Dünen werden sie kümmerlich. Die Gewalt der Stürme und der feine Triebsand hemmt ihr Wachstum und ertötet neue Schößlinge. Dazu kommen zum Teil die Verwüstungen, die von den Elchen angerichtet werden, denen natürlich die jungen Triebe besser behagen als Altholz. Die alten Häuser der Nehrungsbewohner sind anspruchslos und

141

weisen viel alte Eigenart auf. Sie sind aus behauenen Bohlen errichtet, schilf=
gedeckt und ohne Schornstein. Durch die schmale, in halber Höhe geteilte Tür
betritt man das raucherfüllte Innere, sieht den schornsteinlosen Herd mit Dreifuß
und dem Rauchloch in der Decke, worüber die Netze geräuchert werden, um sie
vor Fäulnis zu bewahren. Die Sprache ist deutsch und litauisch, welch letztere
nichts mit dem Polnischen gemein hat und viel klangreicher ist. „Guten Tag“
heißt z. B. im Litauischen Laps riez, im Polnischen dsien dobri; „danke“ im
Litauischen deko, im Polnischen dsien kujä; „Mädchen“ im Litauischen Mergita,
im Polnischen dsieftschüna. Doch sind die alten Sitten und Wohnweisen, wie
überall in Ostpreußen, so auch hier stark im Schwinden begriffen. Man stellt
neue Bauten auch schon aus Ziegeln her und richtet die Räume nach neuzeitlicher
Weise ein. Was aber noch geblieben ist, das ist der Wert der Persönlichkeit.
Der harte Kampf mit dem Leben, das rauhe Klima, das karge Land, das
Gefahren bringende Meer stählt den Charakter der Nehrungsleute, macht sie
schweigsam, verständig, bieder, jeder Phrase abhold und doch herzlich. Allerdings
hat der Fremdenverkehr in den Hauptorten Rossitten, Schwarzort, Nidden
manchen Nehrungsbewohner entartet (Abb. 74).

Rossitten ist von grünen Waldungen umschlossen in einer etwa 3 km breiten
Niederung gelegen und als Vogelwarte bekannt (Abb. 85). Nicht weniger als
250 Arten zeigen sich hier gelegentlich auf ihrer Rast beim Nord= oder Südlands=
flug, und in einem nahen, etwa 80 Morgen großen Sumpfgelände mit Binnen=
see haben Unmengen von Seeschwalben und Möwen ihre Brutkolonien. Vögel
aus Nordrußland, Finnland, Norwegen lassen sich hier vorübergehend nieder, und
zeitweise sind die Telegraphendrähte schwarz von den Unmengen hier rastender
Landschwalben. Nidden und Schwarzort gehören bereits zum abgetretenen
Memelgebiet (Abb. 73). Beide sind als Seebäder gern besucht und haben vor
anderen Seebädern den Vorzug eines ungewöhnlichen Landschaftsrahmens. In
die heroische Einsamkeit der Dünen am späten Nachmittag hineinzuwandern, wenn
die Farben der Landschaft warmgolden aufleuchten und auf den sonderbaren,
meerumfangenen Wüsten den blendenden Sonnenuntergang zu erwarten, der die
Dünen in Rosenglut taucht, gewährt einen unvergeßlichen Reiz. Und ebenso schön
ist das Hereinbrechen der Dämmerung, das Verschwimmen der alsdann alabaster=
bleichen Dünen im dunkelnden Himmel. Die elchbewohnten moorigen Wälder sind
merkwürdig genug, um besucht zu werden, die einsam gelegenen Fischerdörfchen
Preil und Perwelk mit ihrer altväterlichen Kultur desgleichen. Nicht der kleinste
Reiz ist es, die Arbeit der Nehrungsleute zu beobachten und auf den seltsam be=
wimpelten Kähnen der Hafffischer eine Fahrt zu unternehmen oder die Stätten
untergegangener Dörfer aufzusuchen, die zum Teil mit ihren Friedhöfen von
den wandernden Dünen wieder freigegeben sind, so daß man verfallene Hütten
und gebleichte Knochen erblickt. Ungemein stark sind die Eindrücke einer mond=
nächtigen Bootfahrt am Strande hin, vorüber an den ruhenden, lichtblinkenden
Dörfchen und den geisterhaft leuchtenden Dünen, ebenso aber auch eine Wanderung
bei Sturm und Nebel in die alsdann besonders wilde Dünenwelt.

Das gewaltige Haff ist das Brackwasser der Mündungsarme der Memel und
ihrer Zuflüsse. Stimmungsvoll ist auch das von moorfeuchten Wäldern und Wiesen
durchsetzte Land am Haff und im Memeldelta. Schilf und schwammiger Boden,
Wechselgebilde, von denen man nicht sagen kann, ob sie noch zum Lande oder schon
zum Wasser rechnen, umkränzen das Haff von Cranzbeek bis Memel. Wasser in
allen Zustandsformen beherrscht dieses Gebiet, in dem auch Majestät Elch sich
ergeht. Bedeutende Orte findet man nicht. Überall sieht man die hölzernen
Häuser der litauischen Bauern und Fischer, und oft erinnern die Szenerien an den
Spreewald. Dunkelgoldgrün sind die Stimmungen des Abends in den Wäldern,
seltsam weich und unwahrscheinlich, zuweilen durchaus sagendunkel die Stunden.
Hier ist es am leichtesten, sich in heidnische Zeiten hineinzudenken. In den

142

Abb. 108. Das Ordensschloß zu Neidenburg (Zu Seite 126)

Siedelungen, unter denen im Dreieck zwischen Tilsit, Labiau und Memel nicht eine einzige städtische ist, fällt der Unterschied zwischen den aus verschiedenen einzelnen Holzhäusern sich zusammensetzenden litauischen Bauerngehöften und den mit kleinen, schmalen Giebeln sich gegen das Wasser wendenden Häuschen der Fischer auf. Der litauische Bauer liebt es, für jede Zweckbestimmung sich ein besonderes Haus zu errichten. So kennt er außer dem eigentlichen Wohnhaus noch ein solches für die Aufbewahrung von Getreide, Kleidern, Hausrat; es ist die sogenannte Klete, die zum Teil auch als Schlafraum dient. Dann gibt es ein Mahlhaus, in dem das Korn gemahlen wird, ein Dörrhaus, in dem das Getreide künstlich getrocknet und gedroschen wird, die Badestube, das Backhaus, Brauhaus, Waschhaus. Heute sind die Wohnweisen schon vereinfacht und die Zahl der Gebäude eines Gehöftes auf einige wenige verringert. Die Lage der Gebäude entbehrt eines besonderen Schemas. Groß ist die Farbenfreude der Litauer, sowohl der Bauern als der Fischer. Die Giebelbretter und Bohlen, wie Zäune, Türen und Fenster werden mit kräftig wirkendem Rot, Blau, Grün, Gelb in gutwirkenden Zusammenstellungen bemalt. Eigenartig und sicherlich älter als die christliche Zeit sind die merkwürdig gestalteten Grabtafeln, die gleichfalls durch Farbenschmuck sich auszeichnen. Mit Dächern versehene Grab= tafeln bedeuten Frauengräber; je länger die Dachbretter, desto älter war die Ver= storbene. Auch die Fischerkähne sind eigenartig. Jedes Dorf hat seine besonderen Wimpelbretter, auf denen man in stilisierter Weise Häuser, Kirchen, Mühlen in filigranhafter Art geschnitzt sieht, so daß man nach diesen Wimpeln die Heimat des Bootes bestimmen kann (Abb. 14, 15, 16).

Das Gepräge der Memeldeltalandschaft mit dem großen Ibenhorster Forst unterscheidet sich wenig von der südlich der Gilge sich anschließenden Niederung des großen Moosbruches. Überall ist Wasser, überall sieht man Kanalgräben (Abb. 86), die für den Verkehr mit einfachen Kähnen geeignet sind und oft neben der Landstraße hinführen, allenthalben Torfhaufen auf den Wiesen, mit Torf beladene Kähne und Heustapel, überall von Blumen umgebene bunte Häuschen und weidende Kühe wie muntere Pferde, die sich in den wasserdurchzogenen Wiesenkämpen ergehen. Hin und wieder taucht echte, rotblühende Heide mit Föhrenwäldern auf, kurz, es ist eine unterhaltsame Gegend. Das kleine Städtchen Labiau an der unteren Deime scheidet ungefähr das moorige Moosbruch im Norden von dem fruchtbaren Ackerland des östlichen Samland, das von wohl= habenden Bauerndörfern und großen Rittergütern erfüllt ist. Doch gibt es auch in der Niederung sehr wohlhabende Bauern in stattlichen Dörfern und Markt= flecken, unter denen das 2300 Einwohner zählende Heinrichswalde das bedeutendste ist, zugleich der Sitz für die verschiedenen Behörden des Kreises Niederung. Unter dichten Laubkronen verborgen sind die Rittergüter die Niederung. Recht anmutig ist das Dorf Lappienen, in welchem eine achteckige hübsche Barockkirche auffällt. Am Kurischen Haff liegt das Fischerdorf Karkeln, das kurische Venedig genannt; besser ist es allerdings mit irgend einem Spreewaldorte zu vergleichen. Bemerkenswert ist, daß der Karkelnfluß an der Mündung eine außerordentliche Verbreiterung besitzt, die bedeutender ist als der Rußstrom an seiner Mündung.

Das Land nördlich des Rußstroms und der Memel ist durch den Vertrag vom 9. Januar 1920 zwischen den Bevollmächtigten der alliierten und assoziierten Hauptmächte einerseits und der deutschen Regierung andrerseits von Deutschland abgetrennt und bis zur endgültigen Regelung als autonom erklärt worden. Es wurde von einem französischen Gouverneur verwaltet, dem eine kleine französische Besatzungstruppe zur Seite stand. Jedoch vertrieben im Februar 1923 die Litauer die Franzosen und erklärten entgegen allen völkerbundlichen Bestimmungen das Gebiet als zu ihrem Staate gehörig, trotz der energischen Proteste der Bevölke= rung. Litauen hat zwar die Memelkonvention anerkannt, deren Anhang I die Autonomie des Memelgebietes betont und regelt, jedoch denkt es nicht daran, die

144

Abb. 109. Ein Philipponenhaus und seine Bewohner. Auf dem Tisch die russische Teemaschine (Samowar) (Zu Seite 154)

Autonomie durchzuführen, sondern ist bestrebt, mit allen Mitteln das Gebiet litauisch zu machen. Es findet allerdings starken Widerstand nicht nur durch die fast reindeutsche Bevölkerung der 40000 Einwohner zählenden Stadt Memel, die den stärksten Block des Deutschtums im Memelgebiet darstellt, sondern auch von der deutschen und dem weitaus größten Teil der litauischen Landbevölkerung, die insgesamt etwa 110000 Menschen zählt. Sehr bezeichnend ist das Ergebnis einer vom französischen Gouverneur veranlaßten Willenserklärung der Eltern im Memelgebiet darüber, ob sie ihre Kinder litauischen oder deutschen Religions= und Schreib= wie Leseunterricht erteilt wissen wollten. Das Ergebnis war, daß trotz der großlitauischen Propaganda unter sämtlichen 22000 Schülern unter 14 Jahren nur für 400 Schüler, das sind 1,8 %, litauischer Schreib= und Lese=unterricht gewünscht wird. In dem überwiegend litauischen Kreis Heydekrug wünschten nur 5 % der Eltern litauischen Religionsunterricht und nur 2,4 % litauischen Schreib= und Leseunterricht. Im ganzen weist der Kreis Heydekrug 3790 Schüler mit deutscher, 2411 Schüler mit litauischer und 9 Schüler mit kurischer (lettischer) Muttersprache auf. Für 312 Kinder jedoch nur wird litauischer Religionsunterricht, für 78 Kinder litauischer Schreib= und Leseunter=richt gewünscht. Es ist dies der beste Beweis, daß das Memelland ein deutsches Gebiet ist. Sofort nach der Abtrennung des 2451 qkm großen Gebiets hat sich in Memel ein Deutsch=Litauischer Heimatbund gebildet, der es als seine Haupt=aufgabe betrachtet, deutsche Sprache und Kultur im abgetretenen Memelland zu erhalten und gleichzeitig das gute Einvernehmen zwischen Deutschen und Litauern auch weiterhin zu pflegen und zu vertiefen. Memel ist der Hauptort, gegründet 1252 durch den livländischen Orden der Schwertbrüder und somit drei Jahre älter als die Burg Königsberg (Abb. 88). Es ist eine rege Stadt, in der nament=lich der Holzhandel und die Holzindustrie bedeutend war. Heute ist durch die Kurzsichtigkeit des litauischen Staates, der Polen schädigen will, die Schiffahrt auf der Memel unterbunden, so daß der Handel sich nicht entfalten kann. An dem Dünenstrand, der von Memel an der Küste des Meeres sich nördlich fort=setzt, liegen einige kleinere Seebäder. Das nächste ist die 7 km von Memel entfernte Försterei. Dann folgt kurz vor der litauischen Grenze das Dorf Nimmersatt, einsam nahe dem Strande gelegen, 20 km von Memel, 10 km von der nächsten Bahnstation entfernt. Durch die nach Litauen führende Land=straße wird der Ort in zwei Teile geschieden; der östliche zeigt Bauerngehöfte, hinter denen fruchtbares Ackerland liegt, der westliche besteht aus Fischerhäusern, die zwischen Dünen mit Erlen= und Kieferwaldungen liegen. Auch Nimmersatt ist ein beliebtes Seebad, das nördlichste im deutschen Gebiet, verschönt durch eigenartige Dünenwelt. Seltsam ist das Gefühl, an der nördlichsten Ecke eines gewaltigen Volksbereichs zu stehen. Und träumt man am Strande in die Nacht hinein, wenn nach dem Sonnenuntergang das Meer zuerst bernsteinfarben glänzt, dann wie ein Opal leuchtet, und lauscht den im Strandwasser hingleitenden Booten, in denen litauische Burschen und Mädchen ihre schönen, schwermütigen Dainos singen, so packt uns die Melancholie, und wir denken des Schicksals eines tatkräftigen, starken Volkes, das durch unerklärliche Ratschlüsse dazu bestimmt ist, das Herz Europas zu sein, ein Herz, dem umgebende Organe das Dasein recht schwer machen, — zu ihrem eigenen Nachteil (Abb. 87).

Kehren wir zurück und lassen Tilsit unser Ziel sein, eine Stadt, die kaum weniger bedauerswert ist als das unter litauischer Willkür lebende Memel. Tilsit, das in der erfreulichsten Blüte stand, heute noch 50000 Einwohner zählend, lebte von dem gewaltigen Holzhandel und dem Verkehr auf der Memel. Nicht weniger als 38 Dampfsägewerke, dazu zwei große Zellstoffabriken, die mit der Zellstoffabrik in Waldheim bei Mannheim das größte Unternehmen dieser Art in der Welt darstellen, sind in Tilsit und der nächsten Umgebung vorhanden. Eine prachtvolle Brücke überspannt den Strom und verband die

146

Abb. 110. Blick vom Kirchturm zu Lyck auf die Insel Lyck (Zu Seite 152)

Hauptstadt mit ihrer kleinen Niederlassung am jenseitigen Ufer. Dort befindet sich auch das Wasserwerk und das zum Teil in Angriff genommene Hafengelände der Stadt. Da zerriß 1920 die Bestimmung der Feindmächte die Stadt ohne jede Rücksichtnahme in zwei Teile. Die Siedelungen auf dem nördlichen Memel= ufer mit dem Wasserwerk und dem Hafengelände wurden litauisch. Der litauische Staat bemüht sich, das Hinterland des nördlichen Memelufers von Tilsit zu iso= lieren. Er versucht es durch Schaffung bequemer Bahnverbindungen nach Kowno und Memel und schlechte Verbindungen nach Tilsit wie durch Paßschikanen, und Einrichtung von Märkten in den Dörfern. Doch vermögen diese Bemühungen das von der Natur Gegebene nicht zu unterbinden. Wie alle größeren Orte im Memelgebiet hat auch Tilsit eine deutsche und litauische Kirche, beides eindrucks= volle Bauten, die erstere mit einem schönen Turmhelm, von dessen Galerie aus sich ein prächtiger Blick auf die Stadt und die Memel erschließt (Abb. 89). Tilsit ist die Geburtstadt Max von Schenkendorffs, dessen Denkmal am Platze vor der deutschen Kirche steht. Auch steht noch das Haus, in welchem die Unterredung zwischen der Königin Luise und Napoleon I. stattfand, doch hat das historische Gemach nicht mehr die alte Einrichtung. Die Umgebung der Stadt bietet mancherlei. Sind es einmal schon die Memelbilder mit den Flößern, die ebenso wie der starke Eisgang des Frühjahrs an die Weichsel erinnern, so im Sommer die Blumenpracht der grasigen und mit Bäumen bestandenen Abhänge, die im Schmucke des Flieders und der Heckenrose erblühen. Romantische Waldbestände landeinwärts, der aussichtsreiche Rombinus am hohen Memelufer, und der Schreitlaugkener Forst mit seinen steilen Höhen, die die Memel zu einer respekt= vollen Flußschleife zwingen. An diesem Flußbogen liegt das Städtchen Ragnit mit seiner alten Burg, der leider heute eine recht pietätlose Zwecksbestimmung zugewiesen ist. Sie, die einst nach der Marienburg die stärkste Ordensburg im Lande war, dient heute als Gefängnis. Etwas stromauf liegt die Höhe von Obereißeln mit hübschem Park und einer zum Strom hinabführenden Treppe, die von obeliskenartig gehaltenen Fichten flankiert ist, so daß sich ein malerischer Blick auf die Memel und das jenseitige Land erschließt.

XV. Pregelland

Der Pregel ist der einzige unter den größeren ostpreußischen Flüssen, der so gut wie seiner ganzen Länge nach deutsch ist. Er ist, wenn wir einmal die Galanterie auf den Kopf stellen wollen, der kräftige, junge Bruder zwischen zwei älteren und ziemlich korpulenten Schwestern (Memel und Weichsel). Das von ihm durchflossene Landgebiet scheint eben und ohne besondere Reize zu sein (Abb. 91). Und doch begegnet man grade in diesem Gebiete einer Fülle der anmutigsten Land= schaften. Aus dem Bereich der landschaftlich sehr schönen Seekuppe, in dem besonders der Ort Lasdehnen zu rühmen ist, kommt man durch wunderschöne Wälder mit Sümpfen und Wiesen (Abb. 107), auf denen überall aufgehäufte Torfstücke liegen, in Wiesen= und Feldergegenden, die leicht gewellt sind. Vereinzelte Waldungen bringen Belebung in diese Landschaften, kräftige Rinderherden weiden, untermischt mit kleinen Gruppen braunwolliger Schafe. Die Dörfer sind unter Bäumen halb verborgen, Tümpel, Birkenwege, weite Ausblicke über gepflegte Ackergegenden und eine scharfe, hellgoldige Beleuchtung bringen mehr Schönheiten zuwege als man glauben möchte. Die Häuser sind vielfach aus Holz, in einzelnen Dörfern aber aus Stein, weiß getüncht und mit hellroten Ziegeln gedeckt. Manch hübscher Bau fällt uns hier, manch ansehnlicher Krug an der Landstraße auf. Es sind zumeist nach dem Russenrückzug neugeschaffene Häuser. Auch in Pillkallen (Abb. 94), einem recht freundlichen Städtchen, sind viele Häuser neu erstanden, desgleichen in Schirwindt, das 1914 von den Russen völlig zerstört wurde und daher gänzlich neu ist. Schirwindt liegt hart an der litauischen Grenze und ist die östlichste

148

Abb. 111. Blick auf das Mausoleum im Park zu Beynuhnen (Zu Seite 150)

Stadt des Deutschen Reichs. Auch in Stallupönen, wo die Russen arg gehaust haben, wirken die neuen Bauten recht vorteilhaft, wie denn überhaupt dieses kleine Dreigestirn im östlichen Teile Deutschlands nunmehr ein überraschend einladendes Bild ergibt (Abb. 90, 93).

Am Einfluß der Rominte in die Pissa breitet sich die sehr freundliche Regierungsstadt Gumbinnen (20000 Einw.). Sie ist eine Gründung Friedrich Wilhelms I., des Kolonisators der altpreußisch-litauischen Landstriche aus dem Jahre 1724. Erheblichen Aufschwung nahm die Stadt durch die Ansiedelung der wegen ihres Glaubensbekenntnisses aus der Heimat vertriebenen Salzburger, von denen eine beträchtliche Zahl in Gumbinnen Wohnung nahm. Sie gestalteten für sich wie ihre Landsleute in der Umgegend die Stadt zum geistigen Mittelpunkt. An die gleichfalls in namhafter Zahl sich hier ansiedelnden Franzosen und Schweizer erinnern die zahlreichen französischen Namen der Bürger. Durch schattige Gärten und Baumanlagen, welche die mitten durch die Stadt fließende Pissa begleiten, wird die Stadt erheblich verschönt. Zwischen Gumbinnen und Stallupönen, etwas südlich der Bahnlinie Gumbinnen-Eydtkuhnen, befindet sich das weltberühmte Hauptgestüt Trakehnen, gleichfalls eine Gründung Friedrich Wilhelms I., der alle in Ostpreußen gelegenen Gestüte nach Trakehnen verlegte. Die Russen zerstörten auf ihrem Rückzug die Einrichtungen des Gestüts, so daß diese nach dem Kriege neu errichtet werden mußten. Die Stuten sind in geräumigen Ställen, die Zuchthengste in einzelnen Häuschen, sogenannten Paddocks, untergebracht. Das Dorf selbst liegt im Schatten alter Baumbestände, namentlich Linden und Eichen. Am Tage der großen Pferdeauktion, zu der Schaulustige, aber auch Sportsleute, Pferdeliebhaber von nah und fern herkommen, um einen edlen Trakehner zu erstehen, bietet der Ort ein belebtes Bild. Besondere Anziehungskraft besitzt auch das Trakehner Jagdreiten und das alljährlich im Herbste abgehaltene Querfeldeinrennen, bei dem die Fähigkeiten künftiger Rennpferde erkundet werden.

Südlich von Trakehnen, zwischen dem Wyschtyter See und dem Städtchen Goldap, ist das Bereich der überaus romantischen Rominter Heide. Es ist ein hügeliges Gebiet mit ungewöhnlich schönen Wäldern, märchenhaften Durchblicken, sonnendurchfunkeltem grünen Walddämmer. Hin und wieder unterbricht ein Teich mit malerischen Ufern die Waldgeschlossenheit, oder ein Bach durchrieselt die Lichtungen und Walddickichte. Herrlich sind die weißen Wolken im Himmelsblau über den schwarzen Fichten. Auffallend dunkel erscheinen die Forsten, und das Gelände, das uns bald hinab in frischgrüne Gründe führt, deren schönster das Romintetal mit dem forellenbelebten munter fließenden Romintebach ist, bald aber auch hinauf zu Höhen bringt, daß wir uns auf Bergen oder Hochflächen wähnen, erhöht die Reize dieses Waldgebiets, das nicht weniger als drei Meilen breit und lang ist. Keine Siedelungen beleben dieses Bereich der großen Waldeinsamkeit, in dem nur die hohen Waldbäume, der dunkelblaue Himmel, die schwebenden Wolken, das Bachgeglitzer, die plätschernde frische Rominte und die goldgrün funkelnden Teiche regieren. Allerdings trifft man in diesem Riesenwalde, der von starkem Rotwild durchstreift wird, eine auf Hügellehnen stehende kleine Kolonie Häuser und ein in norwegischem Stil erbautes Schlößchen nebst Stavekirche, doch erscheint dies alles so still und unwahrscheinlich, daß es eher als ein Gebilde des Waldes dünkt anstatt ein von Menschen hineingesetzter Fremdkörper (Abb. 95, 96, 97).

Der südlichste Teil wird von Seen umsäumt, in deren Bereich das friedliche Städtchen Goldap (8000 Einwohner) lagert. Südlich von ihm wölbt sich der 272 m hohe Goldaper Berg, an den sich nach Süden hin Höhe an Höhe schließt und mit Macht ins masurische Land hinein locken will (Abb. 27). Doch, wir bleiben dem Pregel treu und wenden uns nordwestlich zum Tal der Angerapp. Die Landschaft ist überaus anmutig durch ihre lebhaft hüglige Gestaltung und

149

gelegentliche Waldbekrönung, zahlreiche kleine Seen, prachtvolle Baumgruppen und reizende Szenerien weidender Rinder= und Schafherden. Allenthalben sieht man auch hier auf den Wiesen zusammengehäufte Torfstücke (Abb. 22). Über der viel= schlängeligen Angerapp erhebt sich das Städtchen Darkehmen, das wie alle anderen Städte des östlichen Gebiets unter dem Russeneinfall stark gelitten hat, nun aber mit neuen Bauten aufwartet. Etwa 10 km südwestlich von Darkehmen liegt das Schloß Beynuhnen (Abb. 111, 112), das der 1888 verstorbene Besitzer Fritz von Farenheid, ein Freund der antiken Kunst, in einen Musentempel ver= wandelt hat. Die Schmalseite des Schlosses ist durch eine Karyatidengruppe geadelt, im Park leuchten die marmornen Gestalten antiker Meisterwerke, ein feierlicher Durchblick eröffnet sich nach dem Mausoleum, im Schlosse selbst aber sind mehrere saalartige Gemächer zur würdigen und wirkungsreichen Aufstellung von Abgüssen antiker Kunstwerke und von Gemälden der Renaissance verwandt.

Auch hier sind wir dem Seengebiet Masurens bedenklich nahe, wenden uns daher westlich, bewundern auf dem Wege den inselreichen Nordenburger See und fahren durch die kleinen Städte Nordenburg und Gerdauen nach Friedland im Alletal, wo uns besonders die sowohl außen wie innen sehr malerische Kirche fesselt. Auch das alte Fachwerkhaus am Markt werden wir nicht übersehen. Rund im Lande zwischen Nordenburg, Gerdauen und Friedland schauen wir reiche Fluren, in denen die Holzhäuser fast ganz verschwunden und durch steinerne Bauten mit Ziegeldächern ersetzt sind. Überall kränzen blaue Hügel und ferne Wälder das üppige Getreideland, welches selbst aber nur wenig Baumwuchs aufweist. Reiche, offene Landschaft führt uns auch weiter nach dem westlich gelegenen Domnau durch Dörfchen mit malerischen Teichen, blumenumwucherten Häusern und stimmungsvollen Friedhöfen bei den meist sehr alten Steinkirchen. Nördlich von Domnau und Friedland dehnt sich der merkwürdige Zehlauer Bruch, im Norden umfaßt von dem Frisching, einem großen Waldgebiet, das sich zwischen dem Bruch und dem Pregel breitet. Der Zehlauer Bruch ist ein Hochmoorgebiet, das nach der Mitte zu höher ansteigt. Bekanntlich unterscheiden sich Hochmoore von Niederungsmooren dadurch, daß sie nicht wie diese einen See oder eine Wiese von den Rändern aus vertorfen, sondern daß sie von einem Mittelpunkt aus sich verbreiten, sobald sie aber auf ein Hindernis stoßen, infolge der quellenden Kraft ihrer feuchten Unterlage in die Höhe streben. So hat denn auch der Zehlauer Bruch eine Höhe von 9 m erreicht und liegt inmitten der fruchtbaren Pregellandschaften wie ein voll Wasser gesogener Schwamm. Unendliche Vege= tation gedeiht hier. Zwischen Porst, Sonnentau, Rosmarin, Vacciniumarten usw. stehen krüppelige Birken und Kiefern, die aber trotz ihrer kaum 2 m erreichenden Höhe 70 und mehr Jahre alt sind. Am westlichen Rande des Frischingforstes, der von Rotwild und auch von Elchen belebt ist, die sich im Zehlauer Bruch sehr wohl fühlen, treffen wir auf das aufwandsvoll gebaute Schloß Friedrichstein, das wie die Schlösser Carwinden im Kreise Pr.=Holland und Dönhoffstädt im Kreise Rastenburg von John von Collas, einem in England geborenen Lothringer, Anfang des 18. Jahrhunderts erbaut wurde. Die Schlösser haben eine gut= gegliederte Architektur und einen mit hohen Säulen versehenen Mittelbau, der zur Eigangshalle und zum Gartensaal führt. Die Königsberg zunächst gelegene Pregelstadt ist Tapiau, der Geburtsort Lovis Corinths, der der Kirche seiner Vaterstadt ein dreiteiliges Kreuzigungsgemälde geschaffen hat. Über das nahe östlich am Pregel sich erhebende Wehlau, das ein bemerkenswertes Rathaus und manche andere Zeugen aus der alten, gerade für diese Stadt recht bewegten Zeit aufweist, gelangen wir nach Insterburg, einem stattlichen Ort (36000 Einwohner), der an der Angerapp gelegen ist (Abb. 113). Er bildet den weithin bedeut= samsten Mittelpunkt landwirtschaftlicher und züchterischer Bestrebungen. Die Vieh= auktion der Herdbuchgesellschaft, die Turniere auf dem mustergültigen Turnier= platz bei dem städtischen Gute Lenkeningken, die Tattersall-Gesellschaft und manche

150

Abb. 112. Im Park des Schlosses Beynuhnen bei Darkehmen (Zu Seite 150)

andere Einrichtung haben Insterburg ein besonderes Schwergewicht verliehen. Daneben ist die Stadt der Sitz namhafter Industrien, unter denen eine große Spinnerei und Weberei, große Mühlenwerke, die unter Beteiligung der Stadt und des Kreises gegründete Ostpreußische Wurst- und Fleischwarenfabrik und vieles andere zu nennen ist. Doch pflegt Insterburg auch seine Vergangenheit. Manches schöne Barockhaus ist vorhanden, die alte Speichergasse erinnert wie die in Wehlau an die Lastadien in Königsberg, und die Anfang des 17. Jahrhunderts erbaute Lutherkirche mit ihrem 62 m hohen Turm hat eine reiche Innenausstattung. Alles dies ergibt ein, wenn auch lückenhaftes so doch immerhin lebendiges Bild alter Tage, um die die neue Zeit ihren hellfarbigen Kranz windet.

XVI. Masurenland

Ende gut, alles gut; drum haben wir das Masurenland uns zum Schlusse aufgehoben. Beginnen wir unsere Fahrt in Angerburg, einem freundlichen Städtchen (7000 Einw.) an der Angerapp, deren Tal zwischen hier bis Insterburg so viele Schönheit aufweist, teils durch Anhöhen, Bewaldung, teils durch Vertrautung des überall reichlich tiefen Wassers (2—7 m) mit Mummelrosen usw., daß es eine ganz gute Einleitung einer Wanderfahrt durch das große und kleine Seengebiet Masurens wäre, wenn man von Insterburg mit einem Boote die Angerapp talauf fahren würde. Auf einer Kuppe vor dem Schwenzaitsee bei Angerburg ist einer der schönsten Heldenfriedhöfe Deutschlands angelegt. Von Angerburg führt uns der Dampfer durch das kristallklare Wasser der Angerapp hinaus auf die breite Fläche des Mauersees, des nördlichsten der drei großen masurischen Seen. Über die blanke Tiefe, in der man einen großen Schornstein lotrecht versenken könnte, ohne daß er die Seenfläche überragt, schweben wir der Waldinsel Upalten entgegen, die mit ihren hohen Ulmen, Eichen, Tannen und ihren Reiherhorsten eine vom See umschlossene Insel der tiefsten Einsamkeit und Schönheit ist, sofern man sie nicht etwa an einem Sonntag aufsucht, an welchem Tage allerdings mehr oder weniger lebhaftes Treiben hier herrscht. Drüben, am westlichen Festlandsufer, ist das gräflich Lehndorffsche Schloß Steinort gelegen. Man fährt durch einen Kanal bis zum Park des Schlosses (Abb. 7), der eine Allee mehrhundertjähriger Eichen und nach dem See hin einen wundervoll üppigen Kamp mit Eichen und sumpfigem Hochwald aufweist. Nicht weit von hier erhebt sich, von fruchtbarsten Fluren umgeben, die Stadt Rastenburg (14000 Einw.), die wohl die eindrucksvollste Kirche des Landes besitzt, ein burgartig wirkendes Bauwerk, das über steiler Höhe am Stadtrande thront und auf ein großes Mühlenwerk hinabschaut (Abb. 13). Von Upalten bringt uns der Dampfer weiter über den Mauersee, an mannigfach gearteten Inseln vorüber nach Lötzen, das zwischen dem südlichsten Teile des Mauer= und dem nördlichsten des Löwentinsees liegt. Die kleine preußische Feste Boyen, die auf den Fundamenten einer Ordensburg errichtet ist, nimmt den schmalen Teil des Isthmus zwischen den Seen ein. Die Wilhelmshöhe und der Park des Freiguts Schöneberg sind zwei von den mannigfachen Erhebungen im Banne von Lötzen, die man wegen ihrer schönen Seenblicke nicht unbesucht lassen darf. Geradezu unmöglich ist es, diese Landschaften erschöpfend zu schildern, da fast jeder Ort seine besondere Schönheit besitzt. So entfaltet sich von Angerburg aus nach Osten das Gebiet der Pillacker Berge, die man, wie manche Gegenden im Ostpreußenlande, schmeichlerisch zur Schweiz umgetauft hat, ferner der gewaltige Rotebuder Forst (Abb. 100), und eine Fülle kleiner und größerer Seen, von denen uns einer nach dem andern wie verführerische Blumen bis zur polnischen Grenze lockt. Nicht weit von dieser entfernt liegt am Oletzkoer See die Stadt Marggrabowa (6000 Einw.), ein Knotenpunkt von Eisenbahnen und Straßen und mit einem ungeheuer geräumigen Marktplatz (7 ha groß) bedacht, der als der größte Deutschlands anzusprechen ist und jenen von Tittmoning in Bayern wohl noch übertrifft (Abb. 101). Schön sind die Ausblicke auf den Oletzkoer See, dem aber sehr viele andere in der Gegend gleichen. Wer könnte auch mit Bestimmtheit behaupten, daß dieser oder jener See der schönste ist? Hat man einen bewundernswerten See entdeckt, von dem man glaubt, daß er der schönste im Lande sei, so findet man gewiß über kurz oder lang einen zweiten, der noch berückender erscheint.

Von Marggrabowa aus wurde das Heer des Generals Rennenkampf, welches von hier bis hinauf nach Labiau eine gerade Front von 100 km einnahm, in der Schlacht vom 9.—11. September 1914 aufgerollt, an der übrigen Front zurückgedrückt und über die Grenze gedrängt. Die Umklammerung von Marggrabowa aus, die bis über Goldap hinaus gediehen war, drohte zu einer katastrophalen zu werden, doch entzog sich das russische Heer derselben durch schnellen Rückzug. Mit dieser Tat vollendete Generaloberst von Hindenburg die Befreiung Ostpreußens im Sommer 1914.

Südlich von Marggrabowa thront am Lycker See das besonders stattlich erscheinende Lyck (Abb. 98, 110), die bedeutendste Stadt Masurens (14500 Einw.). Auf einer Insel im See hatte der Ritterorden seine Burg errichtet, und nachdem diese im Kriege zwischen dem Orden und dem Städtebunde zerstört worden war, entwickelte sich am Westufer des Sees allmählich die Stadt Lyck. Ein ganz wundersames Bild gewährt der östlich der Stadt sich breitende Wald. Von der

152

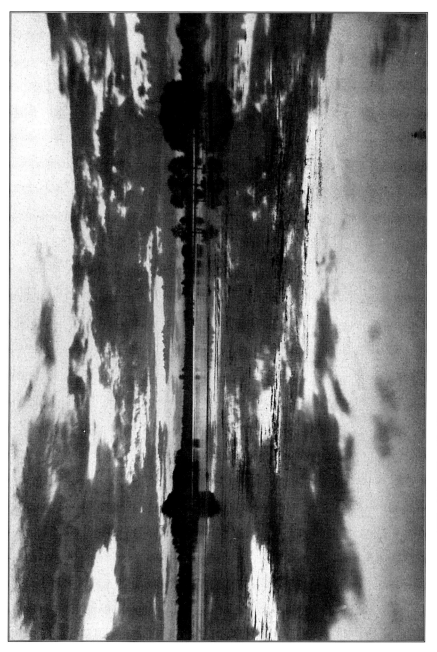

Abb. 113. Am überschwemmten Ufer des Pregel bei Insterburg (Zu Seite 2)

sehr idyllisch gelegenen Waldschenke daselbst führt ein Weg durch Hoch= und Niederwald zu dem eine halbe Stunde entfernten Tatarensee, einem köstlichen Waldgeheimnis. Doch, auch hier müßten wir Namen über Namen nennen, um der ausgestreuten Schönheitsfülle im Lande gerecht zu werden. Deshalb sei allgemein bemerkt, daß die gesamte Landschaft östlich der drei großen Seen ein Mosaikbild landschaftlicher Idyllen ist. Buckeliges und starkhügeliges Land breitet sich überall; zwischen grauen und bunten Fluren schimmert die Saphirbläue der allerorten auftauchenden Seen. Dazwischen leuchten weiß=rote Dörfchen, die besonders an Sommernachmittagen eine unbeschreiblich klare, warme Beleuchtung haben, nicht selten verschönt durch rosig am Himmel schwebende Wölkchen (Abb. 98). Zwischen Lyck und Marggrabowa fallen besonders schöne, waldtragende Höhen auf. An ihren Hängen breiten sich Wiesen und Äcker, belebt von arbeitenden Landleuten oder weidenden Schaf= und Rinderherden. Flachs= und Rapsfelder bringen warm aufleuchtende Töne ins Bild und überall sieht man Gehöfte oder Gehöftgruppen. Zahlreiche Pappeln bringen einen silbrigen Ton in die Landschaft, die infolge der tiefblauen Seen und der aus ihnen emporragenden Höhen oft das Gepräge einer kleinen Berggegend besitzt. Die Wälder zwischen Lyck und Goldap, aber auch die westlich der drei großen Seen, sind ganz von Eichendorffscher Romantik durchlebt. An Größe und Schönheit der Stämme und Kronen geben sie keinem Walde in anderen deutschen Gegenden etwas nach und gegen den Abend hin, wenn die sich neigende Sonne zwischen die Stämme mit goldenem und rotem Schein leuchtet, werden sie vollends zauberisch (Abb. 99).

Ganz im Süden träumt das Städtchen Johannisburg (5000 Einw.) an der stimmungsvoll umgrünten Pisseck und unweit einiger der schönsten Seen des südlichen Masuren. Nannte ich das Städtchen träumerisch, so meine ich die Mittagszeit, in der ich es sah, eine ruhevolle Stunde, in der ich, noch durchglüht von dem heißen Duft der nahen herrlichen Kiefernwälder, in dem Städtchen anlangte. Es ist unrecht, dieses wie die anderen kleinen Städte Ostpreußens abfällig in die Rubrik der Krähwinkelnester zu verweisen, die nur dazu gut scheinen, um über sie billige Späße zu machen. Gerade die kleinen ostpreußischen Städte tragen verhältnismäßig einen erheblichen Teil mit an der Lösung von Kulturaufgaben bei. In fast allen sieht man gut angelegte Sportplätze, Jugendherbergen, Turnhallen, städtische Büchereien, Warmbadeanstalten, Fluß= oder Seebadeanstalten, und viele der Kleinstädte besitzen auch Schlachthöfe, Kühlhallen, Wasserwerke, Entwässerungsanlagen, Gas= und Elektrizitätswerke usw., was alles um so nennenswerter ist, als nur die wenigsten unter diesen Städten über namhaften Grund= oder Forstbesitz verfügen und daher ausschließlich auf die bescheidene Steuerkraft der Bürger angewiesen sind.

Wie eine blaue Girlande schlingt sich durch den wundersamen Riesenforst der Johannisburger Heide, den die Bahn zwischen Johannisburg, Rudczanny und Ortelsburg durchzieht, der schmale Niedersee nebst einigen anderen diesem angegliederten Seen. Auch hier sind die Naturidyllen so mannigfaltig, daß einem die Worte zur rechten Schilderung fehlen. Mitten in diesem Gebiet liegt Rudczanny, sich zwischen Nieder= und Beldahnsee einzwängend und eigentlich nur aus wenigen Dorfhäusern, einem Gasthaus, imposanten Holzlagern am Bahnhof, am Sägewerk und ebenso gewaltigen Lagern von Holz im Seewasser bestehend. Sehr hübsch ist in diese ganz von dichtem Walde umschlossene Siedlung der Durchblick an dem die beiden Seen verbindenden kurzen Kanal, über den die Eisenbahnbrücke sich schwingt. Auch der Beldahnsee ist ganz in Wald gebettet, und die ansteigenden dichtbewaldeten Höhen am grundklaren See, die Seerosen in den träumerischen Buchten schaffen im Verein mit der Sonne höchste Schönheit. Bei Eckertsdorf in der Nähe von Rudczanny befindet sich ein russisches Philipponenkloster. Auf flachem Hügel thront die kleine orthodoxe Kirche und das bescheidene, unschön zu nennende Gehöft des Klosters. Ein schöner Obstgarten

153

Abb. 114. Pfarrhaus zu Tharau (Ännchenhaus) (Zu Seite 129)

erstreckt sich bis zu dem wiesenumsäumten Duszsee. Der Kirchenraum ist höchst einfach, mit Decken belegt und mit billigen Heiligenbildern, Kerzen und Lampen nach orthodoxer Weise geschmückt. Das Kloster, welches früher durch Mönche bewohnt wurde, wird jetzt von Nonnen verwaltet, die durch ihre angenehmen, zum Teil sogar überraschend schönen Gesichtszüge auffallen. Sie leben von dem Ertrage ihres kleinen Gutes, der Erziehung von Waisen ihrer Sektenmitglieder und der Heranbildung von Novizen. Die umliegenden Dörfer Alt-Ukta, Eckerts= dorf, Schlößchen, Fedorwalde=Peterhain, Schönfeld und Dietrichswalde sind von den Anhängern der Philipponensekte bewohnt (Abb. 109). Diese entstand um die Mitte des 17. Jahrhunderts in Rußland. Es sind Altorthodoxe, welche die durch den Patriarchen Nicon herbeigeführte Reformation der orthodoxen Kirche nicht anerkannten und sich demgemäß weigerten, die von ihm wegen vieler Fäl= schungen und Irrtümer einer Durchsicht und Verbesserung unterzogenen Kirchen= bücher anzuerkennen. Sie gebärdeten sich höchst exzentrisch und erhoben allerlei Äußerlichkeiten des Kults zu unterscheidendem dogmatischem Wert. Da ihr Treiben gemeingefährliche Formen annahm (so schlossen sie sich mit ihren Anhängern frei= willig in Scheunen ein und steckten diese in Brand, um eines Märtyrertodes zu sterben), wurden sie des Landes verwiesen. Ein Teil von ihnen fand Aufnahme in Ostpreußen, wo sie sich allerhand Vorrechte erfreuten und anfänglich durch ihren Fleiß aus der Wüstenei, in der man sie ansiedelte, mit bewundernswerter Energie Kulturland schufen. Heute haben sie viel von den ursprünglichen krassen Eigenarten abgelegt. Ihr Gottesdienst unterscheidet sich nur durch Äußerlichkeiten von dem sonstigen orthodoxen. Außer der russischen Sprache sprechen sie zum Teil deutsch. Die Nonnen verstehen aber die deutsche Sprache nur unvollkommen. Unter den philipponischen Bauern der genannten Dörfer gibt es recht Wohlhabende. Die Häuser sind durchweg Holzbauten, jedoch sauber gehalten und zum Teil anheimelnd.

Ganz in der Nähe durchfließt die Cruttina (Abb. 106) eine teils offene, teils bewaldete Landschaft. Große Strecken dieses seichten, aber durch besondere Klar=

Abb. 115. Chorinneres der Kirche zu Tharau, in der das „Ännchen von Tharau" getauft ist und in der auch Ännchens Eltern ruhen (Zu Seite 129)

heit ausgezeichneten Wasserlaufes sind von prachtvollem Laubwald umschlossen. Vielfach neigen sich die Kronen der Bäume hoch über dem diamantenen Gewässer einander entgegen, an einzelnen Stellen berühren sie sich, so daß man bei Bootsfahrten stellenweise wie durch eine großartige grüne Waldlaube hingleitet. Der Reiz einer Bootfahrt auf diesem Fluß ist zwischen dem Dorf Cruttinnen und der Murawabrücke am schönsten. Das Wasser gleitet mit ziemlich schneller Strömung und ohne die geringste Trübung und Wellenbildung gläsern dahin und wird gegen den Abend hin durch die goldenen und purpurnen Lichtströme der tiefstehenden Sonne, in deren Schein auch die hohen feierlichen Bäume erglühen, bis zur Märchenhaftigkeit gesteigert.

Zwischen Arys, Johannisburg, Rudczanny und Nikolaiken breitet sich die gewaltigste Seenfläche Masurens, der Spirdingsee (Abb. 102), dessen größte Breite etwa 17 km beträgt. Die Bahnlinie Arys=Johannisburg tritt stellenweise dicht an den See heran, so daß man sich des imposanten Blicks über die Wasserfläche erfreuen kann. Herrlich sind gerade hier die Wolkenbildungen und das wundersame Farbenspiel der Sonnenuntergänge. Aber auch die unweit der nordwestlichen Ecke des Spirdingsees gelegene Stadt Nikolaiken (2500 Einw.) (Abb. 103) ist besonders gut geeignet zu Ausflügen an den Spirdingsee, ebenso aber auch für solche am Talter Gewässer (an welchem selbst sie sich aufbaut) und dem südlich sich hinziehenden Waldtal des Beldahnsees. Die verschiedenen Höhen der Umgegend gewähren herrliche Blicke über diese Seen. Besonders von den „Drei Kaisern", drei Anhöhen am Nordufer des Spirdingsees, genießt man einen ungehinderten Blick über den Spirdingsee (Abb. 3) bis zu seinem Südende hin, wo im Wasser auf einem Inselchen das „Lycker Fort" sichtbar wird. Am Nordende des gleichfalls rühmenswerten Talter Gewässers findet man das kleine Rhein, ein Städtchen von etwa 2000 Bewohnern, eins von den durchaus nicht wenigen, die durch ihre hübsche Lage und einen schönen See ausgezeichnet sind. In Verbindung hiermit sei auch Sensburg erwähnt, ferner das Schloß Sorquitten an der Bahnlinie Sensburg=Bischofsburg mit seinem wundervollen Park am See. Wollte man vollends alle anderen Höhen nennen, von denen sich Ausblicke erschließen, alle Seen und Seenbuchten erwähnen, die einen Maler oder Photographen reizen könnten, so würde dies ein ebenso überflüssiges Beginnen sein, als in einem prächtigen und zugleich kolossalen Mosaikgemälde jedes einzelne der bunten Steinchen zu beschreiben. Erwähnung sei daher nur noch der ungeheuren Winterschlacht in diesem Seengelände Masurens getan. Trotz des für Truppenentfaltungen höchst schwierigen, vor allem auch unübersehbaren Geländes wurde hier eine der glänzendsten Waffentaten vollbracht, die die Weltgeschichte kennt. Die Armee des russischen Generals Sievers, die, 220 000 Mann stark, Anfang Februar 1915 hier einbrach, wurde von der deutschen Truppenmacht wie bei der Tannenburger Schlacht durch doppelte Umfassung eingekreist und aus dem Masurenlande, das von Ortelsburg bis hinauf nach Lyck, Lötzen, ja bis zum Gebiet der Memel, Schlachtengelände war, hinausgedrückt in die polnischen Wälder um Augustowo. In der über eine Woche dauernden Schlacht (7.—16. Februar), in welcher namentlich Lyck, das drei Tage (12.—14. Februar) hartnäckig von dem III. Sibirischen Armeekorps gehalten wurde, eine Rolle spielte, fielen über 110000 Russen, also beinahe die Hälfte der gesamten Armee, in die Hände der Sieger.

Schließen wir hiermit unsere Wanderung durch Masuren und somit durch das gesamte Ostpreußenland. Es wird denjenigen, die das Land kennen, Genugtuung verschafft haben durch die Hervorhebung einer erheblichen Zahl von Stätten und Besonderheiten des Landes. Ich bin mir trotzdem bewußt, zahlreiche Orte und Landschaften recht unzulänglich berücksichtigt zu haben. Doch um so mehr wird gerade dieser Umstand erkennen lassen, wie dieses Land, das als „reizlos und leer" verschrien ist, eine derartige Überfülle von Beachtenswertem enthält, daß es unmöglich erscheint, alles in ein Buch zusammenzudrängen. Es konnte dies auch nicht die Aufgabe sein, vielmehr sollte damit genuggetan sein, ein tunlichst anschauliches Bild des Landes entworfen zu haben, Vorurteile zu berichtigen und einen ungefähren Überblick zu geben, der uns den Wert des Landes wie seiner Bewohner erkennen läßt, den letzteren zur Ehre, den Nichtostpreußen aber zur klaren Erkenntnis, daß unser nordöstliches Bollwerk ein kerndeutsches und liebenswertes Gebiet ist.

156

Literatur

Bernhard Ohlert, Von der Weichsel bis zur Memel. In „Unser deutsches Land und Volk". Leipzig 1886.

Aloys Bludau und Albert Zweck, Ostpreußen, 4 Bände. Stuttgart 1898/1902.

August Ambrassat, Die Provinz Ostpreußen. Königsberg 1912.

Erich Köhrer und Max Worgitzki, Ostpreußen; seine Entwicklung und seine Zukunft. Berlin-Charlottenburg 1922.

F. Mager, Ostpreußen, die natürlichen Grundlagen seiner Wirtschaft, eine Quelle deutscher Kraft. Hamburg 1922.

Adalbert Bezzenberger, Die Kurische Nehrung und ihre Bewohner. Stuttgart 1898.

Oskar Schlicht, Das westliche Samland. Dresden 1919.

W. St. Vidūnas, Litauen in Vergangenheit und Gegenwart, Tilsit 1916.

Hans Heß v. Wichdorff, Masuren. Berlin 1915.

Fritz Skowronnek, Das Masurenbuch. Berlin 1916.

Alexander Tornquist, Geologie von Ostpreußen. Berlin 1910.

Viktor Kremser, Die klimatischen Verhältnisse des Weichsel-, Pregel- und Memel- stromlandes. Berlin 1900.

Die Provinz Westpreußen in Wort und Bild. Danzig 1914.

Reinhold Trautmann, Die altpreußischen Sprachdenkmäler. Göttingen 1910.

Adalbert Bezzenberger, Litauische Forschungen, Göttingen 1882.

Richard Dethlefsen, Bauernhäuser und Holzkirchen in Ostpreußen. Berlin 1911.

— Das schöne Ostpreußen, München 1916.

Karl Plenzat, Vom deutschen Volksliede in Ostpreußen. In „Ostpreußische Heimat". Berlin 1918.

Karl Lohmeyer, Geschichte von Ost- und Westpreußen. Gotha 1908.

Max Worgitzki, Geschichte der Abstimmung in Ostpreußen. Leipzig 1921.

J. Hansen, Die Landwirtschaft in Ostpreußen. Jena 1916.

Bruno Wilm, Ost- und Westpreußen im Spiegel deutscher Dichtung. Frankfurt a. M. 1921.

Wirtschaft und Gemeindewirtschaft in Ostpreußen. Berlin-Friedenau 1925.

Fritz Mielert, Treue Ostmark, ein Bilderwerk mit Text. Dortmund 1926.

Außerdem verschiedene Zeitungen und Zeitschriften, z. B. die Altpreußische Rund- schau, Der Wanderer durch Ost- und Westpreußen, Ostdeutsche Monatshefte für Kunst- und Geistesleben u. a. m.

Verzeichnis der Abbildungen

Abb.	Seite
1. Burg Allenstein. Farbiges Bild vor dem Text . . . . zw. 96/97	
2. Generaloberst v. Hindenburg . . .	3
3. Am Spirdingsee	4
4. In der Johannisburger Heide . .	5
5. Kriegerfriedhof in Masuren . . .	7
6. Das Schlachtfeld zu Tannenberg .	9
7. Damwild im Mauerwald bei Steinort	10
8. Entenjagd auf dem Löwentinsee .	11
9. Elch im Ibenhorster Forst . . .	12
10. Masurische Idylle	13
11. Ostpreußischer Kätner	14
12. Litauischer Fischer vor seinem Heim	15
13. Rastenburg, Blick auf die Georgikirche. Farbiges Einschaltbild zw. 96/97	
14. Litauisches Gehöft	18
15. Litauische Grabtafeln mit Vogelmotiven	19
16. Kähne des Kurischen Haffs . . .	20
17. Prozession durch ermländische Feldflur	21
18. Masurenhaus bei Johannisburg .	23
19. Masurenkinder an der polnischen Grenze bei Turoscheln	24
20. Masurin	25
21. Dorfteich in Salusken bei Neidenburg	26
22. Landschaft bei Darkehmen . . .	27
23. Beschäler, Halbblut, aus dem Gestüt Trakehnen	28
24. Trakehner Stolz! Der Vollbluthengst Friedensfürst	29
25. Ostpreußisches Marktbild . . .	31
26. Heilsberg. Farbiges Einschaltbild. zw. 96/97	
27. Feldbestellung bei Goldap . . .	33
28. Herrschaftshaus des Gutsbesitzes Corben, Samland	34
29. Gehöft zu Corben, Samland . . .	35
30. Stallungen, Ententeich und Taubenturm in Corben	35
31. Ostpreußische Molkerei	37
32. Bernsteinwäscherei zu Palmnicken .	39
33. Nehrung nördlich von Rossitten .	41
34. Die Marienkirche zu Danzig . .	43
35. Das Uphagenhaus zu Danzig . .	44
36. Treppe in einem Hause am Elisabethkirchgang, Danzig	45
37. Patrizierhäuser mit Beischlägen in der Jopengasse, Danzig	47

Abb.	Seite
38. Im Artushof zu Danzig. Einschaltbild . . . . zw. 48/49	
39. Danzig, Lange Brücke mit Krantor	51
40. Zoppoter Strandleben nach 1920 .	53
41. Kurhaus in Zoppot	55
42. Die Marienburg an der Nogat . .	56
43. Im Hofe des Hochschlosses der Marienburg	57
44. Vorlaubenhaus in Stalle, Marienburger Niederung	58
45. Ständerhaus in der Weichselniederung	59
46. An einem oberländischen See . .	60
47. Ermländisches Seenbild	61
48. An der Schiefen Ebene des Oberländischen Kanals bei Neugeist . .	63
49. Abendstimmung am Frischen Haff .	64
50. Wald auf den Dünen der Frischen Nehrung	65
51. Häuserreihe am Elbingfluß zu Elbing	67
52. An der Passarge zu Braunsberg .	69
53. Im Gutshof zu Cadinen bei Elbing	70
54. Sommerhaus in den bewaldeten Dünen von Kahlberg	71
55. Marktplatz in Frauenburg, mit Stadtkirche	72
56. Marktplatz in Frauenburg mit Dom	73
57. Wallfahrtskirche zu Krossen . . .	75
58. Stadt und Burg Rössel. Einschaltbild . . . . zw. 76/77	
59. Bebaute Düne zu Kahlberg auf der Haffseite der Frischen Nehrung . .	78
60. Am Frischen Haff bei Rosenberg .	79
61. Feldseite des Hohen Tors zu Allenstein	80
62. Schloß Allenstein	81
63. Der Dom in Königsberg, Westfront	82
64. Wohnhaus Immanuel Kants in Königsberg	83
65. Pregel mit Fischbrücke in Königsberg	84
66. Das Schloß in Königsberg . . .	85
67. In den Lastadien zu Königsberg .	87
68. Entwicklung des Stadtbildes von Königsberg, Plan	88
69. Am Pregel in Königsberg. Einschaltbild . . . . zw. 88/89	
70. Weinkellerstube im Blutgericht des Schlosses zu Königsberg	91
71. Steilküste am Wachbudenberg, Samland	93
72. Am Hafen zu Pillau	94
73. Strand mit Keitelkahn zu Nidden	95

158

Abb.	Seite	Abb.	Seite

74. Auf der Kurischen Nehrung. Farbiges Einschaltbild . . . . zw. 96/97

75. Am Strande des Seebads Rauschen 98

76. Samlandküste zu Rauschen, Einschaltbild . . . . . . zw. 96/97

77. Strand bei Warnicken, Samlandküste 100

78. Wolfsschlucht zu Georgenwalde, Samlandküste 101

79. Wanderdünen d. Kurischen Nehrung 102

80. Kurische Nehrung bei Rossitten . 103

81. Wanderdünen mit aufgedecktem Friedhof bei Pillkoppen 105

82. Der Predinsberg in den Wanderdünen der Kurischen Nehrung . . 106

83. Stranddistel auf der Kurischen Nehrung 107

84. Eine Düne der Kurischen Nehrung 109

85. Wasser- und Stelzvögel an einer Teichanlage der Vogelwarte Rossitten 111

86. Kanal in der Memelniederung . 112

87. Düne und Strand an der Ostsee bei Memel 113

88. An der Dangemündung in Memel 115

89. Blick vom Turm der Deutschen Kirche zu Tilsit 117

90. Landschaft bei Stallupönen . . 118

91. Windmühle im Pregelland, östlich von Gumbinnen 119

92. Hauptstraße in Ortelsburg mit Aufbauhäusern 120

93. Aufbauhäuser in Stallupönen . . 121

94. Am Marktplatz in Pillkallen . . 123

95. Hubertuskapelle zu Rominten . . 125

96. Im Hofe des Jagdschlosses zu Rominten 126

97. Holzabfuhr in der Rominter Heide 127

98. Masurischer Waldsee bei Lyck, Einschaltbild . . . . . zw. 128/129

99. Masurische Dorfstraße 131

100. Entwicklung im östlichen Ostpreußen 132

101. Der kleinere Teil des Marktplatzes zu Marggrabowa 133

102. Auf dem Spirdingsee 135

103. Nikolaiten 136

104. Burgruine Balga 137

105. Dorfidylle bei Willenberg . . . 138

106. An der Cruttina 139

107. Zigeunerrast im Trappöner Forst bei Lasdehnen. Einschaltbild zw. 140/141

108. Das Ordensschloß zu Neidenburg 143

109. Ein Philipponenhaus und seine Bewohner 145

110. Blick vom Kirchturm zu Lyck auf die Insel Lyck 147

111. Blick auf das Mausoleum im Park zu Beynuhnen, Einschaltbild zw. 148/149

112. Im Park des Schlosses Beynuhnen 151

113. Am überschwemmten Ufer des Pregel bei Insterburg. Einschaltbild . . . . zw. 152/153

114. Pfarrhaus zu Tharau 154

115. Chorinneres der Kirche zu Tharau 155

Hierzu die Karten: Wasserstraßen und Eisenbahnen von Ostpreußen und den angrenzenden Gebieten, Königsberg und sein Hinterland. Mit eingetragenen Eisenbahnen und Fluglinien.

Die farbigen Abbildungen sind nach Aquarellen von Herrn W. Eisenblätter in Königsberg wiedergegeben, die Abbildungen 2, 7, 8, 10, 31 von Herrn Polzin, Steinort; Nr. 6 von Herrn H. Chill, Thorn; Nr. 9 von Herrn Fr. Krauskopf Königsberg; Nr. 12 15, 81, 82, 95, 109 von Herrn Gottheil & Sohn, Königsberg; Nr. 16 von Herrn H. Schultz, Königsberg; Nr. 34, 39 vom Magistrat Danzig; Nr. 49 von Frl. Erika Technow, Elbing; Nr. 51 von Herrn Zehr, Elbing; Nr. 63, 64, 66, 68 vom Magistrat Königsberg; Nr. 70 von Herrn B. Perling, Königsberg; Nr. 85 von der Vogelwarte Rossitten; Nr. 87, 88 vom Magistrat Memel; Nr. 110 von Herrn L. Schubert, Lyck; Nr. 114, 115 von Herrn M. Naujock, Ponarth, gefertigt worden. Alle übrigen Aufnahmen stammen vom Herausgeber der Monographie, Herrn Fritz Mielert, Dortmund.

Register

Alle 84.
Allenburg 84.
Allenstein, Stadt 45. 69. 70. 79. 122. 123 (Abb. 1. 61. 62).
Allenstein, Kreis 76.
Alluvium 11.
Angerapp 14. 84. 149. 151.
Angerburg, Stadt 7. 16. 151.
Angerburg, Kreis 16.
Ännchenlinde 24. 129.
Ännchen von Tharau, siehe Tharau.
Arys 7. 21. 156.

Bärtingsee 108.
Balga 33. 120 (Abb. 104).
Baltischer Landrücken 6.
Baltischer Schild 11.
Bartenstein 10. 22. 128.
Bauernhäuser 104.
Beischläge 89.
Beldahnsee 17. 153. 156.
Paul Beneke 87.
Bernstein 11. 12. 29. 30. 84 bis 86 (Abb. 32).
Berühmte Ostpreußen 50.
Besiedelung 22. 38. 40 ff.
Gr. Bestendorf 23. 108.
Bevölkerung 77.
Beynuhnen 150 (Abb. 111). 112.)
Bienenzucht 74.
Birke 24.
Bischofsburg 128.
Bischofstein 128.
Bodenarten 68.
Feste Boyen 152.
Braunkohlen 13.
Braunsberg, Stadt 20. 42. 45. 119. 120 (Abb. 52).
Braunsberg, Kreis 70. 73. 76.
Brösen 92.
Buche 23.
Buchwalde 23.

Cadinen 23. 24. 116 (Abb. 53).
Carwinden 150.
Christburg 108.
Lovis Corinth 150.
Cranz 139.
Creuzburg 129.

Cruttinnen 154 ff. (Abb. 106.)
Dammerauer Höhen 127.
Dange 10. 15 (Abb. 88).
Deutscher Ritterorden (siehe Ritterorden).
Danzig 20. 36. 39. 81. 82. 86 ff. 130 (Abb. 34—39).
Danziger Niederung 70. 93 ff.
Danielsruhe 108. [96.
Darkehmen, Stadt 78. 150.
Darkehmen, Kreis 68 (Abb.
Deiguhnsee 6. [22].
Deime 16. 82.
Deutsch-Eylau 106. 107.
Deutscher Ritterorden (siehe Ordenszeit).
Devon 11.
Diluvium 10. 11.
Diluvialkohle 10.
Diluvialtorf 10.
Dirschau 10.
Dobenscher See 7.
Döhlau 23.
Domnau 46. 78. 150.
Dönhofstädt 150.
Dorfkirchen 104. 129.
Drausensee 25. 83. 112 ff.
Drengfurt 6.
Drewenz 16.
Dünen 139 ff.
Dutzkanal 108.

Eberesche 24.
Eiche 23. 24.
Eichendamerau 24.
Eigenart, ostpreußische 2. 3.
Eiszeit 4 ff.
Elbing, Stadt 20. 42. 45. 79. 114. 115 (Abb. 51).
Elbing Kreis 62.
Elbinger Hügel 112.
Elbinger Niederung 68. 93. 96.
Elch 25—28. 136 (Abb. 9).
Elchmade 28.
Engelstein 6.
Eratische Blöcke 7. 8.
Ermland 42 ff. 64. 65. 68. 73. 119 ff (Abb. 17. 47).
Eydtkuhnen 15. 78.
Deutsch-Eylau (siehe unter D).
Eylingsee 108.

Findlingsblöcke (siehe unter Erat. Blöcke).
Finkenstein 104. 105.
Fischhausen, Stadt 134. 135.
Fischhausen Kreis 70. 73.
Fischzucht 74.
Frauenburg 46. 119 (Abb. 55. 56).
Freystadt 104.
Friedland, Stadt 150.
Friedland, Kreis 41. 45. 68. 74.
Friedrichstein 150.
Frisches Haff und Frische Nehrung 4. 8. 16. 72. 83. 115—119 (Abb. 49. 50. 54. 59. 60).
Frisching 25. 150.
Fuchsberg 7.
Futterpflanzen 71.

Galtgarben 7. 134.
Gaudensee 104.
Gebräuche 49. 50.
Gembensee 108.
Geologisches 4 ff.
Georgenburg 71.
Georgenswalde 137.
Gerdauen, Stadt 78. 150.
Gerdauen, Kreis 10. 22. 45. 67. 68. 70 74. 150.
Gerste 70. 71.
Geserichsee 16. 107.
Gewitter 18. 19.
Gilge 14.
Glottau 122.
Glubenstein 7.
Goldap 61. 78. 149 (Abb. 27).
Goldapgarsee 7.
Goten 30.
Graudenz 64. 97.
Gregorovius 126.
Griffstein 8.
Großgrundbesitz 75. 76.
Grundmoränenseen 17.
Gumbinnen, Stadt 15. 149.
Gumbinnen, Kreis 68 (Abb.
Guttstadt 22. 23. 42. 122. [91].
Gwilden 10.

Hafer 70.
Heilige Hallen 23.
Heiligelinde 45. 127.

160

Heiligenbeil 45. 120.
Heilsberg, Stadt, 13. 42. 44.
  45. 128 (Abb. 26).
Heilsberg, Kreis 76.
Heinrichsdorf 42.
Heinrichswalde 144.
Hela 20.
Herrengrebiner Wald 93.
Heubude 92.
Heidekrug, Kreis 61. 70. 76.
Himmelforth 42.   [146.
Hitzegrade 21.
Hohenstein 79. 124—126.
Holzindustrie 80. 81.

Jahreszeitenverlauf 18 ff.
Jakunowken 28.
Jankendorf 7.
Ibenhorster Forst 22. 25. 26.
Industrie 77 ff.
Inster 14.
Insterburg, Stadt 79. 82.
  150. 151.
Insterburg, Kreis 61. 68. 70.
  (Abb. 113).
Johannisburg, Stadt 7. 153.
Johannisburg, Kreis 17. 68.
Johannisburger Heide 17.
  22. 153 (Abb. 4).
Johnsdorf 95.
Jungfrauenberg 7.
Jura (Fluß) 11.

Kälte 21.
Käse 74. 96.
Kahlberg 116.
Kalwe 11.
Immanuel Kant 133.
Kaporner Heide 136.
Karkeln, Dorf 144.
Karkelnfluß 144.
Karnitten 108.
Karraschsee 108.
Kartoffel 70.
Keistertal 129.
Gr. Kellen 42.
Kernsdorfer Höhen 23.
Kesselsee 108.
Kiefer 15. 24. 80.
Kissainsee 7.
Klaußen 21.
Kleefeld 122.
Klima 4. 17 ff.
Königsberg, Stadt 4. 11. 20.
  23. 33. 34. 36. 52. 79 ff.
  129 ff. (Abb. 63—70).
Königsberg, Kreis 68.
Kolonisation siehe Besiede=
Konfessionen 44. 45 [lung.
Nikolaus Kopernikus 119.

Kossowo 95.
Krassohlkanal 114.
Kreide 11.
Kriegszeit 1914/15, 78. 124 ff.
  152. 156.
Krossen 122 (Abb. 57).
Gr. Kuhren 137.
Kuhmehnen 134.
Kurland 10.
Kurisches Haff 16. 26. 83.
  139 ff. (Abb. 16).
Kurische Nehrung   139 ff.
  (Abb. 33. 73. 74. 79—85).
Kutten 28.

Labiau, Stadt 82. 144.
Labiau, Kreis 61. 70.
Landarbeiter 76. 77.
Landflucht 76. 77.
Landgesellschaft, ostpreußi=
Landsberg 128.   [sche 76.
Landwirtschaft 67 ff. (Abb.
  25. 27—31).
Lappienen 144.
Lasdehnen 148 (Abb. 107).
Laubwaldungen 15. 23.
Lauskersee 17.
Lehmboden 8.
Liebemühl 107. 108.
Linden 24.
Lipinsker See 28.
Litauer 40. 60 ff. 73. 142 ff.
  (Abb. 12. 14. 15. 16).
Lochstedt 135.
Lötzen, Stadt 7. 10. 22. 79. 152.
Lötzen, Kreis 17. 21. 68.
Löwentiner See 6. 16. 152.
  (Abb. 8).
Luther, Margarethe 129.
Lyck, Stadt 10. 152. 153. 156.
  (Abb. 110).
Lyck, Kreis 17. 68. (Abb. 98).

Mahrungsee 108.
Maldeuten 23.
Marggrabowa 152 (Abb.
  100. 101).
Marienburg, Stadt 36. 64.
  99—103 (Abb. 42. 43).
Marienburg, Kreis 48. 62. 64.
Marienburger Niederung 68.
  70. 93. 96. 103 (Abb. 44).
Mariensee 17.
Marienwerder, Stadt 10.
  64. 97.
Marienwerder, Kreis 10. 64.
Masuren 8. 52 ff. 66. 70. 72.
  73. 151 ff. (Abb. 10. 18. 19.
  20. 21. 98—103. 105. 106.
  108—112).

Masurischer Kanal 84.
Masurische Seen 16. 17. 84.
Mauersee 7. 152.   [151 ff.
Meermuscheln 10.
Mehlsack 22. 122.
Memel, Fluß 8. 14.
Memel, Stadt, 9. 15. 21. 61.
  62 (Abb. 87. 88).
Memel, Kreis 61. 62.
Memelgebiet 8. 22. 61. 62.
  70. 73. 139 ff. (Abb. 86. 87).
Memling, Hans 87. 88.
Mennoniten 48. 94.
Metgethen 134.
Mewe 10.
Minge 15.
Minten 24.
Mohrungen, Stadt 108.
Mohrungen, Kreis 22. 45. 74.
Molkerei 74 (Abb. 31).
Molditten 128.
Montau 95.
Moore 15. 25. 68.
Moorbrücke 30.
Mottlau 88. 92. 93.
Mottlausee 108.
Mühlhausen 128. 129.

Nadelwälder 22. 24.
Mariensee 108.
Napoleonseiche 24.
Nehrungen 13, siehe auch Fri=
  sche und Kurische Nehrung.
Neidenburg, Stadt 126.
  (Abb. 108).
Neidenburg, Kreis 66. 67.
  68. 70. (Abb. 21).
Neolithische Zeit 141.
Neudeck 104.
Neufahrwasser 92.
Neuhäuser 135.
Neukrug 118.
Neu=Kuhren 139.
Nidden 141. 142. (Abb. 73).
Niedersee 17. 153.
Niederschläge 21.
Niederung, Kreis 61. 68. 70.
  74. 76. 144.
Nikolaiken 156 (Abb. 103).
Nimmersatt 146.
Nogat 83.
Nordenburg 150.

Ober=Eißeln 148.
Oberland 68. 103 ff.
Oberländischer Kanal 83.
  107. 108. 110. 112. 114.
  (Abb. 48).
Oberländische Seen 16. 17.
  (Abb. 46).

Obstbau 71. 72.
Okullsee 17.
Oletzko, Kreis 68.
Oletzkoer See 152.
Oliva 90. 91.
Ollossee 17.
Ordensburgen 97. 98.
Ordenszeit 8. 22. 25. 33 ff.
    78. 82. 84. 94. 96 ff. 124.
Orlenersee 17.
Ortelsburg, Stadt 28. 78. 127.
    (Abb. 92).
Ortelsburg, Kreis 66. 68. 70.
Osterode, Stadt 108.
Osterode, Kreis 45. 67.
Ostsee 16.

Pachtwesen 76.
Palmnicken 86. 136. (Abb. 32).
Panklau=Cadinen 23.
Passarge 14. 119. (Abb. 52).
Passenheim 6.
Perwelk 141. 142.
Pferdezucht 72. 73 (Abb.
    23. 24).
Philipponen 48. 153. 154
    (Abb. 109).
Phönizier 29. 30.
Pianken 7.
Pillacker Berge 7. 152.
Pillacker See 17.
Pillau 135 (Abb. 72).
Pillauer Tief 83. 117. 118.
Pillkallen, Stadt 46. 148.
    (Abb. 94).
Pillkallen, Kreis 68.
Pillkoppen 141 (Abb. 81).
Pissa 14. 149.
Plautziger See 17.
Plehnendorf 92.
Pogarszelski 56 ff.
Pogegen 62.
Polen 32 ff. 40. 62 ff.
Pomerellen 32.
Prangenau 7.
Predinsberg (Abb. 82).
Pregel 14. 82. 84. 148 ff.
    (Abb. 113).
Preußisch=Eylau 45. 128.
Preußisch=Eylau, Kreis 68.
    74.
Preußisch=Holland 42. 45. 68.
    73. 74. 110.
Preußisch=Mark 108.
Preyl 141. 142.
Prußen 32. 40.
Purmellen 11.

Quartär 11.

Radaune 92.
Ragnit 8. 148.
Ragnit, Kreis 61, 68.
Rastenburg, Stadt 7. 152.
    (Abb. 13).
Rastenburg, Kreis 21 45.
    68. 70.
Rauschen 24. 138 (Abb. 75. 76).
Rehberge 112.
Religiosität 46. 48. 56.
Rhein, Stadt 17. 156.
Rheinscher See 17.
Richartswalde 23.
Riesenburg 104.
Riesenkirch 104.
Rinderzucht 73. 74.
Rinnenseen 17.
Ritterorden, s. Ordenszeit.
Rönne 16.
Roggenbau 68. 70.
Romansgut 24.
Rombinus 148.
Rominte 8. 149.
Rominter Heide 149 (Abb.
    95—97).
Rössel 22. 127 (Abb. 58).
Rössel, Kreis 22. 44. 45. 68. 76.
Rötloffsee 108.
Rosenberg (Oberland) 104.
Rosenberg (am Frischen Haff)
Rosenberg, Kreis 64.   [120.
Rosengarten 7.
Rossitten 141. 142 (Abb. 33.
    80. 85.)
Rote Bude=Forst 152.
Rudszanny 153 ff.
Rudolphen 7.
Russische Platte 11.
Rußstrom 14.

Saalfeld 107.
Sägewerk 81.
Samland 6. 11 ff. 30. 68. 74.
    84 ff. 134 ff. 144 (Abb. 71.
    75—78).
Sand, Sandstein 8.
Sandkrug 141.
Santoppen 42.
Sarkau 141.
Seeburg 44. 128.
Seen 6. 7. 16. 17. (Siehe
    auch Oberländische und
    Masurische Seen).
Seefische 16.
Senon 11.
Sensburg 45. 156.
Schafe 74.
Schichauwerke 114.
Schildkröte 29.
Schillingsee 108.

Schimonersee 28.
Schirwindt 78. 148.
Schlobitten 120.
Schlodien 23. 24. 120.
Schmeergrube 118.
Schneehase 28.
Schönberg 21. 106
Schreitlaugkener Forst 148.
Schwarzort 142.
Schweinezucht 74.
Schwenzaitsee 152.
Simsertal 128.
Sitten 49. 50.
Soldau 78. 126.
Sommerau 106.
Sorgetal 30.
Sorquitten 156.
Spirdingsee 6. 17. 156 (Abb.
    3 und 102).
Sprache 40 ff.
Stablacker Höhen 121.
Städte 79.
Stallupönen Stadt 149 (Abb.
    93).
Stallupönen, Kreis 61. 68.
    (Abb. 90).
Stegmannsdorf 122.
Steinhof 7.
Steinort 24. 152 (Abb. 7).
Stotzken 7.
Strauchbucht 118.
Gr. Stürlack 7.
Stuhm, Stadt 104.
Stuhm, Kreis 64.
Sumpfschildkröte, s. Schild=
    kröte.
Szeszuppe 14.

Taftersee 122.
Taltersee 17. 156.
Tannenberg 124 (Abb. 6).
Tapiau 71. 78. 82. 150.
Tatarensee 153.
Tatarenstein 124.
Tertiär 11. 12.
Teufelssagen 8.
Tharau 24. 129 (Abb. 114.
Tharden 108.   [115.)
Thiergarten 7.
Thorn 33. 39.
Thurwangen 7.
Tilsit, Stadt 61. 79. 146. 147.
    (Abb. 89).
Tilsit, Kreis 15, 61. 68. 76.
Tolkemit 46. 116.
Tonmergel 8.
Tonwaren 8.
Tote Weichsel 92.
Trakehnen 73. 149 (Abb.
    23. 24).

Trunksucht 49. 52. 53.
Trunzerberge 22. 115.
Tüchtigkeit 50.
Turmberg 21.

Ublicker See 7. 28.
Upalten 152.

Verschmintsee 7.
Viehzucht 72 ff.
Vierbrüdersäule 136.
Vierflutkanal 136.
Vögel 28. 29 (Abb. 8. 85).
Völkische Eigenart 40 ff.
    (Abb. 11).
Vogelwarte 142.

Wachbudenberg 137 (Abb.
    71).
Walsch= und Walschtal 121.
    122.

Wald, Bewaldung 22. 23.
    24. 68.
Waldgarten 74.
Walkmühle 104.
Wargen 134.
Warnicken 137. (Abb. 77. 78).
Wasservögel 28. (Abb. 8. 85).
Wasserwege 82—84.
Wehlau 82. 84. 150.
Weichsel 14. 92 ff. 96 ff.
Weichselland 68. 70. 71. 72.
    (Abb. 45).
Weichsel=Haffkanal 83.
Weichselmünde 92.
Weichselmündung 93.
Weinbau 96.
Gr. Werder 68. 96.
Westerplatte 93.
Weizen 70.
Wichertshofer Forst 23. 122.

Wildbestand 25. 26. 28.
Willenberg 126 (Abb. 105).
Willmann, Michael 135.
Wölfe 28.
Wolffia arrhiza 113.
Wormditt 42. 122.
Gr. Wronnen 7.
Wuchsniger See 108.
Wystytyter See 14. 17. 149.

Zabinken 28.
Zechstein 11.
Zehlauer Bruch 150.
Zellstoffabriken 81.
Ziegeln 8.
Zinten 10.
Zopfsee 108.
Zoppot 92. (Abb. 40. 41.)
Zuckerfabrik 68.
Zuckerrübenbau 70.

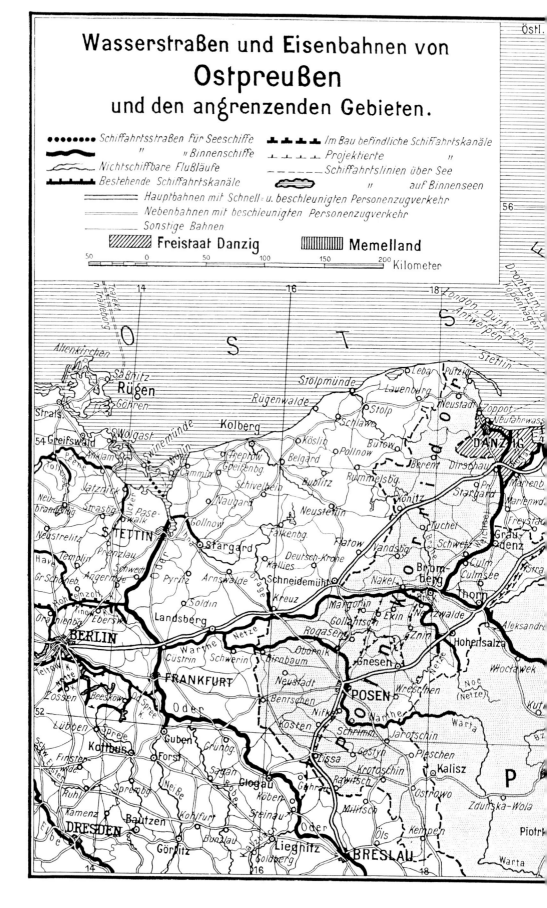

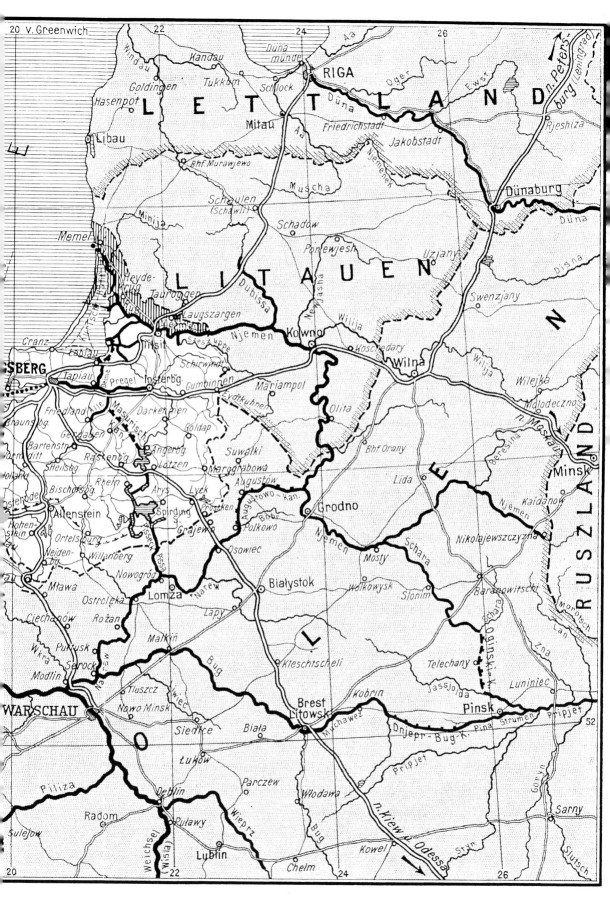

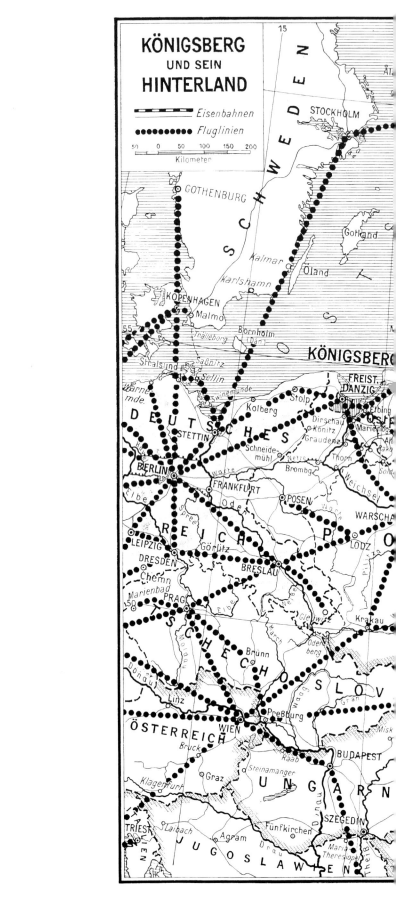

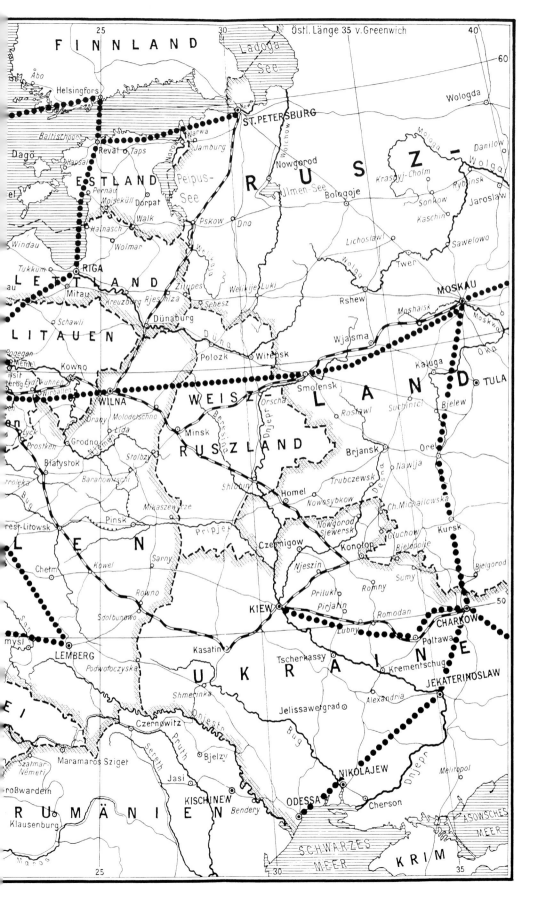